Adolph von Knigge

Über den Umgang mit Menschen

REPRINT – VERLAG
LEIPZIG

Die zum Teil geminderte Druckqualität ist auf den
Erhaltungszustand der Originalvorlage zurückzuführen.

© **REPRINT-VERLAG-LEIPZIG**
Volker Hennig, Goseberg 22-24, 37603 Holzminden
ISBN 3-8262-1109-X

Reprint der Originalausgabe von 1850
nach dem Exemplar des Verlagsarchives

Lektorat: Andreas Bäslack, Leipzig
Einbandgestaltung: Jens Röblitz, Leipzig
Gesamtfertigung: PögeDruck, Mölkau

KNIGGE

Ueber

den Umgang mit Menschen

nebst Einleitung

von

Adolph v. Knigge.

Mit der Biographie und dem Portrait.

Inhalt.

———

———

Biographie des Verfassers.

—

Adolph von Knigge.

Geboren 1753. — Gestorben 1796.

Die Eltern des Freiherrn Adolph von Knigge wohnten im Hannöverschen, wo sie in der Nähe der Hauptstadt ansehnliche Güter besaßen. Die Mutter, eine geborne Freiin von Knigge, war eine sanfte, verständige Frau, sparsam und häuslich, ihr Gatte hingegen liebte Pracht, Glanz, rauschende Zerstreuungen, und dieß verleitete ihn zu unmäßigem, seine Einkünfte überschreitendem Aufwande. Adolph von Knigge wurde am 16. Oktober 1753 geboren und als einziger Sohn (vier Kinder waren ganz früh gestorben) von seiner Mutter ein wenig verzogen, von dem Vater aber, der ihn um seines zarten Körpers willen nicht recht leiden mochte, hart, oft tyrannisch behandelt. Der Knabe empfand das tief und wandte sein Herz von ihm ab, während er sich mit inniger Liebe zu der mütterlichen Freundin hinneigte, die ihm

leider der Tod entriß, als er kaum das zehnte Jahr erreicht
hatte. 1766 starb auch sein Vater und ließ 100,000 Rthlr.
Schulden zurück, so daß die Gläubiger, welche schon früher
auf eine Sequestration der Knigge'schen Güter angetragen,
diese nun wirklich in Besitz nahmen und dem Sohne eine
geringe Competenz zum Unterhalt aussetzten; er bekam jährlich 500 Rthlr., wurde von seinen Vormündern in Hannover
bei dem Kammersecretär Augspurg in die Kost gegeben, und
dort in der Folge durch den lutherischen Prediger Schlegel
confirmirt. Zwar hatte er in den letzten Jahren stets unter der Aufsicht eines Hauslehrers gestanden; weil aber der
alte Knigge unglücklich in der Wahl desselben war, sich überhaupt wenig um die Erziehung des Sohnes, den er für einen Dummkopf hielt, bekümmerte, so machte der Knabe keine
Fortschritte, und Herr Augspurg fand ihn unwissender, als
die gewöhnlichsten Kinder in solchem Alter zu seyn pflegen.
Er suchte nun seinen Zögling selbst davon zu überzeugen,
wie weit er noch in jeder Hinsicht zurück sey; dies gelang;
der junge Mensch fing an, sich zu schämen, sein Ehrgeiz erwachte und spornte ihn zu so kraftvoller Anstrengung, daß
er mit Hülfe eines vortrefflichen Gedächtnisses und ausgezeichneter Naturanlagen in kurzer Zeit seine Mitschüler nicht
nur einholte, sondern ihnen zuvoreilte. Schon im achtzehn-
ten Jahre war er fähig, die academische Laufbahn anzu-
treten; und damit er in Göttingen anständig leben könne,
bewogen seine Vormünder sämmtliche Gläubiger, die ihm
festgesetzte Competenz um 150 Rthlr. zu vermehren. Noch
ehe er nach der Universität abreiste, heirathete seine einzige
Schwester Julie, die sich bisher bei ihren mütterlichen Groß-
eltern in Leveste aufgehalten hatte, den Braunschweigschen
Forstmeister von Löhneisen, starb aber zwei Jahre nachher.
In ihr verlor er eine treue, zärtlich geliebte Freundin, und

die Welt eine edle, geistreiche Frau. Sie war älter, als Knigge, und besaß alle guten Eigenschaften des Bruders, ohne seine Schwächen, deren er sich selbst oft anklagte: grenzenlosen Ehrgeiz, Eitelkeit und eine übertriebene Reizbarkeit, welche die Gesundheit der Seele und des Körpers untergräbt. Wenn heftige Leidenschaften seine Gemüthsruhe störten, dem armen Herzen den Frieden raubten, dann stand ihm die Schwester wie ein warnender Schutzgeist zur Seite und suchte durch sanfte Bitten und verständigen Rath den Sturm in seiner Brust zu beschwören.

Als Knigge während seines Aufenthalts in Göttingen einst nach Cassel reiste, eine Tante zu besuchen, die an den hessischen Minister von Althaus verheirathet war, beredete man ihn, sich um eine Anstellung am Hofe des Landgrafen Friedrich (Großvater des jetzt regierenden Kurfürsten) zu bemühen. Er that es auch und wurde durch den Einfluß seines Onkels zum Hofjunker und Kammer=Assessor ernannt. Zugleich bewilligte man ihm einen zweijährigen Urlaub, den er theils zur Fortsetzung seiner Studien benutzte, theils auf Reisen zubrachte. 1774 trat er seine Aemter in Cassel an und machte dort die Bekanntschaft des schönen und guten Fräuleins von Baumbach, welche Hofdame bei der Landgräfin war und durch Sanftmuth und anspruchlose Tugend sein Herz gewann. Anfangs wollten sich die Gläubiger nicht darauf einlassen, seine Competenz bedeutend zu vergrößern, aber endlich bequemten sie sich dazu und bestimmten ihm jährlich 200 Pistolen, eine Summe, womit man damals in Cassel, wenn auch beschränkt, doch anständig leben konnte. Diese Einrichtung setzte ihn in den Stand, sich um die Hand des Fräuleins zu bewerben; er erhielt sie, und der Landgraf, welcher ihn wahrhaft liebte und mit einem besondern Zu=

trauen beehrte, feierte die Hochzeit im Schloſſe. Nun ſchien
Knigge ſeine eigentliche Beſtimmung erreicht zu haben; die ſtür=
miſche Sehnſucht des unruhigen Herzens war geſtillt, und es ging
ihm ein neues Leben auf in dem kleinen häuslichen Kreiſe,
deſſen ruhiges Glück die Geburt einer Tochter noch erhöhte.

Aber auch ſeine Geſchäfte vermehrten ſich nach und nach,
und zwar ſo ſehr, daß ihm keine Zeit dazu blieb, ſich um
ſeine ökonomiſchen Angelegenheiten im Hannöverſchen zu
bekümmern. Man übertrug ihm die Direction der heſſiſchen
Tabaks=Fabriken, eine Stimme in der Kriegs= und Domai=
nenkammer; er wurde zum Mitglied der Geſellſchaft zu Be=
förderung des Ackerbaues ernannt und mußte noch außerdem
manche Stunde den Pflichten ſeines Hofamts widmen. Der
Landgraf überhäufte ihn mit Beweiſen eines herzlichen Wohl=
wollens; täglich ſtieg Knigge höher in ſeiner Gunſt. Dies
erregte bald allgemeinen Neid; man fing an, ihn mit Fall=
ſtricken zu umgeben, Ränke und Kabalen gegen ihn zu
ſchmieden; er ſelbſt aber ließ ſich in jugendlichem Leichtſinn und
Uebermuth mancherlei Unbeſonnenheiten zu Schulden kommen,
und gab dadurch ſeinen Feinden die Waffen gegen ſich in die Hände.
Des ewigen Kampfes müde, forderte er ſeinen Abſchied ei=
nige Male vergebens, erhielt ihn endlich in ſehr ehrenvollen
Ausdrücken und begab ſich zu ſeiner Schwiegermutter, welche
das Gut Rentershauſen in Nieder=Heſſen bewohnte.

Er ſuchte nun Dienſte in Berlin, konnte aber die ihm
vorgeſchlagenen Bedingungen nicht annehmen, und reiſte dar=
auf nach Gotha und Weimar, wo er um den Kammerherrn=
Titel anhielt, welcher ihm bewilligt wurde. In Rentershau=
ſen arbeitete er fortwährend recht fleißig, componirte viel
für den Herzog Auguſt von Gotha, ſchrieb das Drama War=
der, und überſetzte le juge, auch les deux avares für das

Hamburger Theater. Ferner verfertigte er Gedichte, die aber unbedeutend sind; entwarf den Plan zu einem malerischen Clavier, und benutzte die Ruhe und Einsamkeit des Landlebens zur Ausbildung und Veredlung seines Geistes und Herzens. Zwischendurch unternahm er kleine Reisen, gewöhnlich zu Fuß; besuchte einige Verwandte im Hannöverschen und durchstrich die Rheingegenden, den Elsaß, Lothringen und Ober=Sachsen nicht ohne Nutzen für die Erweiterung seiner Kenntnisse; denn er bekümmerte sich genau um die Einrichtung der Fabriken und Armen=Anstalten, des Justiz= und Steuer=Fachs, forschte nach Kunstschätzen und trug seine Bemerkungen in ein Tagebuch ein, welches er von dieser Zeit an bis zu seinem Tode unausgesetzt fortführte. Man bot ihm in Carlsruhe und Darmstadt, wo er einige Tage verweilte, Dienste an; allein die gütige Aufnahme des verstorbenen Kurfürsten von Hessen (der damals als Erbprinz in Hanau wohnte) bewog ihn, sich in diesem freundlichen Städtchen, wohin ihm Frau und Tochter folgten, niederzulassen. Auch ging anfangs Alles gut; er dirigirte das Liebhaber=Theater, an welchem die fürstlichen Personen Theil nahmen, componirte Ballets und verkürzte den hohen Herrschaften die Zeit durch muntern Scherz und angenehme Talente. Ueberhaupt besaß Knigge vollkommen die Gabe, eine Gesellschaft auf mancherlei Weise zu unterhalten, und die ihm eigenthümliche frohe Laune wich selbst in den letzten Jahren nicht ganz von ihm, als er durch körperliche Leiden so schwer zu Boden gedrückt wurde; in jener Zeit schrieb er unter andern die Reise nach Braunschweig, ein Werkchen, dem man originellen Witz und treffende Satyre nicht absprechen kann.

Das friedliche Leben in Hanau währte indeß nicht lange. Man fing auch dort an, ihn mit neidischen Augen zu be=

trachten, und die Gunst des Erbprinzen erregte einige Be=
sorgniß, Knigge möchte früh oder spät seinen Einfluß bei
dem Fürsten dazu benutzen, um irgend eine vortheilhafte
Anstellung für sich zu erlangen. Vielleicht wäre ihm dies
nicht schwer gefallen; allein es lag gar nicht in seinem Plan,
wieder in hessische Dienste zu treten. Dagegen beging er
auf's Neue allerlei Unvorsichtigkeiten, trug das Herz immer
auf der Zunge, mischte sich aus gutmüthigem Diensteifer in
fremde gefährliche Händel, und gab seinen Feinden Gelegen=
heit genug, ihn bei seinem hohen Gönner zu verleumden
und so mit Aerger und Verdruß zu überhäufen, daß ihm
endlich der Aufenthalt in Hanau verbittert wurde und er den
Entschluß faßte, nach Frankfurt am Main zu ziehen, wo er
ein Gartenhaus vor dem Bockenheimer Thore miethete.
Weil aber die Rolle, welche Knigge am Hofe des Erbprin=
zen spielte, ihn zu Ausgaben verleitet hatte, die seiner ge=
ringen Einnahme nicht angemessen waren, so mußte er jetzt
recht sparsam wirthschaften und sah sich zu Einschränkungen
genöthigt, die an Mangel grenzten. In seinem Tagebuche
klagt er bitter darüber und versichert, er sey oft in der Lage
gewesen, keinen Kreuzer baares Geld zu besitzen, und habe
dann silberne Eßlöffel, Tisch=Gedecke u. dgl. versetzt. Dabei
bekam er täglich Besuche von durchreisenden Fremden und
machte auf diese Weise zwar manche interessante, aber noch
mehr lästige Bekanntschaften. Die wandernden Schauspie=
ler, Geisterseher, Goldmacher und Abenteurer jeder Gattung,
wovon es damals in der volkreichen Handelsstadt wimmelte,
und deren Aufmerksamkeit durch die ausgezeichnete Form
seines Wohnhauses, worauf ein Thürmchen stand, erregt
wurde, rannten ihm fast die Thüren ein und nahmen nicht
nur seine Zeit, sondern auch seinen kleinen Geldbeutel in
Anspruch. In dieser Periode schrieb er den „Roman meines

Lebens" und eröffnete hiermit eigentlich seine literarische Lauf=
bahn; doch ist das Buch ohne bedeutenden Werth und viel=
leicht nur für solche Leser unterhaltend, die mit den Bege=
benheiten seiner Jugendjahre, vorzüglich während des Auf=
enthalts in Hanau, bekannt sind. So lautet das Urtheil,
welches Knigge selbst über jenen Roman fällte, wie er denn
auch in keiner Hinsicht bis zur Ungebühr von seinen Gei=
stes=Produkten eingenommen war.

　　Diesem schriftstellerischen Versuche folgten nach und nach
mehre; zuerst Peter Claus, achtzehn Predigten, das Journal
von Urfstädt u. s. w. Ueberhaupt fehlte es ihm nicht an
Beschäftigung; denn in jenen Zeitraum seines Aufenthalts
in Frankfurt und Heidelberg fallen die Jahre, wo er als
Bruder Philo in dem Orden der Illuminaten eine wichtige
Rolle spielte. Dies verwickelte ihn in weitläufigen, durch
halb Europa verbreiteten Briefwechsel, zog ihm aber auch
tödtlichen Verdruß und unverdiente Kränkungen zu. Der
Zweck des Bundes war gewiß rein und edel; so stand er,
verklärt durch den Zauber einer feurigen Phantasie, vor
dem nach Thätigkeit strebenden Geiste des schwärmerischen
Jünglings, dessen Ehrgeiz in einem seinen Fähigkeiten an=
gemessenen Wirkungskreise Befriedigung suchte. Er wollte
Nutzen stiften, die Menschen beglücken, Gutes befördern,
Böses verhindern, und glaubte auf diesem Wege sein schö=
nes Ziel zu erreichen. Als er sich in seinen Erwartungen
getäuscht, alle Hoffnungen, worauf er so herrliche Pläne ge=
gründet hatte, vereitelt sah, gab er die Verbindung mit den
Illuminaten auf, um sich ganz den Wissenschaften und der
Erziehung seiner Tochter zu widmen; auch zog er von
Frankfurt nach Heidelberg, weil man dort wohlfeiler leben
konnte.

Das milde Klima der lieblichen Pfalz wirkte wohlthä=
tig auf seinen Körper, während die reizende Gegend sein
Gemüth erheiterte. Zuweilen unternahm er Wanderungen
nach Worms, Speyer, Mannheim, hielt sich eine Zeitlang
bei dem Fürsten von Saarbrück auf, schrieb auch viel und
componirte mehre Sonaten, Symphonieen, sogar einige Mes=
sen für die Dominicaner, deren Kirche er fleißig besuchte.
Vielleicht würde er das freundliche Heidelberg nie verlassen
haben, wenn nicht der Wunsch, seine ökonomischen Angele=
genheiten in Ordnung zu bringen und dadurch seines einzi=
gen Kindes Vermögen zu sichern, ihn bestimmt hätte, in's
Vaterland zurückzukehren und Hannover zu seinem Aufent=
halt zu wählen.

Noch immer waren Knigge's Güter in den Händen sei=
ner Gläubiger, deren Mandatarius, Advocat Vogel, unum=
schränkt herrschte und es daher dem eigenen Interesse ange=
messen fand, die Schulden so langsam als möglich zu tilgen.
Daß der Freiherr keinen Sohn hatte, erschwerte ihm alle
Bemühungen, eine Geldanleihe zu eröffnen, um alsdann mit
den Creditoren accordiren und die Verwaltung seines Eigen=
thums selbst übernehmen zu können. Unzählige Versuche
scheiterten an ungünstigen Zeitumständen, vorzüglich aber
an den Kabalen des vollwichtigen Gegners, welcher seinen
Raub nicht fahren lassen wollte und kein Mittel zu schlecht
fand, wenn es nur zum Zweck führte. Erbittert durch so
vielfache Niederlagen im Kampf gegen Bosheit und Eigen=
nutz, verstimmt durch Sorgen und zunehmende Kränklichkeit,
verlor endlich Knigge Muth und Geduld und erlaubte sich
manchen bittern Spott über Justiz=Verfassung, Besetzung der
Aemter u. dgl., indem er mehre einflußreiche Personen lä=
cherlich zu machen suchte. Der Verfasser des lehrreichen

Buchs über den Umgang mit Menschen, dieser scharfsinnige
Beobachter des menschlichen Herzens, vergaß ganz, daß selbst
die Besten unter uns leichter eine Verleumdung ihres Charakters, ihrer Sitten verzeihen, als einen witzigen Einfall,
der ihre kleinen Thorheiten oder körperlichen Gebrechen in
ein komisches Licht stellt. Er zog sich dadurch mächtige und
bedeutende Feinde zu, wurde getadelt, verkannt, und mußte
alle Hoffnung aufgeben, seine schönen Güter den Krallen des
privilegirten Raubvogels zu entreißen. Weil indeß seine
ökonomischen Angelegenheiten einer Verbesserung um so mehr
bedurften, da er bei einer durch Gram und Verdruß zerstör-
ten Gesundheit auf kein langes Leben rechnen konnte, so be-
warb er sich um eine Anstellung als Hannöverscher Beam-
ter in Bremen, und diese wurde ihm, mit einem Gehalt von
1000 Rthlrn. und dem Oberhauptmanns=Titel, bewilligt.

Dort kam Knigge im Jahre 1791 krank an, verließ auch
bis zu seinem 1796 erfolgten Tode selten auf einige Stunden das Bett, weil die Steinschmerzen, woran er fortdauernd
litt, nur durch eine immer gleiche Wärme gelindert werden
konnten. Außerdem setzte noch ein bösartiges Nerven= oder
Gallen=Fieber in jedem Frühjahr oder Herbst sein Leben in
unmittelbare Gefahr, welche indeß durch eine kräftige Natur
und die Geschicklichkeit des als Astronom rühmlichst bekannten Doctor Olbers besiegt wurde; immer aber blieb sein
Geist hell, seine Laune heiter, und wenn, wie es häufig ge-
schah, sich Freunde und Bekannte um sein Bett versammelten, oder durchreisende Freunde ihn besuchten, fanden sie in
ihm einen angenehmen Gesellschafter. Sobald er sich nur
erträglich wohl und frei von gar zu heftigen Schmerzen
fühlte, gab er kleine Conzerte, worin er Flöte oder Fagott
blies, componirte Doppel=Sonaten für's Clavier und spielte

auf einem von ihm errichteten Liebhaber=Theater mit gro=
ßem Beifall, vorzüglich in komischen Rollen; unter andern
erschien er als Poet in dem schwarzen Mann von Gotter.
Auf solche Weise verlebte Knigge die wenigen Stunden,
welche er außer dem Bette zuzubringen vermochte; allein
auch die übrige Zeit verstrich ihm unter nützlicher Beschäfti=
gung. Seine außerordentliche Lebhaftigkeit und rastlose Thä=
tigkeit gestatteten ihm bei Tage eben so wenig Ruhe, als
ein schleichendes Fieber, das sich gewöhnlich am Abend ein=
stellte, den Schlaf; er las zuweilen ganze Nächte hindurch,
studirte Algebra und Geometrie, übersetzte einige französische
und holländische Werke und schrieb: die Reise nach Braun=
schweig, das politische Glaubens=Bekenntniß, Briefe aus Lo=
thringen, über Schriftsteller und Schriftstellerei, Gutmanns
Geschichte, die Reise nach Fritzlar, Schafskopfs Papiere,
über Eigennutz und Undank. Dies letzte Werk kam erst
nach seinem Tode heraus, und er selbst nannte es ein Ge=
genstück zu dem Umgang mit Menschen.

Im Mai des Jahres 1796 bekam Knigge die Gesichts=
rose und dabei ein Nervenfieber, welches ihm auf's Gehirn
fiel und in wenig Tagen seinem Leben ein Ende machte; er
starb im 43sten Jahre, also in der Blüthe des männlichen
Alters, erschöpft durch Leiden des Körpers und der Seele.
Nur die außerordentliche Reizbarkeit seines Gemüths war
schuld daran, daß er Kummer und Verdruß, getäuschte Hoff=
nungen und alle Schläge des Schicksals, welche ihn trafen,
nicht immer mit eben so viel Geduld und frommer Ergebung
trug, als die langwierige schmerzhafte Krankheit. Er ruhe
sanft, Friede sey mit ihm! In dieser Welt ist ihm wenig
Freude zu Theil geworden, und er selbst war doch stets be=
reit, Andere durch Rath und Hülfe zu erfreuen; er entbehrte

so willig, wenn es darauf ankam, sein Scherflein mit dem
Dürftigen zu theilen. Trotz einer fast beispiellosen Lebhaf=
tigkeit konnte man seine Ordnungsliebe musterhaft nennen;
nie verlor oder verlegte er etwas, versäumte niemals den
rechten Zeitpunkt, worin ein Geschäft vollendet werden mußte,
und verstand es so vollkommen, seine Ausgaben der Ein=
nahme anzupassen, mit wenigem Gelde viel zu bestreiten,
daß er bei seinem Tode keine andern Schulden zurückließ,
als die durch seines Vaters Verschwendung auf den Gütern
hafteten. Alle Unkosten, welche seine zerrüttete Gesundheit
verursachte, z. B. einige Badereisen u. dgl., wurden durch
den Erwerb seiner Schriftstellerei gedeckt. Dies veranlaßte
ihn denn wohl zuweilen zu der Aeußerung: er sey von der
ganzen Welt unabhängig, könne alle Menschen entbehren,
und was er bedürfe, mit seiner Hände Arbeit verdienen.

Knigge ist in der Domkirche zu Bremen begraben, wo
ihm die Liebe seiner Mitbürger ein einfaches Denkmal er=
richtet hat. Noch lebt dort die Erinnerung an ihn in den
Herzen treuer Freunde und aller derer, die Gelegenheit fan=
den, ihn genauer kennen zu lernen; selbst bei den niederen
Ständen war er um seiner Wohlthätigkeit willen geachtet.
Seine treue Gefährtin auf dem dornenvollen Lebenswege, die
achtungswerthe Gattin, welche ihn mit liebevoller Sorgfalt
pflegte und die Ebbe und Fluth seiner Launen mit Sanft=
muth und unermüdeter Geduld ertrug, starb zwölf Jahre
nach ihm auf dem Gute ihres Schwiegersohns im Lippischen,
wohin sie die einzige, bald nach dem Tode des Vaters ver=
heirathete Tochter begleitet hatte.

Wir halten es nicht für unpassend, dieser kleinen Bio=
graphie ein Verzeichniß von Knigge's Werken, deren ei=

nige vielleicht den mehrsten unserer Leser unbekannt sind, folgen zu lassen. Alles, was er bis 1790 geschrieben, über= setzt und (für den Druck) componirt hat, ist von ihm selbst in nachstehendem Aufsaße, welcher sich unter seinen Papieren gefunden, und den wir wörtlich mittheilen, angezeigt und zum Theil mit komischer Laune recensirt worden.

Knigge's aufrichtiges Geständniß seiner Polygraphie.

Als Jüngling schrieb ich in Hanau:

  Allgemeines System für das Volk.

  Etwas über den Cichorien=Bau.

  Einige elende, wässerige Schauspiele.

Diese Waare ist schlecht abgegangen und jetzt in allen Gewürzläden zu finden.

Die Unannehmlichkeiten, welche mir an einigen Höfen begegnet waren, bewogen mich, um meinen Ruf gegen Ver= leumbung zu schützen, allerlei Scenen, wovon ich Zeuge ge= wesen, so zu schildern, daß sie gewissen Leuten verständlich seyn konnten. Dies that ich denn auch in dem

  Roman meines Lebens; 4 Theile. Es ist ein Werk ohne Plan und Zusammenhang; dennoch machte es Glück, theils wegen verschiedener Anspielungen, wozu viele

Leute den Schlüssel zu haben glaubten, theils um einiger Züge willen, die Menschenkenntniß verriethen. Es ist viermal aufgelegt und einmal nachgedruckt.

Der Geschichte Peter Clausens, in 3 Bänden, liegt ein, nicht ohne Interesse durchgeführter Plan zum Grunde. Im komischen Gewande ist manche, nicht zu verachtende Wahrheit anschaulich gemacht. Ich halte es für das Beste, was ich bis jetzt geschrieben habe. Dieser Roman ist nachgedruckt und in Paris unter dem Titel: le Gil Blas allemand, übersetzt.

Im Journal von Urstädt, wovon ich drei Stücke herausgegeben habe, stehen bunt durch einander, bald ernsthafte und lustige, gute und schlechte Aufsätze, in Prosa und in Versen.

Eine Sammlung poetischer und prosaischer Schriften, in 2 Bänden, ist das erste Werk, welches ich unter meinem Namen herausgegeben habe.

Achtzehn Predigten. Wovon sechs in das Italienische übersetzt worden sind.

Six Sonates de Clavecin seul sind, des starken Papiers wegen, worauf man sie gedruckt, sehr brauchbar, um Schuhe und Stiefel darin einzupacken.

Ueber Jesuiten, Freimaurer und deutsche Rosenkreuzer; Warnungen an die deutschen Fürsten, Jesuiten-Geist und Dolch betreffend. Diese beiden Werke habe ich, aus Gefälligkeit, gegen die Illuminaten in Bayern geschrieben, mir aber viel heimliche Verfolgung dadurch zugezogen.

Knigge.   2

Beitrag zur neuesten Geschichte des Freimaurer-Ordens, in neun Gesprächen. Ich glaube hier den rechten Gesichtspunkt getroffen zu haben, woraus man den Orden beurtheilen muß. Wenige haben es verstehen wollen oder können.

Philo's endliche Erklärung über seine Verbindung mit den Illuminaten. Was vereinte Kräfte und rastlose Thätigkeit bewirken, wohin Enthusiasmus aller Art führen, wie man Menschen lenken und mißbrauchen kann, davon finden sich hier einige Beispiele.

Die Uebersetzung der beiden dicken Bände: Essais sur la Francmaçonnerie und der oratio de conventu latomorum übernahm ich, weil der Buchhändler Brönner in Frankfurt mich darum bat. — Es war Finanz-Operation von beiden Theilen. Nun werden wohl diese Werke den Weg der Maculatur gegangen seyn.

Geschichte Ludwigs von Selberg. Ein Roman ernsthaften Inhalts, nicht für Jedermann geschrieben, gar nicht unterhaltend; doch nicht ohne allen Werth.

Dramaturgische Blätter, drei Quartale.

Ueber den Umgang mit Menschen. Dies Buch ist in mehre Sprachen übersetzt; schade, daß ich die guten Lehren, welche darin enthalten sind, nicht immer befolge.

Ueber den Zustand des geselligen Lebens in den vereinigten Niederlanden; aus dem Holländischen übersetzt. Eine weitschweifige, für wenige Deutsche interessante Schrift. Ich hatte gerade Geld nöthig.

Zwei Bände ausländischer Schauspiele, für die deutsche Bühne bearbeitet. Sie haben zum Theil nicht mißfallen.

Die beiden letzten Bände von Rousseau's Glaubens = Bekenntniß, aus dem Französischen übersetzt.

Geschichte des armen Herrn von Mildenburg; drei Bände.

Parodie (doch das bleibt unter uns) des Zimmermannschen Werks über Friedrich den Großen, unter dem Titel: Ueber Friedrich Wilhelm den Liebreichen und meine Unterredungen mit ihm; von Meywerk, Kur = Hannöverschem Hosenmacher. Das Ding war in wenig Stunden verfertigt, allein Persiflage gefällt leider immer; es ging reißend ab und ist zweimal nachgedruckt.

In dem Jahrbuche für die Menschheit, Jahrgang 1789, stehen Aufsätze von mir, besonders meine Briefe über Erziehung und meine dadurch veranlaßten Streitschriften gegen Campe und Trapp.

Seit eilf Jahren arbeite ich an der allgemeinen deutschen Bibliothek. Ungedruckte musikalische Compositionen und der Anfang meiner Uebersetzung des Lucretius sind noch im Manuscript.

Wegen dieser schriftstellerischen Sünden empfinde ich eine herzliche Reue und hoffe, man wird mir am jüngsten Tage nicht zumuthen, von jedem unnützen Worte Rechenschaft abzulegen; schädliche, verderbliche Worte habe ich wissentlich nie drucken lassen. Hannover, den 4. April 1790.

So weit Knigge's Bekenntnisse. Warum er sie nicht fortgesetzt hat, ist uns unbekannt. Wir aber beschränken uns darauf, seine übrigen Werke der Reihe nach hier bloß anzuzeigen. Sie sind alle, die beiden zunächst folgenden ausgenommen, in Bremen geschrieben.

Benjamin Noldmanns Geschichte der Aufklärung in Abyssinien; — Das Zauberschloß; — Die Reise nach Braunschweig; — Joseph Wurmbrands politisches Glaubens=Bekenntniß; — Briefe aus Lothringen geschrieben; — Ueber Schriftstellerei; — Des seligen Herrn Etatsrath Samuel Conrad von Schafskopf hinterlassene Papiere; — Geschichte des Amtsraths Gutmann; — Des Rattenfängers Reise von Peina nach Fritzlar; — Ueber Eigennutz und Undank.

Uebersetzungen: Ueber Despotismus. — Ueber die Pest in Toulon im Jahre 1721, aus dem Französischen. — Anweisung für Reisende, aus dem Englischen.

Zwischendurch verfaßte er noch Theater=Kritiken, Flugschriften und andere Kleinigkeiten, als: Ueber den Bücher=Nachdruck. — Rückblicke auf den, wenn Gott will, nun bald geendigten Krieg, — und Manifest einer nicht geheimen, sondern sehr öffentlichen Verbindung ächter Freunde.

Ueber den

Umgang mit Menschen.

———

Einleitung des Herausgebers.

Der Umgang mit Menschen gehört zu den wirksamsten Bildungs-, Erheiterungs- und Anregungsmitteln des menschlichen Geistes und Gemüths; aber wohlthätig werden seine Wirkungen nur für diejenigen seyn, welche gehörig vorbereitet unter die Menschen treten und im Umgange eben so viel Mäßigung als Klugheit, eben so viel Festigkeit als Geschmeidigkeit, eben so viel Offenheit als Zurückhaltung zeigen und dadurch den Klippen zu entgehen wissen, an welchen diejenigen scheitern, welche unvorbereitet und unbewehrt sich der Gesellschaft hingeben. Die Vorbereitung besteht in der Fertigkeit, den Schein von der Wahrheit zu unterscheiden; die Sprache des feinen Welttons zu reden, ohne in's Gezierte und Höfische zu verfallen; in der Sammlung allgemeiner Kenntnisse; in der richtigen Würdigung der Menschen; in dem begründeten Bewußtseyn des eigenen Werthes, denn nicht ohne eine gewisse Zuversicht soll man in die Gesellschaft eintreten, damit man nicht durch Blödigkeit unfähig werde, den Umgang mit Menschen von höherer Bildung und Erfahrung zu benutzen und zu genießen. Man könnte sagen, daß alles, was hier als Vorbereitung auf den Umgang mit Menschen dargestellt und erfordert wird, eigentlich das Erzeugniß dieses Umgangs selbst sey; allein wenn auch zugegeben werden muß, daß alle jene Kenntnisse und Fertigkeiten sammt der nöthigen Zuversicht und Freimüthigkeit größtentheils in der Gesellschaft gewonnen werden, so ist doch eben so gewiß, daß nur diejenigen, welche sich für die Gesellschaft gebildet haben, den ganzen Gewinn, den sie bietet, erwerben werden. Auch hat die Gesellschaft ein Recht, von ihren Mitgliedern zu fordern, daß sie einen Beitrag zur Unterhaltung geben, nicht bloß empfangen und genießen sollen. Diese billige Forderung aber kann nur von denjenigen erfüllt werden, welche gehörig vorbereitet und ausgestattet in die Gesellschaft treten. Dazu soll die Erziehung vor Allem mitwirken, und daneben die schriftliche Belehrung und Anweisung, welche nicht bloß aus Schriften, wie die vorliegende des trefflichen Menschenkenners Knigge, sondern auch, und vielleicht noch mehr aus solchen Romanen und historischen Darstellungen geschöpft wird, welche sich durch eine lebhafte und getreue Charakterschilderung auszeichnen, und Menschen von allen Seiten und in allerlei Lagen, Verhältnissen und Beziehungen darstellen. Nicht bloß Menschenkenntniß, sondern auch die Sprache des feineren Gesellschaftstons findet sich in solchen Schriften, und sie gehören eben deswegen unstreitig zu den wirksamsten Bildungsmitteln. In wie fern und unter welchen Bedingungen auch der Umgang ein Bildungsmittel sey, soll

hier nur angedeutet, nicht ausgeführt werden, denn für die
Ausführung findet sich im Verfolg eine passendere Stelle.
Die Mäßigung und Vorsichtigkeit im Umgange
würde zunächst in der Sichtung der Spreu von dem Weizen
bestehen, damit sich nicht zugleich mit den Kenntnissen und
berichtigten Urtheilen, mit den Ansichten der Welt und der
Menschen, mit der Erwärmung für das Schöne, Gute und
Edle, auch Vorurtheile aller Art, schiefe und ungerechte Ur=
theile, falscher Geschmack, Heuchelei und Verstellungskunst,
Leichtsinn und Eitelkeit in die Seele einschleiche. Ohne diese
Vorsichtigkeit hat die Gesellschaft nur verderblichen Einfluß,
wird sie endlich selbst die Kraft überwältigen, mit welcher
heilsame Eindrücke der Erziehung auf unsern Willen wir=
ken; wird sie den, der sich sorglos ihrem Einfluß hingibt,
zum Sklaven der Mode und Sitte machen, und ihn um sein
bestes Lebensglück betrügen.

Aber mit dieser weisen Vorsicht reicht man in der Ge=
sellschaft nicht aus; sie fordert eben so sehr jene Klugheit
und Umsicht, welche uns lehrt, erlaubte Vortheile zu er=
kennen und zu benutzen, und den Klippen auszuweichen, an
welchen so leicht die Fassung, die Heiterkeit und Laune schei=
tern kann. Wer im Umgange mit der großen Welt zu oft
in Verlegenheit kommt, zu oft durch den Schein irre geführt,
sich zu einer Offenheit verleiten läßt, die er hernach mit
Schrecken gemißbraucht oder gemißdeutet sieht; wer nicht zu
rechter Zeit ein Gespräch abzubrechen, oder es auf eine un=
gezwungene und verständige Weise anzuknüpfen und fortzu=
führen weiß, ohne vorlaut und zudringlich zu werden, oder
sich selbst zum Thema der Unterhaltung zu machen; wer
nicht mit Klugheit die Personen, aus welchen die Gesellschaft

besteht, nach ihren bürgerlichen und Familienverhältnissen
berücksichtigt, vielmehr seine Urtheile ohne alle Rücksicht fällt,
seine Bemerkungen ohne alle Umsicht mittheilt: der wird für
alle diese Verstöße gegen die Klugheit im Umgange hart bü=
ßen müssen und sich bald genug von der Gesellschaft ver=
schmäht und selbst ausgeschlossen sehen. Jene Weisheit,
welche der Umgang fordert, und jene Klugheit, welche er
voraussetzt, besteht ferner in der Festigkeit und Sicher=
heit, mit welcher der Gebildete seine Urtheile fällt und
seine Behauptungen ausspricht, ohne doch in Starrsinn und
Rechthaberei zu verfallen, und in der nachgebenden Geschmei=
digkeit, welche eben so weit von Heuchelei als von Blödig=
keit und Menschengefälligkeit entfernt ist. Wer immer der
Meinung dessen ist, der zuletzt sprach, oder das Wort in der
Gesellschaft führt, nie eine eigene Meinung hat, oder sie we=
nigstens sogleich feigherzig aufgibt, wenn sie Widerspruch
findet, wird der Gesellschaft eben so wenig verdanken, als
der, welcher mit rechthaberischer Heftigkeit seine Gegner nur
überschreit, nicht mit Gründen bekämpft. Für lebhafte Ge=
müther und für diejenigen, welche ihre Geistesüberlegenheit
fühlen und der Sprache ganz mächtig sind, gibt es keine
schwerere Aufgabe, als die, Mäßigung und Ruhe zu zeigen,
so oft ihre Urtheile und Meinungen bestritten werden, und
doch ist dies gerade eine Haupteigenschaft eines guten Ge=
sellschafters. Es gibt Menschen, welche bei Vertheidigung
ihrer Meinungen alle Rücksichten und jede Schonung und
Milde, welche zum Wesen des Umgangs gehört, bei Seite
setzen, und in leidenschaftlicher Lebhaftigkeit ihre Gegner
mehr anfallen und mißhandeln, als bekämpfen. Hier ist die
Grenze sehr leicht überschritten, besonders wenn die Klugheit
nicht von Bescheidenheit und wohlwollenden Neigungen un=
terstützt wird, oder persönliche Mißverhältnisse der Streiten=

den einwirken und sichtbar werden. Auf der andern Seite
gehört die lebhafte und kräftige Vertheidigung geäußerter
Meinungen und Urtheile recht eigentlich zu den geselligen
Tugenden, weil die Gesellschaft nicht ohne Reizmittel bestehen kann, und der Widerspruch zu den wirksamsten Reiz-
mitteln gehört; aber auch deswegen, weil nur Festigkeit der
Gesinnung und Ueberzeugung gegen die gefährlichen und
verderblichen Eindrücke des Umgangs sichert, so wie gegen
die Verlegenheit und Bedrängniß, in welche wir diejenigen
so oft in der Gesellschaft gerathen sehen, welche dem Hochmuth, der Anmaßung, Unbescheidenheit und leeren Prahlerei
nichts entgegen zu setzen wissen, und da verstummen, wo sie
recht laut werden und mit Nachdruck sprechen sollten.

Aber wie der Umgang verderblich werden kann, wenn
man seinem Einflusse auf Urtheil und Denkungsart nicht
Festigkeit der Gesinnung und Ueberzeugung entgegen zu setzen
vermag, so wird sein Reiz und sein wohlthätiger Einfluß
durch die Geschmeidigkeit erhöht, mit welcher man sich
in den Ton der Gesellschaft überhaupt und in die Schwachheiten der Einzelnen insbesondere zu finden und zu schicken,
Störungen des gesellschaftlichen Vergnügens zu entfernen
und alles herbeizuführen weiß, was die Unterhaltung nähren
und beleben, die Bande der Gesellschaft fester knüpfen, und
den Genuß Aller erhöhen kann, und zwar auf eine solche
Art, daß Keinem etwas aufgedrungen und nichts erzwungen
wird. Wie leicht diese Geschmeidigkeit ausarte, und wie lästig, verächtlich und erniedrigend sie in ihrer Ausartung sey,
davon finden sich die auffallendsten Beweise in jeder zahlreichen Gesellschaft. Sie muß in theilnehmenden und wohlwollenden Gefühlen, in der Bescheidenheit und Anspruchlo-
sigkeit, welche sich nie vordrängt und keine Auszeichnung be-

gehrt, und in dem Wunsche, sich zu belehren, ihren Grund
haben, wenn sie für eine gesellschaftliche Tugend gelten soll.
Häufig erscheint die Geschmeidigkeit als Herablassung zu den
Schwachen, als Herabstimmung zu einem uns fremden und
ungemüthlichen Gesellschaftstone, und da, wo sie lauter
Schwäche, nicht Grundsatz und nicht Wohlwollen oder Klug=
heit ist, als ein feigherziges und unsittliches Einstimmen in
einen Ton, den man für thöricht, langweilig, oder wohl gar
für schlecht und niedrig erkennt. Hier würde die Festigkeit
an ihrem Orte seyn. Dagegen ist es hohe Gesellschaftstu=
gend, den Schwachen in der Gesellschaft sein Ohr zu leihen,
wenn sie über die Gebühr von sich selbst und ihren beson=
dern Angelegenheiten sprechen; der Mutter theilnehmend zu=
zuhören, welche von den Anlagen und von der Liebenswür=
digkeit ihrer Kinder, oder von häuslichen Leiden mit großer
Ausführlichkeit spricht; den ehrlichen Handwerksmann aus=
reden zu lassen, oder durch Fragen selbst zu veranlassen, vom
Handwerk zu sprechen und seine Erfahrungskenntnisse gut=
müthig mitzutheilen, wobei dem Hörenden wohl noch durch
manche nützliche Sachkenntniß seine Herablassung vergolten
wird.

Eben so viel Offenheit als Zurückhaltung fordert
endlich der Umgang mit Menschen. Offenheit ist die Seele
des Umgangs; aber sie setzt Vertrauen voraus, und wer möchte
wohl sogleich Vertrauen zu Personen fassen, die er nur in
ihren Feierkleidern sieht und nicht beobachten kann, wenn sie
in ihrer Alltagskleidung einhergehen. Es gibt eine Offen=
heit, welche mit kluger Vorsicht vereinbar ist, und diese soll
im Umgange herrschen. Niemand soll seine Grundsätze und
Ueberzeugungen verheimlichen, oder schweigen, wo die Pflicht,
sich des Verleumdeten anzunehmen, den Splitterrichter zu be=

müthigen und zu strafen, den Heuchler zu entlarven, den
Prahler in seiner Erbärmlichkeit darzustellen, oder auch nur
die Pflicht, seinen Beitrag zur Unterhaltung zu geben, das
Schweigen verbietet. Aber Rücksicht auf Kinder, auf Schwache
und Unwissende, auf Schüchterne und Aengstliche, auf Hor-
cher und Wortverdreher, auf Neuigkeitsträger und Klatsch-
schwestern gebietet auch oft Zurückhaltung des Urtheils, des
Spottes, eines witzigen Einfalls, einer wahren oder bittern
Bemerkung, einer Meinung oder Erklärung, die leicht gemißdeutet oder gemißbraucht werden kann.

Dies also wären die Bedingungen, unter welchen der
Umgang Bildungs-, Erheiterungs- und Anregungsmittel
werden kann. Wem übrigens die Wahl frei steht zwischen
großen, stark gemischten Gesellschaften und kleineren Gesell-
schaftskreisen, der handelt weise, wenn er diese vorzieht und
jene so viel als möglich vermeidet. Denn je zahlreicher die
Gesellschaft ist, desto leerer ist der Umgang, und nur da ist
die Unterhaltung ergiebig und lehrreich, wo Alle daran Theil
nehmen, und Keiner durch Rücksichten der Klugheit und Vorsicht zur Zurückhaltung bestimmt wird, sondern Jeder frei
und unverhohlen seine Meinung äußert.

Auf der andern Seite ist der Umgang mit Einzelnen,
wenn sie mit einer ächten Geistesbildung eine reiche Erfahrung verbinden und in mannichfaltigen Verbindungen leben,
viel ergiebiger und belohnender, als das eigentliche Gesell-
schaftsleben, und diejenigen, welche das Leben in dem edelsten Sinne genießen wollen, ziehen sich daher aus der großen Welt zurück und wissen sich in dem Familienleben einen
Genuß zu bereiten, welcher in großen und gemischten Gesellschaften vergebens gesucht wird. Vielleicht ist es auch nur
in solcher Zurückgezogenheit möglich, das Herz vor Thorhei-

ten und Verirrungen zu bewahren, in welche es so leicht
durch den Einfluß der Gesellschaft verwickelt wird, und die
Ausartung des Herzens zu verhüten, welcher diejenigen nicht
entgehen, die ihrem Umgange die möglichste Ausdehnung ge=
ben und darin den höchsten Genuß des Lebens finden. Denn
neben dem wohlthätigen Einflusse, welchen der Umgang mit
Menschen aus allen Ständen auf die Entwickelung unseres
Geistes, Vereblung unseres Herzens und Erheiterung unseres
Gemüths haben kann, wenn er ein gewählter ist und mit
Mäßigung und Vorsicht genossen wird, übt er auch einen
nachtheiligen und selbst verderblichen Einfluß auf unbewachte
und unbereitete Herzen.

Wenn auf der einen Seite unsere Begriffe durch den
Umgang bereichert und berichtigt werden, so verwirrt er sie
auf der andern. Wir hören Menschen, mit Witz und Scharf=
sinn ausgestattet, ihre vorgefaßten Meinungen, ungerechten
Urtheile und fixen Ideen mit einer solchen Beredsamkeit und
Zuversicht als unstreitige und unleugbare Wahrheiten dar=
stellen, daß wir uns überreden, ein ganz neues Licht über
diese Gegenstände erhalten zu haben, und ihre Jünger wer=
den. Ein ander Mal fällt ein witziger Spötter über das
Heilige her, und es gelingt ihm, den religiösen Gefühlen ei=
niger Schwachen in der Gesellschaft einen Stoß zu geben.
Er hat ihnen das Unersetzliche genommen, und sie werden
diesen Verlust nie verschmerzen. Der Umgang wird heute
Nahrung für unsere wohlwollenden und theilnehmenden Ge=
fühle; aber morgen gerathen wir in eine Gesellschaft, in
welcher der Hofton herrschend ist; wir stoßen auf lauter ver=
larvte Gesichter, hören lauter leere und hohle Redensarten,
werden überall durch die unverschämten Uebertreibungen ei=
ner frechen Schmeichelei verletzt, sehen eine ganze Gesellschaft

von Schauspielern vor uns, von welchen jeder seine Rolle
spielt, und nirgends wird uns Nahrung für Geist und Ge=
fühl gereicht; was ist natürlicher, als daß wir Menschenver=
achtung aus dieser Gesellschaft mitnehmen und nicht uns so
bald wieder mit den Menschen aussöhnen; daß sich unver=
merkt Mißtrauen unseres Herzens bemächtigt, und der
Glaube an die Menschheit seine Kraft verliert.

Ein unbewachtes und unbefestigtes Herz geräth in einer
Gesellschaft unter feine und beredte Schmeichler; der Gift=
same wird in das Herz gestreut, und die Früchte werden
nicht ausbleiben. — Und wer hätte nicht in der Gesellschaft
die Kunst zu scheinen, Gefühle zu verhehlen, eine Rolle zu
spielen, zu heucheln und sich zu verstellen, wider seinen Wil=
len und ohne sein Wissen gelernt? Man gewöhnt sich in
der Gesellschaft an Alles, selbst an das Lächerlichste, Er=
bärmlichste, Platteste, an Mangel und Mißbrauch des Ver=
standes, an die häßlichsten Gesichter und Gemüther, die wi=
drigsten Fehler des Körpers und des Sprachorgans; man
bemerkt am Ende diese Gebrechen kaum mehr. Daher sieht
man, besonders in den höheren Ständen, die Mitglieder der
Gesellschaft ihren faden Witz, ihre beredten Verleumdungen,
ihren ungesalzenen Spott und ihre faden Tagesneuigkeiten
mit einer Unbefangenheit gegen einander austauschen, als
ob die unschuldigsten Dinge vorgingen, und es fällt Keinem
auch nur von ferne ein, sich einer solchen Unterhaltung zu
schämen, noch weniger ihr eine bessere Wendung zu geben,
oder Salz zu verlangen und zu erwarten. Aber es sind nicht
bloß die Geistlosen oder Armen an Geist, die es so arg trei=
ben, auch Geistreiche lassen sich endlich, wenn sie lange ge=
nug Zuhörer gewesen sind, zu solchem Kleinhandel herab
und werden aus lauter Gefälligkeit, besonders unter jugend=

lichen Schönen, oder um der langen Weile zu entgehen, ge=
schwätzig und geistlos. Es gehört Muth, Geduld und große
Gewandtheit dazu, einen faden und dürren Gesellschaftston
zu beschwingen und endlich zu verdrängen; aber diese Kunst
sollte jeder Verständige und wahrhaft Gebildete zu erringen
suchen, weil dadurch großes Verdienst zu erwerben ist, und
der, welcher sie besitzt und ausübt, endlich sogar der Wohl=
thäter einer ganzen Stadt werden kann.

Mehr oder weniger trägt jeder das Gepräge der Ge=
sellschaft und wird ihr Zögling, oft ein zu folgsamer;
denn indem sie seinen Trieben die mannichfaltigste und reichste
Befriedigung darbietet, besonders dem Ehrtriebe, indem sie
das Bedürfniß, zu lieben und geliebt zu werden, eben so
sehr aufregt als kräftig stillt, und allen seinen Zwecken dient,
legt sie ihn in unauflösliche Fesseln. Doch sie soll auch seine
Kräfte in Bewegung setzen und beschäftigen, darum muß sie
Reibungen veranlassen und jeglichem Bestreben, wozu die
vereinte Kraft mehrer erfordert wird, so wie jeglicher unge=
selligen Neigung Hindernisse und Widerstand entgegenstellen.
Nicht überall kommt uns in der Gesellschaft (das Wort hier
im weitesten Sinne genommen) Theilnahme und guter Wille
entgegen, nicht überall die Anerkennung unserer Verdienste
und unserer sittlichen Güte, und da, wo wir gern Einfluß
gewinnen möchten, stößt sie uns zurück, weil wir nicht ihre
Sprache zu reden wissen, oder uns weigern, sie zu reden,
und in den Ton, der jetzt grade der herrschende ist, einzu=
stimmen. Auf der andern Seite legt sie dem Rohen und
Ungesitteten Fesseln an, und zwingt ihn durch die Gewalt
ihrer conventionellen Gesetze, die Sprache der Bescheidenheit
und Ehrbarkeit zu reden; sie nöthigt ihn zu einer sehr be=
schwerlichen Selbstverleugnung, und straft ihn auf der Stelle,

wenn er sich weigert, ihre Gesetze anzuerkennen und ihnen zu gehorchen. Wenn es scheint, daß sie dadurch theils Heuchler bildet, theils Menschenhasser, so kann sie zwar von dieser Schuld nicht ganz freigesprochen werden; aber sie weiß wenigstens den Schaden, welchen sie anrichtet, mannichfaltig zu vergüten, theils durch die Ermunterungen, welche sie denen zu Theil werden läßt, welche sich in ihr geltend zu machen wissen; theils durch die Veranlassungen, welche sie dem Thätigen und Wohlwollenden gibt, sich gemeinnützig zu machen, vorzüglich aber durch die Kunst und Sorgfalt, mit welcher sie die rohen Edelsteine schleift, so daß ihr Werth erkannt und richtig gefunden wird. Sie kommt durch dies Alles der Erziehung sehr wirksam zu Hülfe, und rettet Viele, die sonst für die Welt verloren gegangen seyn würden, errettet Andere aus dem Verderben der Milzsucht, Hypochondrie und üblen Laune, der Blödigkeit und Verzagtheit, des Versinkens in Eintönigkeit, Einsylbigkeit und Verschlossenheit, verhilft ihnen zu der Entdeckung, daß ihnen auch die Gabe der Sprache, oder wohl gar die des Witzes und Humors zu Theil geworden sey, weckt in viel Tausenden wohlwollende und theilnehmende Gefühle, und heilt sie gründlich von den Krankheiten, welche ihnen durch eine verkehrte Erziehung, oder durch den bösen Einfluß eines bösen Familiengeistes, oder durch die Macht böser Gewohnheiten eingeimpft worden sind. Auch für diejenigen wird sie oft Retterin und Wohlthäterin, welche am Müßiggange und an der langen Weile krank liegen, und nur der Anregung bedürfen, um sich zu fühlen und zur Thätigkeit zu erwachen. Am meisten aber nützt sie jenen engherzigen Naturen, welche im Joch des Vorurtheils liegen und sich zu keiner Unbefangenheit der Ansicht und des Urtheils erheben können. Wenn diese unter Menschen gerathen, welche freimüthig und freisinnig urtheilen, so gereicht es gewiß zu ihrem Heil.

Die schwerste Aufgabe, welche uns die Gesellschaft zu lösen gibt, und wodurch sie besonders die festen und gediegenen Charaktere und die einfachen Gemüther abschreckt, ist die, sich in die oft ganz kontrastirenden Tonarten zu finden und einzustimmen, welche in den verschiedenen Kreisen die herrschenden oder beliebten sind. Denn seinen Geschmack verleugnen, seine Vernunft gefangen nehmen unter dem Glauben an die Untrüglichkeit der Mode, faden Witz belächeln, und immer wieder dieselben Späßchen sich geduldig vormachen lassen, oder einem Treibjagen gemeiner Anekdoten zusehen, dazu gehört, wenn man wahrhaft gebildet ist, eine Selbstverleugnung, die auch des Geduldigsten Langmuth erschöpft, oder ein Humor, der nicht zu zerstören ist. Da aber in dieser Welt Niemand der Nothwendigkeit, die Menschen zu nehmen, wie sie sind, entgehen kann, so dürfte es zur Lebensklugheit gehören, sich mit einer solchen Fassung und humanen Langmuth auszustatten, daß man auch die schwersten Prüfungen dieser Art bestehen könne.

Zur Erwerbung einer solchen Fassung und Langmuth kann eine Anleitung, wie sie Knigge in dem vorliegenden Buche gegeben hat, allerdings etwas beitragen, da sie die Menschen nicht nur in allerlei Gestalten lebendig darstellt, sondern auch lehrt, wie man sie nach Maßgabe ihres Charakters und ihrer Bildung zu nehmen und zu behandeln, welche Klippen man im Umgange zu vermeiden, welche Saiten man zu berühren und nicht zu berühren habe, und wie man sich gegen den nachtheiligen Einfluß sichern könne, welchen der Umgang auf Gesinnung, Sitte und Urtheil ausübt, wenn man nicht die Spreu von dem Weizen zu sondern ver-

steht, und sich durch das Ansehen hoher Einsicht und un=
trüglicher Urtheilskraft, welches die dreisten Tonangeber in
der Gesellschaft anzunehmen wissen, täuschen und bethören
läßt. Wenn der humoristische Verfasser hier und da seiner
Laune zu sehr den Zügel schießen läßt, und sich, um einen
witzigen Einfall nicht unterdrücken zu dürfen, eine kleine Ue=
bertreibung oder Entstellung erlaubte; wenn er sich von ei=
nem Vorurtheil, welches man seiner Zeit zu Gute halten
muß, verleiten ließ, den französischen Gesellschaftston und
die gesellligen Tugenden der Franzosen auf Unkosten der
Deutschen zu preisen, so thut dies im Ganzen dem Werthe
dieses Buches keinen Eintrag, da es nicht schwer ist, in die=
sen Stellen die Uebertreibung zu erkennen und abzusondern;
auch hat es sich der Herausgeber angelegen seyn lassen, des
Verfassers Bemerkungen in dieser Hinsicht zu berichtigen,
und dessen Urtheil zu mildern.

Einleitung des Verfassers.

1.

Wir sehen die klügsten, verständigsten Menschen im gemeinen Leben Schritte thun, wozu wir den Kopf schütteln müssen.

Wir sehen die feinsten theoretischen Menschenkenner das Opfer des gröbsten Betrugs werden.

Wir sehen die erfahrensten, geschicktesten Männer bei alltäglichen Vorfällen unzweckmäßige Mittel wählen; sehen, daß es ihnen mißlingt, auf Andere zu wirken; daß sie, mit allem Uebergewicht der Vernunft, dennoch oft von fremden Thorheiten und Grillen und von dem Eigensinne der Schwächern abhängen; daß sie von schiefen Köpfen, die nicht werth sind, mit ihnen verglichen zu werden, sich regieren und mißhandeln lassen; daß hingegen Schwächlinge und Unmündige an Geist Dinge durchsetzen, die der Weise kaum zu wünschen wagt.

Wir sehen die witzigsten, hellsten Köpfe in Gesellschaften, wo Aller Augen auf sie gerichtet, und Alle begierig seyn sollten auf jedes Wort aus ihrem Munde, eine untergeordnete Rolle spielen; sehen, wie sie verstummen oder nur

gemeine Dinge sagen, indeß ein anderer, äußerst leerer
Mensch die kleine Summe von Begriffen, die er hie und da
aufgesammelt hat, so zu benutzen und aufzustutzen versteht,
daß er allgemeine Aufmerksamkeit erregt, und, selbst bei
Männern von Kenntnissen, für etwas gilt.

Wir sehen, daß die glänzendsten Schönheiten nicht in
jeder Gesellschaft gefallen, indeß Personen, mit den gering=
sten äußern Annehmlichkeiten ausgestattet, allgemein mit
Wohlgefallen betrachtet und angehört werden, und sich einer
gewissen Huldigung erfreuen, an welcher ihre Persönlichkeit
keinen Theil zu haben scheint.

Kurz, wir werden täglich gewahr, daß die klügsten und
gelehrtesten Männer, wenn nicht zuweilen die untüchtigsten
zu allen Weltgeschäften, doch wenigstens unglücklich genug
sind, in der Gesellschaft zu mißfallen und zurückgesetzt zu
werden, weil es ihnen an Gewandtheit mangelt, und daß
selbst die geistreichsten, von der Natur mit allen innern und
äußern Vorzügen beschenkt, oft am wenigsten zu gefallen,
zu unterhalten, sich geltend zu machen und zu glänzen ver=
stehen.

Männer und Frauen lassen sich durch persönliche Vor=
züge und ausgezeichnete Eigenschaften, die sie besitzen, zur
Vernachlässigung des gesellschaftlichen Anstandes, der Schick=
lichkeit und Höflichkeit verleiten, und zweifeln nicht, daß ih=
nen in der Gesellschaft Alles erlaubt seyn müsse; aber sie
irren sehr. Großer Eigenschaften wegen verzeiht man große
Fehler, weil Menschen von feinerem Stoffe heftige Leiden=
schaften zu haben pflegen. Wo aber keine Leidenschaft im
Spiele ist, da soll der bessere Mann auch weiser handeln,
als der alltägliche; und es ist nicht weise gehandelt, die un=

schuldigen Gebräuche der Gesellschaft zu verachten, wenn man in der Gesellschaft leben und wirken will.

Ich rede aber hier nicht von der freiwilligen Verzicht= leistung des Weisen auf die Bewunderung des vornehmen und geringen Pöbels. Daß der Mann von besserer Art da in sich selbst verschlossen schweigt, wo er nicht verstanden wird; daß der Witzige, Geistvolle, in einem Kreise schaler Köpfe sich nicht so weit herabläßt, den Spaßmacher zu spie= len; daß der Mann von einer gewissen Würde im Charak= ter zu viel Stolz hat, sein ganzes Wesen nach jeder ihm unbedeutenden Gesellschaft umzuformen, die Stimmung an= zunehmen, wozu die jungen Laffen seiner Vaterstadt den Ton mit von Reisen gebracht haben; daß es den Jüngling besser kleidet, bescheiden, schüchtern und still, als nach Art der mehrsten unserer heutigen jungen Leute, vorlaut, selbst= genügsam und plauderhaft zu seyn; daß der edle Mann, je klüger er ist, um desto bescheidener, um desto mißtrauischer gegen seine eignen Kenntnisse und Urtheile, um desto weni= ger zudringlich seyn wird, dies Alles ist in der Ordnung, und muß gebilligt, ja gepriesen werden; und eben so natür= lich und angemessen ist es, daß der wahrhaft Gebildete, je mehr innerer wahrer Verdienste er sich bewußt ist, um desto weniger Kunst anwenden wird, seine vortheilhaften Seiten hervorzukehren, und daß die wahrhafte Schönheit alle kleine anlockende, unwürdige Buhlkünste, wodurch die Eitle sich be= merkbar zu machen sucht, verachtet. — Das Alles ist gut und recht, davon rede ich also nicht.

Auch nicht von der beleidigten Eitelkeit eines Mannes voll Ansprüche, der unaufhörlich geschmeichelt und vorgezo= gen zu werden verlangt, und, wo das nicht geschieht, ein finsteres Gesicht macht; nicht von dem gekränkten Hochmuthe

eines abgeschmackten Pedanten, der mißlaunig wird, wenn
er das Unglück hat, nicht überall für ein großes Licht der
Erde erkannt, und als ein solches behandelt zu seyn; wenn
nicht Jeder mit seinem Lämpchen herzuläuft, um es an die=
sem großen Lichte der Aufklärung anzuzünden. Wenn ein
steifer Professor, der gewohnt ist, von seinem bestaubten
Dreifuße herunter, sein Lehrbuch in der Hand, einem Hau=
fen gaffender, unbärtiger Musensöhne stundenlang hohe Weis=
heit vorzupredigen, und zu sehen, wie sogar seine platten,
in jedem halben Jahre wörtlich wiederholten Späße sorg=
fältig nachgeschrieben werden; wenn ein Solcher einmal die
Residenz, oder irgend eine andere bedeutende Stadt besucht,
und das Unglück nun will, daß man ihn dort kaum dem
Namen nach kennt, daß er in einer feinen Gesellschaft von
zwanzig Personen gänzlich übersehn, oder von irgend einem
Fremden wohl gar für den Kammerdiener im Hause gehal=
ten wird, wer möchte es ihm verargen, wenn er ergrimmt
und ein verdrießliches Gesicht zeigt; oder wenn ein Stuben=
Gelehrter, der ganz fremd in der Welt ohne Erziehung und
ohne Menschenkenntniß ist, sich einmal aus dem Haufen sei=
ner Bücher hervorarbeitet, und dann, äußerst verlegen, mit
seiner Figur, buntschäckig und altväterisch gekleidet, da sitzt,
und an nichts von Allem, was gesprochen wird, Antheil
nehmen, keinen Faden finden kann, um mit anzuknüpfen,
so gehört das Alles nicht hieher.

Eben so wenig rede ich von dem groben Cyniker, der
alle Regeln verachtet, welche Uebereinkunft und gegenseitige
Gefälligkeit den Menschen im bürgerlichen Leben vorge=
schrieben haben, noch von dem Kraft=Genie, das ein Privi=
legium zu haben glaubt, sich über Sitte, Anstand und Ver=
nunft hinauszusetzen.

Und wenn oft auch die weisesten und klügsten Menschen in der Welt und im Umgange, besonders bei ihren Bewerbungen, ihres Zwecks verfehlen und ihr Glück nicht machen, so ist hier weder in Anschlag zu bringen, daß ein widriges Geschick zuweilen den Besten verfolgt, noch daß eine unglückliche leidenschaftliche oder ungesellige Gemüthsart bei Manchem die vorzüglichsten, edelsten Eigenschaften verdunkelt.

Es ist eine andere Erscheinung, welche hier erörtert werden soll, nämlich die, daß Menschen, welche durch ihre vorzüglichen Eigenschaften, durch Talent und Kenntnisse ausgezeichnet und von einer guten und reinen Gesinnung beseelt sind, dennoch übersehen werden, zu gar nichts gelangen. Woher kommt das? Was ist es, das Diesen fehlt und Andere haben, die, bei dem Mangel wahrer Vorzüge, alle Stufen menschlicher Glückseligkeit ersteigen? — Es fehlt ihnen: die Kunst des Umgangs mit Menschen — eine Kunst, die oft der schwache Kopf, ohne darauf zu studiren, viel besser erwirbt und sich zu eigen macht, als der verständige, weise, witzreiche; die Kunst, sich geltend zu machen, ohne den Neid und die Eifersucht zu reizen; sich nach den Temperamenten, Einsichten und Neigungen der Menschen zu richten, ohne falsch zu seyn; sich ungezwungen in den Ton jeder Gesellschaft stimmen zu können, ohne weder die Eigenthümlichkeit des Charakters zu verlieren, noch sich zu niedriger Schmeichelei herabzulassen. Der, welchen nicht die Natur schon mit dieser glücklichen Anlage der Geschmeidigkeit und Fügsamkeit hat geboren werden lassen, erwerbe sich Menschenkenntniß, Umsicht, Geselligkeit, Nachgiebigkeit, Duldung, lerne sich zu rechter Zeit verleugnen und seine Leidenschaften beherrschen, ringe nach Wachsamkeit über sich selber und Heiterkeit des immer gleich gestimmten Gemüths; und er wird sich jene wichtige Kunst zu eigen machen. Doch hüte man sich, sie zu verwechseln mit der schädlichen, niedrigen Gefälligkeit des verworfenen Sklaven, der sich von Jedem mißbrauchen läßt, sich Jedem Preis gibt, um eine Mahlzeit zu gewinnen; der selbst dem Schurken huldigt, und, um eine Bedienung zu erhalten, zum schreienden Unrechte schweigt, zum Betruge die Hände bietet und die Dummheit vergöttert.

Indem aber hier von jenem esprit de conduite geredet werden soll, der uns leiten muß bei unserm Umgange mit Menschen aller Gattung, soll keineswegs ein Complimentirbuch geschrieben, sondern Resultate aus Erfahrungen gezogen werden, und zwar aus Erfahrungen, die unter Menschen aus allen Ständen in einer langen Reihe von Jahren gesammelt worden sind. — Kein vollständiges System, aber Bruchstücke, vielleicht nicht zu verwerfende Materialien, Stoff zu weiterm Nachdenken.

2.

In keinem Lande in Europa ist es vielleicht so schwer, im Umgange mit Menschen aus allen Klassen, Gegenden und Ständen allgemeinen Beifall einzuernten, in jedem dieser Kreise wie zu Hause zu seyn, ohne Zwang, ohne Falschheit, ohne sich verdächtig zu machen, und ohne selbst dabei zu leiden, auf den Fürsten wie auf den Edelmann und Bürger, auf den Kaufmann wie auf den Geistlichen, nach Gefallen zu wirken, als in unserm deutschen Vaterlande; denn nirgends vielleicht herrscht zu gleicher Zeit eine so große Mannichfaltigkeit des Conversationstons, der Erziehungs=

art, der Religions= und anderer Meinungen und zugleich
eine so große Verschiedenheit der Gegenstände, welche die
Aufmerksamkeit der einzelnen Volksklassen in den einzelnen
Provinzen beschäftigen. Dies rührt her von der Mannich=
faltigkeit des Interesses der deutschen Staaten gegen einan=
der und gegen auswärtige, und von dem sehr merklichen
Abstande, welcher die Stände in Deutschland von einander
trennt, indem verjährtes Vorurtheil, Erziehung und zum
Theil auch die Verfassung viel bestimmtere Grenzlinien ge=
zogen haben, als in andern Ländern, wenn gleich das neue
Militärsystem die Stände einander bedeutend näher gerückt,
und manchem Vorurtheil seine Kraft genommen hat. Wo
hat mehr, als in Deutschland, die Idee von sechzehn Ahnen
des Adels einen wesentlichen moralischen und politischen
Einfluß auf Denkungsart und Bildung? Wo greift weni=
ger allgemein, als bei uns, der Handelsstand in die übrigen
Stände ein? Wo macht mehr, als hier, das Corps der
Hofleute eine ganz eigene Gattung aus, in welche hinein,
so wie in die Nähe des Fürsten, nur Leute von gewisser
Geburt und gewissem Range sich hindrängen können? Wo
durchkreuzen sich mehr die verschiedensten Arten von Inter=
esse? — Und diese treffen nicht etwa in irgend einem das
ganze Volk berührenden Punkte zusammen, in allgemeinem
National=Bedürfnisse, Volks=Angelegenheiten, Gemeinwohl,
wie in England, wo Aufrechthaltung der Constitution, Frei=
heit und Glück der Nation, Flor des Vaterlandes, der Punkt
ist, in welchem sich das Streben, Dichten und Trachten
selbst der originellsten Charaktere und der wunderlichsten
Sonderlinge vereinigt, noch, wie in fast allen übrigen euro=
päischen Ländern, die entweder unter einem einzigen Ober=
haupte stehen, oder durch ein einziges, allen Gliedern wich=
tiges Interesse beherrscht werden, wie die Schweiz, oder in

welchen eine allein herrschende Religion, oder selbst die klimatische Eigenthümlichkeit der Denkungsart, dem Gesellschafts=Ton und der Stimmung eine bestimmte Richtung und ein bestimmtes Gepräge geben.

Daß im Ganzen unsere deutsche Verfassung, so zusammengesetzt sie auch ist, sehr große, wesentliche Vorzüge gewährt, das leidet keinen Zweifel; allein es ist nicht weniger gewiß, daß dieselbe den mächtigsten Einfluß auf die Verschiedenheit der Stimmung in den einzelnen Provinzen und Staaten und unter den mancherlei von einander abgesonderten Ständen hat. Eben daher kommt es, daß unsere Schauspieler, Schauspiel=Dichter und Romanen=Schreiber ein viel schwereres Studium haben, wenn sie alle diese Abweichungen und Eigenthümlichkeiten kennen lernen und berücksichtigen und dennoch einen Anstrich von originellem National = Charakter durchschimmern lassen wollen, viel schwerer, als in Frankreich, wo die Sitten der verschiedenen Stände und einzelnen Provinzen nicht so sehr gegen einander abstechen. Eben daher kommt es, daß man über wenige unserer literarischen Produkte ein allgemein einstimmig beifälliges Volksurtheil hört, daß überhaupt so wenige unserer Werke als National=Monumente auf die Nachwelt übergehen, und eben daher endlich kommt es, daß es so schwer ist, mit Menschen aus allen Ständen und Gegenden in Deutschland umzugehen und bei allen gleich wohl gelitten zu seyn, auf alle gleich vortheilhaft zu wirken.

In Gegenden, in welchen weder die egoistische Unzufriedenheit mit dem Vaterlande und der Verfassung, noch Müssiggang, noch Verderbniß der Sitte, noch unbestimmte, rastlose Thätigkeit, noch vorwitzige Neugier die Menschen verleitet und bestimmt, schaarenweise auszuwandern, sind die

Einwohner mit dem, was ihnen die Heimath gewährt und gibt, so herzlich wohl zufrieden, daß sie nichts Größeres kennen, nichts Größeres kennen mögen, als das, was sie in ihrem Vaterlande von Jugend auf gehabt und genossen, schon als Knaben bewundert, oder von ihren Verwandten und Freunden haben stiften, bauen, anlegen sehen. Ihnen sind die kleinen jährlichen oder andern Feste immer neu, immer gleich glänzend und merkwürdig. — Glückliche Unwissenheit! nicht zu vertauschen mit dem Ekel, welcher den vielgereisten Mann so leicht anwandelt, der in seinem Leben so viel gesehen und gehört und erlebt, beobachtet und kennen gelernt hat, und zuletzt an Nichts mehr Freude finden, Nichts mehr bewundern kann, Alles mit Tadel und Ueberdruß erblickt! — Doch macht die treue Anhänglichkeit an einheimische Sitten zuweilen ungerecht und unduldsam gegen Menschen, die sich durch kleine nationelle Eigenthümlichkeiten, wäre es auch nur in Anstand, Kleidung, Ton, Mundart oder Geberden, auszeichnen.

In freien Städten ist diese Anhänglichkeit an väterliche Sitten, Kleidertrachten u. dgl. sehr auffallend und eben so natürlich, und hat nicht selten Einfluß auf Regierungs=Verfassung, Religions=Verträglichkeit und andere wichtige und unwichtige Dinge. Diese Verschiedenheit der Sitten und der Stimmung in den deutschen Staaten macht es sehr schwer, außer seiner vaterländischen Gegend, in fremden Provinzen, in Gesellschaften zu gefallen, Freundschaften zu stiften, Geschmack am Umgange zu finden, Andere für sich einzunehmen und auf Andere zu wirken.

Diese Schwierigkeiten werden größer und fühlbarer, und erzeugen eine nicht geringe Verlegenheit, wenn man in Deutschland in Gesellschaften geräth, welche aus Personen

von verschiedenen Ständen und Erziehungsweisen zusammen=
gesetzt sind. Dem Deutschen wird es schwer, sich zu einem
fremden Gesellschaftston zu erheben oder herabzustimmen;
seine Theilnahme wird nicht sogleich rege; er fühlt sich ver=
stimmt, wenn die Form der Unterhaltung von derjenigen, an
welche er in seiner Heimath gewöhnt ist, merklich abweicht.
Kommt er aus der Provinz in die Hauptstadt, so macht ihn
die Neuheit der Form verlegen, ängstlich, schüchtern und also
unbeholfen; ist der Fall umgekehrt, so wird er entweder ein=
sylbig, kaltsinnig und verdrießlich, oder er überläßt sich der
Spottlust, und wird ein Friedensstörer. Lebt er auf dem
Lande, so fühlt er sich in der Hauptstadt durch die im Um=
gange herrschende Geschmeidigkeit und Gewandtheit geäng=
stigt, weil er gewohnt ist, sich gehen zu lassen, und auf sein
äußeres Wesen wenig Aufmerksamkeit zu wenden, und da=
her sitzt er stumm und gefühllos da.

Man sehe nur einen ehrlichen Land=Edelmann, aus
treuer Lehnspflicht, einmal nach langen Jahren wieder an
dem Hofe seines Landesherrn erscheinen! Er hat sich schon
früh Morgens auf's Beste ausgeschmückt und sich die sonst
gewohnte liebe Pfeife Taback versagt, um nicht nach Rauch
zu riechen. Auf den Gassen der Stadt war es noch öde
und still, als er schon in seinem Wirthshause umherwandelte
und Alles in Bewegung setzte, um ihm beizustehen bei dem
beschwerlichen Geschäfte, sich hofmäßig auszuschmücken. Jetzt
ist er endlich fertig; die seidenen Strümpfe ersetzen bei wei=
tem nicht, was die heute zurückgelegten Stiefeln ihm sonst
gewähren; ihn friert gewaltig an den ihm nackend scheinen=
den Beinen. Der modisch zugeschnittene Rock ist in den
Schultern nicht so bequem, wie sein treuer, alter, warmer
Ueberrock; das Stehen wird ihm unerträglich sauer. — In

dieser qualvollen Gemüthsverfassung erscheint er im Vorzimmer. Um ihn her wimmelt ein Haufen Hofschranzen
herum, die, obgleich sie sämmtlich vielleicht nicht so viel
werth, wie dieser ehrliche, nützliche Mann, und im Grunde
ihrer Herzen nicht weniger, als er, von langer Weile geplagt
sind, dennoch mit Naserümpfen und Verachtung hier, wo sie
in ihrem Elemente zu seyn scheinen, ihn ansehen. Er fühlt
jeden Spott, übersieht sie, ist ihnen an gesundem Verstande
und Urtheilskraft bei weitem überlegen, und muß sich dennoch von ihnen demüthigen lassen. Sie nähern sich ihm,
thun mit zerstreuter, wichtiger Miene einige Fragen an ihn;
Fragen, an welchen das Herz keinen Antheil nimmt, und
worauf sie auch die Antwort nicht abwarten. Er glaubt
Einen unter ihnen zu entdecken, der ihm theilnehmender
scheint, als die Uebrigen; mit diesem fängt er ein Gespräch
von Dingen an, die ihm, vielleicht auch dem Vaterlande,
wichtig sind; von dem Wohlstande, den eigenthümlichen Vorzügen, den Naturschönheiten der Provinz, in welcher er
lebt; er redet mit Wärme; Redlichkeit athmet Alles, was er
sagt — aber bald sieht er, wie sehr er sich in seiner Hoffnung getäuscht hat. Das Männchen hört ihm mit halbem
Ohre zu, erwiedert irgend ein Paar unbedeutende Sylben
zur Antwort, und läßt dann den braven Hausvater ohne
Unterhaltung da stehen. Nun nähert er sich einem Kreise
von Leuten, die mit Interesse und Lebhaftigkeit zu reden
scheinen. An diesem Gespräch wünscht er eigentlich Theil
zu nehmen; aber Alles, was er hört, Gegenstand, Sprache,
Ausdruck, Wendung, Alles ist ihm fremd. In halb deutschen, halb französischen Redensarten wird hier eine Sache
abgehandelt, auf welche er nie seine Aufmerksamkeit gerichtet, von welcher er nie geglaubt hat, daß sie deutschen Männern zusagen und sie beschäftigen könnte. Seine Verlegen-

heit, seine Ungeduld steigt mit jedem Augenblicke, bis er endlich den verwünschten Hof weit hinter sich sieht und keine Hofluft mehr einathmet.

Und nun, den Fall umgekehrt, lasse man einen sonst edlen Hofmann einmal hinaus auf das Land in die Gesellschaft biederer Beamte und Provinzial=Edelleute gerathen; — hier herrscht ungezwungene Fröhlichkeit, Offenherzigkeit, Freiheit; man redet von dem, was dem Landwirth wichtig und anziehend ist; man wägt die Worte nicht ab; der Scherz ist kunstlos, treffend, gewürzt, aber nicht zugespitzt, nicht witzig und gesucht. Unser Hofmann versucht es, sich in diese Manier hineinzuarbeiten; er mischt sich in die Gespräche; aber der Ausdruck der Offenheit und Treuherzigkeit fehlt. Was bei jenen naiv war, wird bei ihm beleidigend. Er fühlt dies, und will die Leute in seinen Ton stimmen. In der Stadt gilt er für einen angenehmen Gesellschafter; er spannt alle Segel auf, um auch hier zu glänzen; allein die kleinen Anekdoten, die feinen Züge, worauf er anspielt, sind hier gänzlich unbekannt und gehen verloren. Man findet ihn spottsüchtig, da in der Stadt Niemand ihn einer solchen Gesinnung beschuldigt. Seine Höflichkeitsworte, die er wahrlich gut meint, hält man für Falschheit; die Süßigkeiten, die er den Frauenzimmern sagt, und die nur höflich und verbindlich seyn sollen, betrachtet man als hämischen Spott. — So groß ist die Verschiedenheit des Tons unter zweierlei Klassen von Menschen! —

Ein Professor, der in der literarischen Welt einen bedeutenden Namen hat, bildet sich leicht ein, daß die Universität, auf welcher er lebt und glänzt, der Mittelpunkt alles Lebens und aller Wirksamkeit im Staate, und das Fach, in welchem er sich Kenntnisse erworben, die einzige, dem Men=

schen nützliche, der Anstrengung, des Nachforschens und Studiums würdige Wissenschaft sey. Er nennt Jeden, der nicht in seine Katheder=Wissenschaft eingeweiht ist, mit Geringschätzung einen Schöngeist. Eine Dame, die bei ihrer Durchreise den berühmten Mann kennen zu lernen wünscht, und ihn deshalb besucht, unterhält er in einer Sprache und über Gegenstände, wovon sie nicht ein Wort versteht; er langweilt in der Gesellschaft, welche sich darauf gefreuet hatte, ihn zu genießen, bei der Abendtafel, mit Zergliederung einer neuen akademischen Verordnung, oder, wenn der Wein dem guten Manne jovialische Laune gibt, mit Erzählung lustiger Schwänke aus seinen Studenten=Jahren.

In welcher Verlegenheit ist zuweilen ein gebildeter Mann, der aber die Lectüre der neuesten Zeitschriften vernachlässigt hat, und daher nicht mit zu sprechen weiß, wenn er in eine Gesellschaft von schöngeisterischen Herren und Damen geräth!

Gleichsam wie verrathen und verkauft scheint ein sogenannter Profaner, wenn er sich unter den Mitgliedern einer geheimen Verbindung befindet, oder wenn er in eine Gesellschaft geräth, welche aus lauter wissenschaftlich oder literarisch=gebildeten Personen zusammengesetzt ist.

Freilich kann nichts ungesitteter, den wahren Begriffen einer feinen Lebensart mehr entgegen seyn, als wenn eine Anzahl Menschen, die sich auf diese Art unter einander verstehen, einen Fremden, der arglos in ihre Mitte getreten ist, gleichsam von der Unterhaltung ausschließen, und zur langen Weile verurtheilen, indem sie ununterbrochen das Gespräch auf Gegenstände lenken, von welchen er nichts weiß und versteht, oder sich unter einander durch Anspie=

lungen necken und beluſtigen, die ihm fremd ſind. Man
ſollte wohl mehr Rückſicht auf anweſende Fremde nehmen;
allein ſelten ſind, beſonders Familien=Geſellſchaften, ſo billig,
ſich nach Einzelnen zu richten; auch läßt ſich das nicht im=
mer mit Recht fordern; folglich iſt es wichtig für Jeden,
der in der Welt mit Menſchen leben will, die Kunſt zu ſtu=
diren, ſich in die Sitten, den Ton und die Stimmung An=
derer zu fügen und ſich auf eine ungezwungene Weiſe ihnen
anzuſchließen.

3.

Ueber dieſe Kunſt will ich meine Bemerkungen mitthei=
len. — Aber habe ich denn auch wohl Beruf, ein Buch über
den feinen Geſellſchaftston zu ſchreiben, ich, der ich in meinem
Leben ſehr wenig von dieſem Ton gezeigt habe? Ziemt es
mir, Menſchenkenntniß auszukramen, da ich ſo oft ein Opfer
der unvorſichtigſten, einem Neulinge kaum zu verzeihenden
Hingebung geweſen bin? Wird man die Kunſt des Umgangs
von einem Manne lernen wollen, der beinahe von allem
menſchlichen Umgange abgeſondert lebt? — Laſſet doch ſe=
hen, meine Freunde, was ſich darauf antworten läßt!

Habe ich widrige Erfahrungen gemacht, die mich von
meiner eigenen Ungeſchicklichkeit überzeugt haben — deſto beſ=
ſer! Wer kann ſo gut vor der Gefahr warnen, als Der,
welcher darin geſteckt hat? Haben Temperament und Weich=
lichkeit, — oder darf ich es nicht Güte eines ſo gern ſich an=
ſchließenden Herzens nennen? — haben Sehnſucht nach
Liebe und Freundſchaft, nach Gelegenheit, Andern zu dienen,

und sympathetische Empfindungen zu erregen, mich oft un=
vorsichtig handeln lassen, oft die klügelnde Vernunft ganz
zurückgewiesen, so war es wahrlich nicht Blödsinnigkeit,
Kurzsichtigkeit, Unbekanntschaft mit den Menschen und ihren
Thorheiten, was mich irre leitete, sondern Bedürfniß, zu lie=
ben und geliebt zu werden, Verlangen, thätig zu seyn, für
das Gute zu wirken. Uebrigens werden vielleicht wenig
Menschen in einem so kurzen Zeitraume in so sonderbare
Verhältnisse und Verbindungen mit Menschen aller Art ge=
rathen, wie ich in einem Zeitraume von ungefähr zwanzig
Jahren; und da hat man denn schon Gelegenheit, wenn
man nicht ganz von der Natur und Erziehung verwahrlost
ist, Bemerkungen zu machen, und vor Gefahren zu warnen,
die man selbst nicht hat vermeiden können. Daß ich aber
jetzt einsam und abgezogen lebe, geschieht weder aus Men=
schenhaß, noch aus Blödigkeit; ich habe sehr wichtige Gründe
dazu; allein diese hier weitläufig zu entwickeln, das hieße
zu viel von mir selbst reden, da ich ohnehin noch, zum
Schlusse dieser Einleitung, etwas über meine eignen Erfah=
rungen werde sagen müssen, bevor ich zum Zwecke komme.
— Also nur noch dieses:

4.

Ich trat als ein sehr junger Mensch, beinahe noch als
ein Kind, schon in die große Welt, und auf den Schauplatz
des Hofes. Mein Temperament war lebhaft, unruhig, be=
wegsam, mein Blut warm; die Keime zu mancher heftigen
Leidenschaft lagen in mir verborgen. Ich war in der ersten
Erziehung ein wenig verzärtelt, und durch große Aufmerk=

samkeit, deren man meine kleine Person früh gewürdigt
hatte, gewöhnt worden, sehr viel Rücksichten von andern
Leuten zu fordern. In einem Vaterlande aufgewachsen, wo
Schmeichelei, Verstellung und ein gewisses kriechendes We=
sen nicht eben zu Hause sind, hatte man mich freilich auch
nicht zu jener Geschmeidigkeit vorbereitet, deren ich bedurfte,
um, unter mir ganz fremden Leuten, in souveränen Staaten
große Fortschritte zu machen; auch ist der theoretische Un=
terricht in wahrer Weltklugheit bei der Jugend theils selten
mit Erfolge, theils nicht immer ohne Bedenken zu ertheilen;
eigne Erfahrung muß da in der Folge das Beste thun.
Wird man nicht um zu hohen Preis durch Schaden klug, so
ist man für das ganze Leben gewitzigt; diese Lectionen sind
von der heilsamsten Wirkung und prägen sich tief ein. Noch
erinnere ich mich einer kleinen Scene von der Art, die mich
auf eine Zeitlang vorsichtig machte. Ich saß in C*** in
der italienischen Oper in der herrschaftlichen Loge; ich war
früher, als der Hof, gekommen, weil ich Mittags nicht auf
dem Schlosse, sondern in der Stadt als Gast gespeist hatte.
Noch waren wenige Menschen da; in der ganzen Reihe des
ersten Ranges saß nur einzig der Land=Commandeur, Graf
J***, ein würdiger Greis. Er hatte, wie es schien, auch
darauf gerechnet, daß es schon später wäre, als es wirklich
war; weil er nun Langeweile hatte, und mich gleichfalls
einsam da sitzen sah, trat er zu mir herein, und fing eine
Unterredung mit mir an. Er schien sehr zufrieden mit dem,
was ich ihm über verschiedene Gegenstände, von denen ich
einige Kenntniß besaß, sagte; der Greis wurde immer
freundlicher und herablassender, und dies kitzelte mich so
sehr, daß ich darauf allerlei Seitensprünge in meinem Ge=
spräche machte, und zuletzt ein wenig vorwitzig und muth=

willig wurde. Endlich entwischte mir eine, mir gegenwärtig
nicht mehr erinnerliche, grobe Unvorsichtigkeit im Reden;
der Graf sah mir ernsthaft in das Gesicht, und ohne weiter
ein Wort zu verlieren, ließ er mich stehn, und ging zurück
in seine Loge. Ich fühlte die ganze Stärke des Verweises,
aber die Arznei half nicht lange. Meine Lebhaftigkeit ver=
leitete mich zu großen Verletzungen der Bescheidenheit und
guten Sitte; ich übereilte Alles, that immer zu viel oder zu
wenig, kam stets zu früh oder zu spät, weil ich immer ent=
weder eine Thorheit beging, oder eine andere gut zu ma=
chen hatte. Daher kamen unendliche Widersprüche in mei=
ne Handlungen, und ich verfehlte fast bei allen Gelegen=
heiten des Zwecks, weil ich keinen einfachen Plan verfolgte.
Zuerst war ich zu sorglos, zu offen, gab mich zu unvorsich=
tig hin und schadete mir dadurch; alsdann nahm ich mir
vor, ein feiner Hofmann zu werden. Mein Betragen wurde
gekünstelt, und nun traueten mir die Besseren nicht; ich war
zu geschmeidig, und verlor dadurch äußere Achtung und in=
nere Würde, Selbstständigkeit und Festigkeit. Erbittert ge=
gen mich und Andere riß ich mich dann los und wurde ein
Sonderling. Dies erregte Aufsehn; die Menschen suchten
mich auf, wie sie alles Sonderbare aufsuchen. Dadurch
aber erwachte mein Trieb zur Geselligkeit wieder; ich nä=
herte mich auf's Neue, lenkte wieder ein, und nun ver=
schwand der Nimbus, den nur meine Abgezogenheit von der
Welt um mich her gezogen hatte. In einer andern Periode
spottete ich der herrschenden Thorheiten, zuweilen nicht ohne
Witz; man fürchtete mich, aber man liebte mich nicht; dies
schmerzte mich; um das wieder gut zu machen, zeigte ich
mich von der unschädlichen Seite, entfaltete ein liebevolles,
wohlwollendes Herz, unfähig zu schaden und zu verfolgen —
und die Wirkung davon war, daß Jedermann, der noch ei=

nen Rest von Groll gegen mich hegte, oder irgend einen lustigen Einfall von mir auf seine Rechnung geschrieben hatte, mich jetzt mit einer Art von Geringschätzung behandelte, sobald er sah, daß ich nur mit Rappieren und nicht mit Schwertern focht, daß meine Waffen nicht zum Morde geschliffen waren. Oder wenn meine satyrische Laune durch den Beifall lustiger Gesellschafter geweckt wurde, hechelte ich große und kleine Thoren durch; die Spaßvögel lachten dann; aber die Weisern schüttelten die Köpfe und wurden kalt gegen mich. Um zu zeigen, wie wenig bösartig meine Laune wäre, hörte ich auf, zu spotten, und fing an, alle Thorheiten und Fehler gutmüthig zu entschuldigen, und nun hielten Einige mich für einen Pinsel, Andere für einen Heuchler. Wählte ich mir meinen Umgang unter den ausgesuchtesten, aufgeklärtesten Männern, so erwartete ich vergebens Schutz von dem am Ruder stehenden Dummkopfe; gab ich mich elenden Leuten preis, so wurde ich mit diesen in eine Klasse gesetzt. Menschen ohne Erziehung, von niederm Stande, mißbrauchten mich, wenn ich mich ihnen zu sehr näherte; mit Vornehmen verdarb ich es, sobald sie meine Eitelkeit beleidigten. Bald ließ ich die Geistesarmen zu sehr meine Ueberlegenheit empfinden, und wurde verfolgt; bald war ich zu bescheiden, und wurde übersehen. Bald richtete ich mich geschmeidig und schonend nach den Sitten der Leute, nach dem Ton aller unbedeutenden Gesellschaften, in welche ich gerieth, verlor goldene Zeit, Achtung der Weisern und Zufriedenheit mit mir selber; dann wurde ich wieder zu einfach und spielte eine verkehrte Rolle, indem ich bescheiden zurücktrat, wo ich hätte glänzen, oder wenigstens mich geltend machen können und sollen, durch Mangel an Zuversicht zu mir selber dazu verleitet. Zu einer Zeit ging ich zu wenig unter Menschen, indem ich mich

meiner Laune hingab, und da hielt man mich für stolz oder
menschenscheu; zu einer andern zeigte ich mich überall, und
wurde als ein Alltagsgesicht übersehen oder belächelt. In
den ersten Jünglingsjahren gab ich mich unbedachtsam, Jedem ausschließlich, mit vollem Vertrauen und ohne alle Vor-
ficht hin, der sich meinen Freund nannte und mir einige Zuneigung bewies, und sahe mich schmerzlich getäuscht, oder
schändlich betrogen und gemißbraucht; dann war ich wieder,
in einem Anfall von Menschenliebe und Wohlwollen, eines
Jeden Freund, bereit, Jedem zu dienen, und nun mußte ich
mit Verdruß erfahren, daß sich Niemand mit ganzer Seele
an mich anschloß, weil Niemand mit dem kleinen, in so viel
Partikeln zerstückelten Herzen vorlieb nehmen wollte. Wenn
ich zu viel erwartete, wurde ich getäuscht; wenn ich ohne
allen Glauben an Treue und Redlichkeit unter den Menschen
umherirrte, hatte ich gar keinen Genuß, nahm an gar nichts
Theil. Es ist bekannt, welchen thätigen Antheil ich an der
Verbindung der sogenannten Illuminaten*) genommen, wovon ich in einer eigenen Schrift (Philo's Erklärung 2c.)
Rechenschaft gegeben habe. Diese Verbindung, an deren
Spitze Personen standen, die zum Theil ihrer Geburt, ihren bürgerlichen Verhältnissen und ihren Talenten nach zu

---

*) Der Illuminatenorden, dessen Stifter, der Prof. Weishaupt zu
Ingelheim, sich den Freimaurerorden zum Muster genommen
hatte, setzte sich die höhere Ausbildung der Menschheit zu rei-
ner Sittlichkeit zum Ziel. Die bayer'sche Regierung hob ihn
mit großer Strenge auf, weil Weishaupt selbst erklärte, daß
ihm die Verfassung der Jesuiten als Vorbild erschien; daher
wurde u. a. blinder Gehorsam gegen die Obern gefordert.

den wichtigsten Männern in Deutschland gehörten, machte
vorzüglich auch Menschenkenntniß zu einem Gegenstande ih=
rer Nachforschungen. Der, durch dessen Hände, wie das bei
mir eine Zeitlang der Fall war, fast alle Geschäfte einer so
ausgebreiteten Gesellschaft gingen, fand freilich Gelegenheit
genug, Leute aus allen Ständen und von sehr verschiedener
Bildung und Stimmung, welche Mitglieder des Ordens wa=
ren, von mancher Seite und in allerlei Lagen kennen zu
lernen; allein, da man mit diesen Leuten größtentheils nur
schriftlichen Umgang pflog, so gewann im Ganzen meine
praktische Erfahrung nicht so viel dabei. Reichhaltiger war
die Ausbeute, die ich an Höfen, an welchen ich mich vielfäl=
tig umhertrieb, gemacht habe. Soll ich es mir aber zur
Schande oder zur Ehre rechnen? — genug, auch auf diesem
Schauplatze habe ich mehr beobachtet, als meine Beobach=
tungen zu eigenem Vortheile nützen gelernt, und nie habe
ich über mein zu lebhaftes Temperament so viel gewinnen
können, daß ich meine schwachen Seiten so sorgfältig, wie
ich thun sollen, verborgen hätte. — Und so vergingen denn
die Jahre, in welchen ich hätte mein Glück machen können,
wie man das gewöhnlich nennt. Jetzt, da ich die Menschen
besser kenne, da Erfahrung mir die Augen geöffnet, mich
vorsichtig gemacht, und vielleicht die Kunst gelehrt hat, auf
Andere zu wirken; jetzt ist es zu spät für mich, von dieser
so theuer erkauften Kunst Gebrauch zu machen. Mein
Rücken krümmt sich mit Mühe zu Reverenzen; ich habe
nicht viel unnütze Zeit mehr zu verschwenden, die ich Preis
geben könnte; das Wenige, was ich noch für den Rest mei=
nes Lebens auf solchen Wegen erlangen könnte, lohnt die
Mühe und Anstrengung nicht, die mich das kosten würde,
und es ziemt dem Manne, dessen Grundsätze Alter und Er=
fahrung befestigt haben, eben so wenig, jetzt erst anzufan=

gen, den Geschmeidigen, wie den Stutzer zu spielen. — Es ist zu spät, sage ich, mit der Ausübung anzuheben; aber nicht zu spät, Jünglingen zu zeigen. welchen Weg sie wandeln müssen; — und so lasset uns denn den Versuch machen, und der Sache näher rücken!

Allgemeine Bemerkungen und Vorschriften über den Umgang mit Menschen.

1.

Jeder Mensch gilt in dieser Welt nur so viel, als er sich selbst gelten macht. Das ist ein goldener Spruch, ein reiches Thema zu einem Folianten, über den esprit de conduite und über die Mittel, in der Welt seinen Zweck zu erreichen; ein Satz, dessen Wahrheit auf die Erfahrung aller Zeitalter gestützt ist. Diese Erfahrung lehrt den Abenteurer und Großsprecher, sich bei dem Haufen für einen Mann von Wichtigkeit auszugeben, von seinen Verbindungen mit Fürsten und Staatsmännern, mit Männern, welche nicht einmal von seinem Daseyn etwas wissen, in einem Tone zu reden, der ihm, wo nichts mehr, doch wenigstens manche gute Mahlzeit, und den Zutritt in den ersten Häusern erwirbt. Ich habe einen Menschen gekannt, der in diesem Sinne von seiner Vertraulichkeit mit dem Kaiser Joseph und dem Fürsten Kaunitz redete, obgleich ich ganz gewiß wußte, daß diese ihn nur dem Namen nach, und zwar als einen unruhigen Kopf und als eine Lästerzunge kann=

ten. Indeſſen hatte er durch ſein prahleriſches Vorgeben und Erzählen, da Niemand genauer nachfragte, ſich auf eine kurze Zeit in ſolches Anſehn geſetzt, daß Leute, die bei dem Kaiſer etwas zu ſuchen hatten, ſich an ihn wendeten. Dann hatte er die unverſchämte Dreiſtigkeit, ſich bei irgend einem Großen in Wien für ſeinen Klienten ſchriftlich zu verwen= den, und ſprach in dieſem Briefe von ſeinen übrigen vor= nehmen Freunden daſelbſt mit einer ſolchen Zuverſicht, daß er, zwar nicht Erlangung ſeines Zwecks, aber doch manche höfliche Antwort erſchlich, mit welcher er dann weiter wu= cherte.

Dieſe Erfahrung, daß es möglich iſt, durch den Ton der Zuverſicht und durch eine vornehme Miene ſich Gehör zu verſchaffen, macht manchen frechen Halbgebildeten, der ſich einen gewiſſen Grad von Wohlredenheit angeeignet hat, ſo dreiſt, über Dinge zu entſcheiden, wovon er nicht früher, als eine Stunde vorher, das erſte Wort geleſen oder gehört hat, aber ſo zu entſcheiden, daß ſelbſt der anweſende beſcheidene Literator nicht wagt, zu widerſprechen, noch Fragen zu thun, die des Schwätzers Fahrzeug auf's Trockene werfen könnten.

Die Kenntniß des Weltlaufs und der Mittel, zu täu= ſchen, iſt es, welche uns Aufſchluß über den Erfolg gibt, mit welchem ein Dummkopf ſich um die erſten Stellen im Staate bewirbt, die verdienſtvollſten Männer zu Boden tritt, und Niemand findet, der ihn in ſeine Schranken zurückwieſe.

Auf dieſe Kenntniß geſtützt, fordert der fremde Künſt= ler hundert Louisd'or für ein Stück, das der einheimiſche, zehnfach beſſer gearbeitet, um fünfzig Thaler verkaufen würde; allein man reißt ſich um des Ausländers Werke, weil ſie theuer, und alſo gewiß außerordentlich ſind; er

kann nicht so viel fertig machen, als von ihm gefordert
wird, und am Ende läßt er bei dem Einheimischen arbeiten,
und verkauft das für ultramontanische Waare.

Auf diese Kenntniß gestützt, erschleicht sich der Schrift=
steller eine schmeichelhafte Recension, wenn er in der Vor=
rede zu dem zweiten Theile seines langweiligen Buchs mit
der schamlosesten Frechheit von dem Beifalle redet, womit
Kenner und Gelehrte, deren Freundschaft er sich rühmt, den
ersten Theil beehrt haben.

Diese Erfahrung gibt dem vornehmen Bankerottirer, der
Geld borgen will und nie wieder bezahlen kann, den Muth,
das Anlehn in solchen Ausdrücken zu fordern, daß der reiche
Wucherer es für Ehre hält, sich von ihm betrügen zu lassen.

Fast alle Arten von Bitten um Schutz und Beförde=
rung, die in diesem Tone vorgetragen werden, finden auf
eine unbegreifliche Weise Eingang, und werden nicht abge=
schlagen; dahingegen Verachtung, Zurücksetzung und Täu=
schung, selbst der billigsten Wünsche, fast immer das Loos
des bescheidenen, furchtsamen Bewerbers sind.

Kurz! der Satz: daß Jedermann nicht mehr und
nicht weniger gelte, als er sich selbst gelten macht,
und daß Bescheidenheit in der Welt für Ungeschicklichkeit
und Beschränktheit genommen wird, ist die große Entdeckung
für Abenteurer, Prahler, Windbeutel und seichte Köpfe, der
sie ihr Durchkommen und Fortkommen zu verdanken haben.
Aber nimmermehr kann sich doch ein ehrlicher Mann ent=
schließen, von dieser Entdeckung Gebrauch zu machen; wozu
also — Doch still! sollte denn jener Satz uns gar nichts
werth seyn? Ja, meine Freunde! er gibt uns die heilsame

Lehre, daß wir nie ohne Noth und Beruf unsere ökonomischen, physikalischen, moralischen und intellectuellen Schwächen aufdecken oder verrathen sollen. Ohne sich zur Prahlerei und zu niederträchtigen Lügen herabzulassen, soll man
doch keine Gelegenheit verabsäumen, sich von seinen vortheilhaften Seiten zu zeigen.

Es gibt eine falsche Bescheidenheit und Zurückhaltung,
die in einem kleinmüthigen Mißtrauen gegen sich selbst ihren Grund hat, und Furchtsamkeit erzeugt; von dieser ge-
fesselt, läßt Mancher, der viel zu leisten vermag, die gün-
stigste Gelegenheit, sich geltend zu machen, oder die Aufmerksamkeit der Vielvermögenden auf sich zu lenken, ungenutzt
vorübergehen; eine Gelegenheit, die nimmer wieder kommt.
Daß man hierbei mit Bescheidenheit zu Werke gehen, nichts
zur Schau tragen, nicht sein eigener Lobredner seyn müsse,
darf nicht erinnert werden, denn es bleibt dabei, daß der,
welcher sich selbst erhöht, erniedrigt werde. Auszeichnung
läßt sich nicht ertrotzen, und die ertrotzte würde nicht from-
men. Hängt man ein gar zu glänzendes Schild aus, so erweckt man dadurch die spähende und lästernde Eifersucht,
oder reizt zu den strengsten und ungerechtesten Forderungen.
Die Splitterrichter erheben kreischend ihre Stimme; und so
ist es sogleich um den erborgten Glanz geschehen. Tritt
also mit einem bescheidenen Bewußtseyn innerer Würde unter die Menschen und vor allen Dingen mit dem auf Deiner Stirne strahlenden Bewußtseyn der Wahrheit und Redlichkeit! Laß eine heitere Zuversicht in Deinem ganzen Betragen blicken, aber nahe Dich zugleich Allen, die ihres
Standes oder Rufes wegen Ansprüche machen dürfen, mit
einer hochachtungsvollen Zuvorkommenheit! Zeige Vernunft
und Kenntnisse, wo Du Veranlassung dazu hast! Nicht so

viel, um Neid zu erregen und Forderungen anzukündigen;
nicht so wenig, um übersehen und überschrieen zu werden!
Laß Dich aufsuchen, und sey nicht bereitwillig und entgegen-
kommend, ohne doch den Verdacht zu erregen, daß Du ein
Sonderling, oder menschenscheu, oder hochmüthig seyst.

2.

Strebe nach Vollkommenheit, aber nicht nach dem Scheine
der Vollkommenheit und Unfehlbarkeit. Die Menschen beurtheilen und richten Dich nach dem Maßstabe Deiner Forderungen, und sie sind noch billig, wenn sie nur das thun,
wenn sie Dir nicht Forderungen aufbürden. Dann heißt es,
wenn Du auch nur des kleinsten Fehlers Dich schuldig
machst: „Einem solchen Manne ist das gar nicht zu verzeihen;" und da die Schwachen sich ohnehin ein Fest daraus
machen, an einem Menschen, der sie verdunkelt, Mängel zu
entdecken, so wird Dir ein einziger Fehltritt höher angerechnet, als Andern ein ganzes Register von Bosheiten und
Fehlgriffen.

3.

Sey aber nicht gar zu sehr ein Sklave der Meinungen Anderer von Dir! Sey selbstständig! Was kümmert
Dich am Ende das Urtheil der ganzen Welt, wenn Du
thust, was Du sollst? und was ist Dein ganzer Prunk
von äußern Tugenden werth, wenn Du diesen Flitterputz

nur über ein schwaches, niedriges Herz hängst, um in Ge=
sellschaften damit zu prunken?

4.

Vor allen Dingen wache über Dich, daß Du nie, in in=
nerer Zuversicht zu Dir selber, das Vertrauen auf Gott, auf
gute Menschen und auf das Schicksal verlierst! Wenn Der,
welcher sich für Dich verwenden, oder mit Dir zu einem be=
stimmten Zwecke verbinden soll, auf Deiner Stirne Miß=
muth und Verzagtheit oder Unentschlossenheit liest, so zieht
er sich gewiß zurück. Sind es Unglückliche oder Hypochon=
drische, welchen Du Dich nähern mußt, so laß Dir nicht je=
des ihrer Worte oder Urtheile zu Herzen gehen. Sehr oft
ist man im Unglück ungerecht gegen die Menschen. Jede
kleine, böse Laune, jede kleine Miene von Kälte deutet man
auf sich; man meint, Jeder sehe es uns an, daß wir leiden,
und weiche vor der Bitte zurück, die wir ihm thun könnten.

5.

Schreibe aber auch nicht auf Deine Rechnung das, wo=
von Andern das Verdienst gebührt! Wenn man Dir, aus
Achtung gegen einen geachteten Mann, dem Du angehörst,
Auszeichnung oder Höflichkeit beweist, so brüste Dich damit
nicht, sondern sey bescheiden genug, zu fühlen, daß dies Al=
les vielleicht wegfallen würde, wenn Du einzeln aufträtest!
Suche aber zu verdienen, daß man Dich um Dein selbst wil=

len ehre! Sey lieber das kleinste Lämpchen, das einen dunkeln Winkel mit eignem Lichte erleuchtet, als ein großer Mond einer fremden Sonne, oder gar Trabant eines Planeten!

6.

Fehlt Dir etwas; hast Du Kummer, Unglück; leidest Du Mangel; reichen Vernunft, Grundsätze und guter Wille nicht zu, so klage Dein Leid, Deine Schwäche, Deine kleinmüthigen Besorgnisse Niemand, als Dem, der helfen kann, selbst Deinem treuen Weibe kaum! Wenige nur sind geneigt, tragen zu helfen; die Meisten erschweren die Bürde; ja! sehr Viele treten einen Schritt zurück, sobald sie sehen, daß Dich das Glück nicht anlächelt. Sobald sie aber gar annehmen, daß Du ganz ohne Hülfsquellen bist, daß Du keinen geheimen Schutz hast, Niemand, der sich Deiner annimmt — o! so rechne auf Keinen mehr! Wer hat den Muth und die Liebe, einzig und fest als eine Stütze des von aller Welt Verlassenen öffentlich aufzutreten? Wer hat den Muth, zu sagen: „Ich kenne den Mann; er ist mein Freund; er ist mehr werth, als Ihr Alle, die Ihr ihn schmähet!‘‘ Und fändest Du ja einen Solchen, so würde es doch nur etwa ein anderer armer Tropf seyn, der, selbst in elenden Umständen, aus Verzweiflung sein Schicksal an das Deinige knüpfen wollte, und dessen Schutz Dir mehr schädlich, als nützlich wäre.

7.

Rühme aber auch nicht zu laut Deine glückliche Lage! Krame nicht zu geflissentlich Deine Vorzüge, Deinen Wohlstand, Deine Talente aus! Die Menschen vertragen selten ein solches Uebergewicht ohne Murren und Neid. Lege daher auch Andern keine zu große Verbindlichkeit auf! Thue nicht zu viel für Deine Mitmenschen! Sie fliehen den überschwenglichen Wohlthäter, wie man einen Gläubiger flieht, den man nie bezahlen kann. Also hüte Dich, zu groß zu werden in Deiner Brüder Augen! auch fordert dann Jeder zu viel von Dir, und eine einzige abgeschlagene Wohlthat macht tausend wirklich erzeigte in einem Augenblicke vergessen. Oder wäre nicht Undank der Welt Lohn? Du wirst Ausnahmen erleben, aber rechne nur nicht auf diese, sondern sey auf das gefaßt, was die tägliche Erfahrung bringt.

8.

Enthülle nie auf unedle Art die Fehltritte und Schwächen Deiner Nebenmenschen, um Dich auf ihre Unkosten zu erheben! Ziehe nicht ihre Fehler und Verirrungen an das Tageslicht, um desto mehr in Deinen Tugenden zu schimmern! Man hört Dir wohl zu, besonders wenn Du Deine Darstellungen mit Witz zu würzen weißt, aber man hasset Dich gleichwohl. Dagegen wie edel ist es, da zu schweigen, wo alle Lippen in Bewegung sind, zu lästern, zu verkleinern und herabzuwürdigen. O, daß Du zu diesen Edlen gehören möchtest, ob auch die Welt sie nicht zu schätzen und zu ehren weiß!

9.

Suche weniger selbst zu glänzen, als Andern Gelegenheit zu geben, sich von vortheilhaften Seiten zu zeigen, wenn Du gelobt werden und gefallen willst. Wenige Menschen vertragen ein Uebergewicht von Andern. Lieber verzeihen sie uns eine zweideutige Handlung, ja! ein Vergehen, als eine That, durch welche wir sie verdunkeln. Doch, wenn Du fern von ihnen, außer ihrem Wirkungskreise stehst und ihnen nirgend in den Weg treten kannst, dann vielleicht lassen sie Dir Gerechtigkeit widerfahren. Auch im bloß geselligen Umgange soll man sich hüten, hervorstechen und glänzen zu wollen. Ich habe den Ruf eines vernünftigen und witzigen Mannes aus mancher Gesellschaft mitgenommen, in welcher wahrlich kein kluges Wort aus meinem Munde gegangen war, und in welcher ich nichts gethan hatte, als mit musterhafter Geduld vornehmen und halbgelehrten Unsinn anzuhören, oder hie und da einen Mann auf ein Fach zu bringen, wovon er gern reden mochte. Wie Mancher besucht mich, mit der demüthigen Ankündigung (wobei ich mich oft nicht des Lachens erwehren kann): er komme, um mir, als einem großen Gelehrten und Schriftsteller, seine Ehrerbietung zu bezeigen! Der Mann setzt sich dann hin und fängt an zu reden, läßt mich, den er bewundern will, gar nicht zu Worte kommen, und geht, ganz entzückt über meine lehrreiche und angenehme Unterhaltung, zu welcher ich nicht zwanzig Worte geliefert habe, von mir, höchst vergnügt, daß ich Verstand und Artigkeit genug gehabt habe — ihm zuzuhören. Habe Geduld mit allen Schwächen dieser Art! Wenn daher Jemand ein Geschichtchen oder sonst etwas vorbringt, das er gern erzählt, und Du hättest es auch schon öfter gehört, und es wäre vielleicht ein Mährchen, das Du selbst ihm einst mitgetheilt hättest, so laß es ihm doch nicht auf unangenehme Weise merken, daß die Sache Dir alt und langweilig ist, wenn die Person anders Schonung verdient! Was kann unschuldiger seyn, als solche Ausleerungen zu befördern, wenn man dadurch Andern Erleichterung und sich einen guten Ruf verschafft? Und wenn die Leute unschuldige Liebhabereien haben, z. B. gern von Pferden reden, es gern sehen, daß man eine Pfeife Taback mit ihnen rauche, ein Glas Wein mit ihnen trinke, so erzeige man ihnen diese kleine Gefälligkeit, wenn es ohne große Ungemächlichkeit und ohne kriechende Demuth geschehen kann! Desfalls habe ich nie die Gewohnheit der Hofleute von gemeinerm Schlage gut finden können, die Jedermann nur mit halbem Ohre und zerstreuter Miene anhören, ja sogar mitten in einer Rede, die sie veranlaßt haben, einfallen, ohne das Ende abzuwarten.

10.

Gegenwart des Geistes ist ein seltenes Geschenk des Himmels, und macht, daß wir im Umgange in sehr vortheilhaftem Lichte erscheinen. Dieser Vorzug läßt sich freilich nicht durch Kunst erlangen oder erlernen; allein man kann es doch dahin bringen, so viel Besonnenheit und eine solche Fassung zu erlangen, daß man wenigstens nicht durch Ue=

bereilung sich und Andere in Verlegenheit setzt. Sehr lebhafte Temperamente haben hierauf vorzüglich zu achten. Ich rathe daher, wenn eine unerwartete Frage, ein ungewöhnlicher Gegenstand, oder irgend etwas Anderes uns überrascht, nur eine Minute still zu schweigen und der Ueberlegung Zeit zu lassen, uns zu der Partei vorzubereiten, die wir nehmen sollen. So wie ein einziges, rasches, unvorsichtiges Wort, oder ein in der Verwirrung unternommener Schritt zu späte Reue und unglückliche Folgen wirken können, so kann eine passende Antwort, ein schnell auf der Stelle gefaßter und ausgeführter rascher Entschluß in entscheidenden Augenblicken, in welchen man so leicht den Kopf verliert, Glück, Rettung und Trost bringen.

11.

Wünschest Du zeitliche Vortheile, Unterstützung, Versorgung im bürgerlichen Leben; möchtest Du in einer Bedienung angestellt werden, in welcher Du Deinem Vaterlande nützlich seyn könntest, so laß es Dich nicht verdrießen oder verstimmen, daß Du Deine Bewerbungen mehr als einmal erneuern, und immer bringender erneuern, manche Aeußerung böser Laune hinnehmen, oder Verletzungen Deines Ehrgefühls ertragen, Dich mit einer frostigen Kälte behandeln lassen müßtest, und entschließe Dich, in einem solchen Tone und mit einer solchen Andringlichkeit zu bitten, als ob Dir das, was Du leisten kannst, gar keine Ansprüche auf das Erbetene gäbe. Rechne nicht darauf, daß die Menschen, sie müßten denn Deiner ganz nothwendig bedürfen, Dir etwas anbieten, oder sich ungebeten für Dich ver-

Knigge. 5

wenden werden, wenn auch Deine Verdienste oder Leistungen noch so laut für Dich reden, und Jedermann weiß, daß Du Unterstützung bedarfst und verdienest! Jeder sorgt für sich und die Seinigen, ohne sich um den bescheidenen Mann zu bekümmern, der indeß nach Gemächlichkeit in einem Winkelchen seine Talente vergraben, oder gar verhungern kann. Darum bleibt so mancher Verdienstvolle bis an seinen Tod unerkannt, und von jedem nützlichen Wirkungskreise ausgeschlossen, weil er nicht betteln, nicht kriechen kann, oder auch weil er, in einem falschen Selbstgefühl, jede Bitte um das, worauf er gerechte Ansprüche hat, unter seiner Würde hält. Warum wolltest Du ein Märtyrer dieses Selbstgefühls werden, oder es zu einem Wurm machen, der unaufhaltsam Deine Lebenskraft zernagt? Suchet, so werdet ihr finden!

12.

So wenig wie möglich lasset uns indessen von Andern Wohlthaten fordern und annehmen! Man trifft gar selten Leute an, die nicht früh oder spät für kleine Dienste große Rücksichten fordern, und das hebt dann das Gleichgewicht im Umgange auf, raubt Freiheit, hindert uneingeschränkte Wahl, und wenn auch unter zehnmal nicht einmal der Fall einträte, daß dies uns in Verlegenheit setzte oder Verdruß zuzöge, so ist es doch weislich gehandelt, dies mögliche Einmal zu vermeiden, und lieber immer zu geben, Jedem zu dienen, als von Andern Dienste oder Gefälligkeiten anzunehmen. Auch gibt es wenig Menschen, die mit guter Art Wohlthaten erzeigen. Versucht es, meine Freunde! ob nicht viele unter Euern Bekannten auf einmal, mitten in der fröh=

lichsten, höflichsten Gemüthsstimmung ihr Gesicht in feier=
liche Falten ziehen, wenn Ihr Eure Anrede mit den Worten
anhebet: „Ich muß eine große Bitte an Sie wagen! Ich bin
in einer erschrecklichen Verlegenheit." Sehr bereit aber pfle=
gen die Menschen zu seyn, uns solche Dienste anzubieten,
deren wir nicht bedürfen, oder gar, die sie selbst nicht zu
leisten im Stande sind. Der Verschwender ist immer willig,
mit Gelde zu dienen; der Dummkopf mit gutem Rathe.

Vor allen Dingen hüte man sich, Jemand um eine
Gefälligkeit zu bitten, wenn man voraus wissen kann,
daß er uns nicht gern, wenn er auch wohl möchte, eine ab=
schlägige Antwort geben kann! (z. B. wenn er uns Verbind=
lichkeit schuldig, oder sonst von uns abhängig ist.)

Wohlthaten annehmen, macht abhängig; man
weiß nicht, wie weit das führen kann. Man kommt da oft
in's Gedränge zwischen der Nothwendigkeit, schlechten Men=
schen zu viel nachzusehen, oder undankbar zu scheinen.

Um nun des fremden Beistandes entbehren zu können,
dazu ist das beste Mittel, wenig Bedürfnisse zu haben,
mäßig zu seyn und bescheidene Wünsche zu nähren; das heißt
nicht: Du sollst ein Diogenes in der Tonne seyn, und Deine
hohle Hand als Pokal gebrauchen, sondern es heißt nur:
Du sollst nicht eitler Ehre geizig seyn, nicht glänzen wollen,
nicht meinen, daß es ein Unglück sey, in einer gewissen Ver=
borgenheit und Zurückgezogenheit leben zu müssen. Das,
was Du hiebei entbehrst, ist wahrlich keines Seufzers werth;
das laß Dir von den bleichen, früh veralteten Gesichtern
und tief liegenden Augen voll Mißmuth und Trübsinn er=
zählen, welche die von Dir Beneideten als Warnungstafeln
vor sich hertragen. Denn wer von unzähligen Leidenschaften
in rastlosem Taumel umhergetrieben wird, bald Ehrenstellen,

bald Wucher, bald Erwerb, bald wollüstigen Genuß ver=
langt; wer, von dem Luxus des Zeitalters angesteckt, Alles
begehrt, was die Kunst ersonnen hat, um die Genüsse des
Lebens zu erhöhen und zu vervielfältigen; wen vorwitzige
Neugier und ein unruhiger Geist treiben, sich in jeden un=
nützen Handel zu mischen, der geräth in eine zwiefache Skla=
verei, er wird der Menschen Knecht, und seiner Leidenschaf=
ten Sklave; er lebt in einer eben so drückenden, als ver=
führerischen Abhängigkeit; drückend, weil sie ihn beständig
der Ungerechtigkeit der Menschen Preis gibt; verführerisch,
weil sie ihn beständig reizt, sich zu erniedrigen, um im kläg=
lichsten Sinne des Wortes erhöht zu werden.

13.

Wenn ich aber sage, daß man lieber Allen ge ben, als
von irgend Jemand empfangen sollte, so hebt doch das
den Satz nicht auf, daß man nicht in thörichter Gutmüthig=
keit und weichlichem Mitleiden gar zu viel für Andere thun
dürfe. Ueberhaupt sey dienstfertig, aber dringe Niemand
Deine Dienste auf, und lege es nicht darauf an, einem Je=
den dienstbar zu werden, um recht viel Freunde zu haben,
denn eine zu große Zahl von Freunden hat schon Manchen
in's Unglück gestürzt. Sey nicht Jedermanns Freund und
Vertrauter! Vor allen Dingen wirf Dich nicht zum Sitten=
richter der Menschen, besonders gewisser Menschen auf, und
sey der Warnung eingedenk: „Ihr sollt die Perlen nicht vor
die Säue werfen, damit sie sich nicht umwenden und Euch
zerreißen." Nicht einmal Deinen unmaßgeblichen Rath sollst
Du den Menschen aufbringen. Begehren sie Deinen Rath,

so begehre Du erst ein Glaubensbekenntniß von ihnen, da=
mit Du weißt, wen Du vor Dir hast, und wie ihm beizu=
kommen ist. Die Wenigsten wissen Dir Dank dafür, und
selbst wenn sie Dich um Rath fragen, sind sie gewöhnlich
schon entschlossen, zu thun, was ihnen gefällt. Mische Dich
auch nicht in Familien=Händel! Vor allen Dingen hüte Dich,
Zwistigkeiten schlichten und Versöhnungen stiften zu wollen!
Mehrentheils werden beide Parteien einig, um dann über
Dich herzufallen. Am allerwenigsten gib Dich damit ab,
Heirathen zu stiften oder zu befördern; man hat keinen
Dank davon.

14.

Keine Regel ist so allgemein, keine so heilig zu halten,
keine führt so sicher dahin, uns dauerhafte Achtung und
Freundschaft zu erwerben, als die: unverbrüchlich, auch
in den geringsten Kleinigkeiten, Wort zu halten,
seiner Zusage treu, und stets wahrhaftig zu seyn in seinen
Reden. Nie kann man Recht und erlaubte Ursachen haben,
das Gegentheil von dem zu sagen, was man denkt, wenn
gleich man Befugniß und Gründe haben kann, nicht Alles
zu offenbaren, was in uns vorgeht. Es gibt keine Noth=
lügen; noch nie ist eine Unwahrheit gesprochen worden, die
nicht früh oder spät nachtheilige Folgen gehabt hätte; der
Mann aber, der dafür bekannt ist, strenge Wort zu halten,
und sich keine Unwahrheit zu gestatten, gewinnt gewiß Zu=
trauen, guten Ruf und Hochachtung. Du darfst zwar nicht
Alles sagen, was wahr ist, aber eben so wenig statt der
Wahrheit eine Unwahrheit. Demjenigen, von dem Du vor=

aussiehst, daß er Dein Bekenntniß oder Deine Offenherzig=
keit gewiß mißbrauchen wird, oder daß er die Wahrheit,
die er von Dir begehrt, nicht wird ertragen können, bist Du
keine Offenherzigkeit schuldig.

15.

Sey strenge, pünktlich, ordentlich, arbeitsam,
fleißig in Deinem Berufe! Bewahre Deine Papiere,
Deine Schlüssel und Alles so, daß Du jedes einzelne Stück
auch im Dunkeln finden kannst! Verfahre noch ordentlicher
mit fremden Sachen! Verleihe nie Bücher oder andere Dinge,
die Dir sind geliehen worden; hast Du von Andern derglei=
chen geborgt, so bringe oder schicke sie zu gehöriger Zeit
wieder, und erwarte nicht, daß sie oder ihre Dienstboten
weite Wege machen sollen, um ihr Eigenthum wieder zu er=
langen. Wer selbst pünktlich und zuverlässig ist, schenkt
sein Zutrauen nur dem Zuverlässigen, und dieser tritt auch
nur als ein Heiterer in die Gesellschaft, und erfüllt seine
Verpflichtungen gegen sie pünktlich und eifrig; aber es ge=
hört recht eigentlich zu den Eigenschaften, welche Vertrauen
und Gunst erwerben, zur rechten Zeit zu erscheinen, wo man
erwartet wird, möge die Zusammenkunft zu einem Vergnü=
gen oder einem Geschäft bestimmt seyn. Das Spätkommen
ist eine von den bösen Gewohnheiten und Mißbräuchen in
der Gesellschaft, welche eben so ausgebreitet, als verderblich,
eben so unsittlich, als ungesittet sind. Gute und böse Bei=
spiele von der Art reizen zur Nachfolge; und die Nachläs=
sigkeit, welche Andere und selbst die Meisten sich erlauben,
rechtfertigt nicht die unsrige.

16.

Gib Andern Beweise Deiner Theilnahme, um Dich der ihrigen zu versichern. Wer untheilnehmend, ohne Sinn für Freundschaft, Wohlwollen und Liebe, nur sich selber lebt, der bleibt verlassen, wenn er sich nach Beistand sehnt. Die Theilnahme ist die Würze des Umgangs, ja sie macht eigentlich sein Wesen aus; für die Egoisten gibt es keine gesellige Freude, als etwa die, sich selbst zu hören und das Wort zu führen.

17.

Verflechte Niemand in Deine Privat=Zwistigkeiten, und fordere nicht von denen, mit welchen Du umgehst, daß sie Theil an den Uneinigkeiten nehmen sollen, die zwischen Dir und Andern herrschen!

Eine Menge dieser Vorschriften umfaßt die alte Regel: Setze Dich in Gedanken oft in anderer Leute Stelle, und frage Dich selbst: „Wie würde es Dir unter denselben Umständen gefallen, wenn man Dir zumuthete, was Du Andern zumuthest; gegen Dich also handelte, von Dir das forderte, was Du in der Gesellschaft und im Umgange forderst: — diesen Dienst, diese Verwendung, diese langweilige Arbeit, diesen Zeitaufwand für einen geringfügigen Zweck, diese Erklärung?"

18.

Mit Recht hat der gute Gesellschaftston Alles ausge=
schlossen, was persönlich, kleinlich und nichts Anderes als
Splitterrichterei ist, und der Gebildete schämt sich daher,
Gegenstände in der Gesellschaft zur Sprache zu bringen,
welche zu geringfügig oder zu bedenklich sind, als daß man
mit Anstand und mit Wohlgefallen darüber reden könnte.
Daher die Regel: Bekümmre Dich nicht um die Handlungen
Deiner Nebenmenschen, in so fern sie nicht Bezug auf Dich,
oder so sehr auf die Sittlichkeit im Ganzen haben, daß es
Verbrechen seyn würde, darüber zu schweigen! Ob aber Je=
mand langsam oder schnell geht, viel oder wenig schläft,
oft oder selten zu Hause, prächtig oder schlecht gekleidet ist,
Wein oder Bier trinkt, Schulden oder Capitalien macht,
eine Geliebte hat oder nicht — was geht das Dich an, wenn
Du nicht sein Vormund bist? Thatsachen hingegen, die man
durchaus wissen muß, erfährt man oft am besten von gei=
stesarmen Menschen, weil diese ohne Witz, ohne Consequenz=
macherei, ohne Seitenblicke, ohne Verbrämung und ohne
Leidenschaft, offenherzig und unverholen berichten und er=
zählen.

19.

Ueberaus wichtig ist es, sich im Umgange von bewähr=
ten Grundsätzen leiten zu lassen, denn nur daraus geht
eine gewisse Zuversicht und Sicherheit hervor, denn solche
Grundsätze lassen sich, eben weil sie bewährt sind, als sichere

Führer betrachten, die wir in keinem Falle und unter keiner Bedingung verlassen dürfen. So z. B. der Grundsatz, unter Fremden sich alles Urtheils über bedeutende Personen, über politische Zwecke und Unterhandlungen, über Religion und religiöse Verbindungen zu enthalten, sich in Gasthäusern in kein Spiel einzulassen! Sey fest; aber hüte Dich, so leicht etwas zum Grundsatze zu machen, bevor Du alle möglichen Fälle überlegt hast, oder eigensinnig auf Kleinigkeiten zu bestehen; denn was kann thörichter seyn, als sogenannten Grundsätzen, d. h. einer Handlungsweise, welcher nichts weiter, als ein vernünftiger Grund mangelt, oder die keine andere Quelle hat, als den Eigensinn, oder das ungerechteste Mißtrauen, oder die unverzeihlichste Undienstfertigkeit, so lange und so hartnäckig getreu zu bleiben, bis man alle Liebe und alle Achtung der Besseren verloren hat.

Vor allen Dingen also handle nur stets folgerecht (consequent)! Mache Dir einen Lebensplan, und weiche nicht um ein Tüttelchen von diesem Plane, hätte dieser Plan auch allerlei Sonderbarkeiten, d. h. weiche er auch noch so sehr von der gemeinen und gepriesenen Denkungsart und Lebensweise ab. Die Menschen werden eine Zeitlang die Köpfe darüber zusammenstecken und den Sonderling bespötteln, und am Ende schweigen, Dich in Ruhe lassen, und Dir, wenn Du anders Deinen Plan mit Festigkeit und Weisheit durchführst, ihre Hochachtung nicht versagen können. Man gewinnt überhaupt bei den Menschen nicht durch ein wetterwendisches Wesen, sondern durch planmäßige, weise Festigkeit. Es ist mit Grundsätzen, wie mit jeden andern Stoffen, woraus etwas gemacht wird, nämlich, daß der beste Beweis für ihre Güte der ist, wenn sie lange halten, und in der That, wenn man recht genau den Gründen nachspüren will, warum auch den edelsten Handlungen mancher Menschen nicht

Gerechtigkeit widerfährt, so wird man oft finden, daß das
Publikum nur deswegen Verdacht gegen die Wahrheit und
den Zweck dieser Handlungen gefaßt hat, weil sie nicht zu
dem Lebensplan und zu der Handlungsweise dessen, der sie
unternimmt, nicht zu seinen übrigen Bestrebungen zu passen
scheinen.

20.

Weniger scheint in dem Umgange mit Menschen und in
dem allgemeinen Weltverkehr die Reinheit der Gesinnung
und die Gewissenhaftigkeit zu gelten; die Gesellschaft pflegt
Diejenigen am meisten zu lieben und auszuzeichnen, welche
ihr durch Witz und Humor die meiste Unterhaltung gewähren.
Aber dies möchte doch nur in solchen Gesellschaften der
Maßstab seyn, vor welchen der Bessere sich zu hüten hat,
und die er höchstens ein Mal, und dann nie wieder be=
sucht; in der guten Gesellschaft werden doch die Witzlinge,
die Neuigkeitsträger, die Zungendrescher und besonders Die=
jenigen, welche durch Zweideutigkeiten und schlüpfrige Scherze,
oder durch den Ton des Uebermuths zu gefallen und zu un=
terhalten suchen, sehr bald durch Kaltsinn und Geringschäz=
zung ausgeschlossen, und die wahrhaft Gebildeten, welche
an ihren reinen Sitten und gediegenen Urtheilen erkannt
werden, die willkommensten seyn, weil sie nie Ueberdruß
und lange Weile erregen, wohl aber Vertrauen und Achtung
einflößen.

21.

Sey, was Du bist, immer ganz, und immer derselbe! Nicht heute warm, morgen kalt; heute grob, morgen höflich und zuckersüß; heute der lustige Gesellschafter, morgen trocken und stumm, wie eine Bildsäule! Es ist unbegreiflich, daß diese wetterwendischen, launenhaften und kaltherzigen Menschen nicht endlich vor sich selbst erschrecken und zurückfahren, da sie doch täglich durch die Scheu und den Widerwillen, womit sich Alles von ihnen entfernt, auf die klägliche Rolle, die sie spielen, aufmerksam gemacht werden, und da sie sich selbst eben so sehr, als Andern, zur Last leben. Wenn sie einmal, in einem Anfall von guter Laune oder Schaam, im Umgange Freundschaft und Theilnahme zeigen, so spielen sie eigentlich die Rolle der Betrüger. Wir bauen in der Meinung, daß sie sich gebessert haben, auf ihre Zusicherungen und Aeußerungen, und wollen wenig Tage nachher den Mann wieder besuchen, der uns so gern bei sich sieht, der uns so freundlich eingeladen hat, recht oft zu kommen. Wir gehen hin, und werden frostig und verdrießlich empfangen, oder man läßt uns ohne Unterhaltung in einer Ecke sitzen, antwortet nur mit gebrochenen Sylben, weil man gerade von Menschen umgeben ist, die mehr Weihrauch spenden als wir. Wer möchte wohl mit solchen Menschen sich aussöhnen, in ihrer Nähe ruhig und fröhlich seyn können; wer zöge sich nicht merklich oder unmerklich von ihnen zurück, sobald er nur ihre Falschheit oder ihren Egoismus erkannt hat?

22.

Mache einigen Unterschied in Deinem äußern Betragen gegen die Menschen, mit denen Du gern oder vertraulich umgehst, in dem Zeichen von Achtung, die Du ihnen beweisest! Reiche nicht Jedem Deine Hand dar! Umarme nicht Jeden! Drücke nicht Jeden an Dein Herz! Was bewahrst Du den Besseren und Geliebten auf, und wer wird Deinen Freundschaftsbezeigungen trauen, ihnen Werth beilegen, wenn Du sie so verschwenderisch austheilst? Und es kann Dir doch unmöglich darum zu thun seyn, mit einem Jeden gut zu stehen, Allen wohlgefällig zu werden, und es mit Keinem zu verderben.

23.

Zwei Gründe hauptsächlich müssen uns bewegen, nicht gar zu offenherzig gegen die Menschen, vielmehr im Allgemeinen dem Grundsatze einer klugen Zurückhaltung, besonders in gemischten Gesellschaften, treu zu seyn, zuerst die Furcht, unsere Schwäche durch unbedingte Offenherzigkeit aufzudecken und dann gemißbraucht zu werden, und die Ueberzeugung, daß, wenn man die Leute einmal daran gewöhnt hat, ihnen nichts zu verschweigen, sie zuletzt von jedem unserer kleinsten Schritte Rechenschaft verlangen, Alles wissen, um Alles zu Rathe gezogen werden wollen. Allein eben so wenig soll man verschlossen seyn; sonst entsteht der Verdacht gegen uns, es stecke hinter Allem, was wir thun, etwas Bedeutendes oder gar Gefährliches, und das kann uns in unangenehme Verlegenheit verwickeln und veranlassen, daß wir verkannt werden, besonders in fremden Ländern, auf Reisen und bei solchen Gelegenheiten, wo mit Recht Offenheit und Freimüthigkeit von einem Jeden erwartet oder gefordert werden kann, und wird uns überhaupt auch im gemeinen Leben, selbst im Umgange mit edlen Freunden, schaden.

24.

Suche keinen Menschen, auch den Schwächsten nicht, in Gesellschaft lächerlich zu machen! Ist er beschränkt, so würde es unedel seyn, ihn zur Zielscheibe des Witzes zu machen, und Dir also keine Ehre bringen; ist er es weniger, als Du glaubst, so kannst Du vielleicht der Gegenstand seines Spottes oder seiner Rache werden; ist er gutmüthig und gefühlvoll, so kränkst Du ihn; und ist er tückisch, so kann er Dir's vielleicht auf eine Rechnung setzen, die Du früh oder spät auf irgend eine Art bezahlen mußt. — Und wie oft kann man nicht, wenn die Gesellschaft auf unsere Urtheile über Menschen achtet und sie in's große Publikum bringt, einem guten Manne im bürgerlichen Leben wahrhaften Schaden zufügen, oder einen Schwachen so niederdrücken, daß aller Muth in ihm erlischt, und alle Keime zu besseren Anlagen erstickt werden, indem man ihn durch Hervorziehen der Schwachheiten, welche Stoff zum Spotten und Lachen geben, der Verachtung Preis gibt.

25.

Schrecke, zerre und necke auch Niemand, selbst Deine Freunde nicht, mit falschen Nachrichten, mit Witzeleien oder mit dem, was sonst auf einen Augenblick beunruhigt und leicht in Verlegenheit setzt! Es gibt der wahrhaft mißvergnügten, unangenehmen, ängstlichen Augenblicke so viel im Leben, daß es wohl Bruderpflicht ist, Alles hinwegzuräumen, was die Last der wirklichen und eingebildeten Plagen auch nur um ein Sandkorn erschweren kann.

Ueberhaupt ist es höchst unedel und selbst strafbar, Menschen vorsätzlich und geflissentlich in Verlegenheit zu setzen. Dagegen wird der Edle und Biedere den, der im Begriff ist, eine Unvorsichtigkeit zu begehen (z. B. schlecht von einem Buche zu reden, dessen Verfasser gegenwärtig ist), oder sich selbst in Gefahr setzt, beschämt zu werden, diese Verlegenheit zu verhüten oder die Sache auf irgend eine Weise wieder in's Gleiche zu bringen suchen. Und wenn Jemand aus Unachtsamkeit etwas zerbrochen oder sonst sich einer kleinen Unvorsichtigkeit schuldig gemacht hat, so fordert es die Humanität, nicht hinzublicken, wenigstens nicht mit Lächeln oder mit sichtbarem Unwillen, um seine Verwirrung nicht zu vermehren.

26.

Vor allen Dingen soll man nie vergessen, daß die Gesellschaft unterhalten, aber nicht unterichtet seyn

will, und daß die, welche gern dociren und lange Vorträge
halten, oder mit weisen Bemerkungen sich hören lassen mö=
gen, sehr bald Unmuth und Verdruß erregen, wenn sie ihre
Reden nicht durch Witz und Laune zu würzen, ihre Bemer=
kungen leicht hinzuwerfen und gefällig einzustreuen wissen;
daß es aber unter der Würde eines klugen Mannes ist, den
Spaßmacher, und eines redlichen Mannes unwürdig, den
Schmeichler zu machen. Allein es gibt einen gewissen Mit=
telweg; denn da jeder Mensch doch wenigstens eine gute
Seite hat, die man loben darf, und dies Lob, wenn es nicht
übertrieben wird, aus dem Munde eines verständigen Man=
nes Sporn zu größerer Vervollkommnung werden kann: so
kann es sogar Pflicht werden, denen ein ermunterndes Lob
nicht schuldig zu bleiben, welche es eben so sehr verdienen
als bedürfen, und es denen nicht vorzuenthalten, die es nicht
entbehren können, ohne an sich selbst zu verzagen, oder auf
halbem Wege stehen zu bleiben.

Zeige, so viel Du kannst, eine immer gleiche, heitere
Stirne! Nichts ist reizender und liebenswürdiger, als die
frohe, muntere Gemüthsart, die aus einem schuldlosen, nicht
von heftigen Leidenschaften aufgeregten, sondern von Wohl=
wollen und Theilnahme bewegten Herzen hervorströmt.

27.

Nicht leicht wird der Gebildete und Gewandte irgend
einen Ehrenwerthen von sich lassen, oder mit einem Solchen
zusammentreffen, ohne ihm etwas Angenehmes oder Ver=
bindliches gesagt, und mit auf den Weg gegeben zu haben;
aber Beides auf eine Art, die ihm wohlthut, seine Beschei=
denheit nicht verletzt, und nicht studirt scheint.

Man kann sich indessen oft sehr schlecht empfehlen, indem man den Menschen etwas recht Verbindliches gesagt zu haben meint. So gibt es Leute, die es sehr übel nehmen würden, wenn man sie versicherte, daß man sie für gutmüthig halte, und Andere, die sich beleidigt fühlen, wenn man sie versichert, sie sähen gesund aus, oder sie hätten noch etwas so Jugendliches in ihrem Aeußern, daß man ihr wahres Alter unmöglich ahnen könne.

28.

Wem es darum zu thun ist, sich dauerhafte Achtung zu erwerben; wem daran liegt, daß seine Unterhaltung Niemand anstößig, Keinem zur Last werde, der würze nicht ohne Unterlaß seine Gespräche mit Lästerungen, Spott, Tadelsucht und Satyre, und gewöhne sich nicht an den lieblosen Ton der Spottsucht! Das kann wohl einige Mal, und, bei einer gewissen Klasse von Menschen, auch öfter gefallen; aber man flieht und verachtet doch endlich den Mann, der immer auf Anderer Kosten, oder auf Kosten der Wahrheit die Gesellschaft vergnügen will.

29.

Erzähle nicht leicht Anekdoten, besonders nie solche, die irgend Jemand in ein nachtheiliges Licht setzen, auf bloßes Hörensagen nach!

30.

Hüte Dich, Nachrichten aus einem Hause in das andere zu tragen, vertrauliche Tischreden, Familiengespräche, Bemerkungen, die Du über das häusliche Leben von Leuten, mit welchen Du viel umgehst, gemacht hast, und dergleichen auszuplaudern!

31.

Vor allen Dingen maße Dir nicht an, die Bewegungsgründe zu jeder guten Handlung ergründen und beurtheilen zu wollen! Bei einer solchen Strenge würden vielleicht manche Deiner eignen edlen Handlungen als sehr unedel, oder als reine Schwachheit, als Erzeugniß einer flüchtigen Rührung, Deiner gereizten Eitelkeit, Deiner Selbstsucht erscheinen. Der Billige und Nachsichtsvolle mag gern ein gutes Werk mehr nach seiner Wirkung für das Allgemeine, als nach seinen Triebfedern beurtheilen, und sitzt nicht zu Gericht, wenn der Reiche seine Hand zur Mildthätigkeit aufthut.

32.

Habe Acht auf Deine Gesellschaftssprache, daß Du in Deinen Unterredungen nicht durch einen wässerigen, weitschweifigen Vortrag ermüdest! Ein gewisser Laconismus, d. h. eine kräftige Kürze — in so fern er nicht in die Sucht, nur in Sentenzen und Aphorismen zu sprechen, oder jedes Wort abzuwägen, ausartet — ein gewisser Laconismus, und die Geschicklichkeit, ein geringfügiges Ereigniß durch die Lebhaftigkeit der Darstellung interessant zu machen — das ist die wahre Kunst der gesellschaftlichen Beredtsamkeit. Ueberhaupt aber rede nicht zu viel! Sey haushälterisch mit Deinen Worten und Kenntnissen.

33.

Es gibt Menschen, die (so wie Manche nur zum Genießen da zu seyn glauben) auch im geselligen Leben immer nur empfangen, nie geben wollen; die vom übrigen Theile des Publikums belustigt, unterrichtet, bedient, gelobt, bezahlt, gefüttert zu werden verlangen, ohne etwas dafür zu leisten; die immer über lange Weile klagen, ohne zu fragen, ob sie Andern weniger lange Weile gemacht haben; die behaglich da sitzen, sich's wohl seyn, sich erzählen lassen, aber nicht daran denken, auch ihren Beitrag, und wär' es auch nur ein Scherflein, zur Unterhaltung beizusteuern. — Das ist aber eben so ungerecht als lästig.

Noch Andere findet man, die immer nur ihre eigne Person, ihre häuslichen Umstände, ihre Verhältnisse, ihre Thaten und ihre Berufsgeschäfte zum Gegenstand der Unterredung machen, und Alles dahin zu drehen wissen, jedes Gleichniß, jedes Bild nur von daher nehmen. So wenig als möglich laß in gemischten Gesellschaften den Schnitt, den Ton, den Dir Deine specielle Erziehung, Dein Handwerk, Deine besondere Lebensart geben, hervorblicken! Rede nicht von Dingen, die, außer Dir, schwerlich Jemand interessiren können! Lerne den Ton der Gesellschaft annehmen, in welcher Du Dich befindest! Nichts kann abgeschmackter seyn, als wenn der Arzt einige junge Damen mit Beschreibung seiner Sammlung anatomischer Präparate, der Rechtsgelehrte einen Hofmann über Processe, der alte gebrechliche Gelehrte eine junge Coquette von seinem offenen Beinschaden unterhält.

34.

Rede nicht zu viel von Dir selber, außer in dem Kreise Deiner vertrautesten Freunde, von welchen Du weißt, daß die Sache des Einen eine Angelegenheit für Alle ist; und auch da bewache Dich, daß Du nicht Egoismus zeigest! Vermeide, selbst dann zu viel von Dir zu reden, wenn gute Freunde, wie es vielfältig geschieht, das Gespräch aus Höflichkeit auf Deine Person, auf Deine Unternehmungen oder Deine Schriften leiten! Bescheidenheit ist eine der liebenswürdigsten Eigenschaften, und macht um so vortheilhaftere Eindrücke, je seltner diese Tugend in unsern Tagen wird.

35.

Widersprich Dir nicht selbst im Reden, so daß Du einen Satz behauptest, dessen Gegentheil Du ein ander Mal vertheidigt hast! Man kann seine Meinung von Dingen ändern; allein man thut doch wohl, in Gesellschaften nicht eher, wenigstens nicht entscheidend zu urtheilen, als bis man alle Gründe für und wider gehörig abgewogen hat.

36.

Hüte Dich, in die Fehler Derjenigen zu verfallen, die aus Mangel an Gedächtniß oder an Aufmerksamkeit auf sich selbst, oder weil sie so verliebt in ihre eigenen Einfälle sind, dieselben Histörchen, Anekdoten, Späße, Wortspiele und witzigen Vergleichungen bei jeder Gelegenheit wiederholen!

37.

Auch in bloß männlichen Gesellschaften verleugne nicht die Schamhaftigkeit, das Zartgefühl und Dein Mißfallen an Schlüpfrigkeiten, denn Du erwirbst Dir dadurch eben so viel Ehre als Verdienst, und rettest die Hochachtung aller Edlen.

38.

Es gibt mechanische Menschen, deren Gespräche zur Hälfte aus gewissen Formeln bestehen, welche sie, ohne etwas dabei zu denken, überall anbringen, sie mögen passen oder nicht. Sie treffen Dich tödtlich krank im Bette an, und freuen sich, Dich wohl zu sehen. Zeigst Du ihnen Dein Bildniß, so finden sie, daß es zwar ähnlich sehe, aber viel zu alt gemalt sey. Allen Kindern sagen sie: sie seyen groß für ihr Alter, und glichen dem Vater, und was dergleichen leeres Geschwätz mehr ist. Einen eben so dürftigen Stoff zur Unterhaltung liefern Räthsel, Wortspiele, Pfandspiele u. dgl., wenn sie nicht ausgezeichnet sinnreich sind. Wenigstens wird selten in einer Gesellschaft, die nur einigermaßen gemischt ist, das Wohlgefallen daran allgemein seyn, denn es werden sich immer Einige finden, welche sich durch solche Unterhaltungen gedrückt fühlen.

39.

Belästige nicht im Umgange Jeden, der sich Dir nähert, oder mit dem Du in's Gespräch zu kommen wünschest, mit unnützen und gehäuften Fragen; es gibt Menschen, die dadurch zur höchsten Empfindlichkeit gereizt werden, und Wenige haben Geduld und Nachsicht genug, dem unbescheidenen Frager Rede zu stehen. Man findet Menschen, die nicht eben aus Vorwitz und Neugier, sondern weil sie nun einmal gewöhnt sind, ihre Gespräche in Katechisations=Form zu fassen, uns durch Fragen so beschwerlich werden, daß es gar nicht möglich ist, auf unsre Weise mit ihnen in Unterhaltung zu kommen, und daß nichts überbleibt, als sie stehen zu lassen, oder ihrer Fluth von Fragen auf eine gleiche Weise einen Damm zu setzen.

40.

Lerne Widerspruch ertragen! Sey nicht aus schwacher Eitelkeit und thörichtem Dünkel eingenommen von Deinen Meinungen! Werde nicht hitzig, noch unartig im Streit um Meinungen und Ansichten, auch dann nicht, wenn man

Deinen ernsthaften Gründen Spott und Bitterkeit entgegen=
setzt! Du hast, bei der besten Sache, schon halb verlo=
ren, wenn Du nicht kaltblütig bleibst, und wirst wenig=
stens auf diese Art nie überzeugen und nie gefallen. Em=
pfänglichkeit für die Urtheile, Ansichten und Meinungen An=
derer ist eine der besten Eigenschaften für den Umgang, und
man möchte sie ein gutes Zeugniß nennen, das man überall
vorweisen darf, um willkommen zu seyn, und eine Bedin=
gung des Fortschreitens in der geistigen Bildung, die Kei=
nem zu erlassen ist.

41.

An Oertern, wo man sich zur Freude versammelt:
beim Tanze, in Schauspielen, rede mit Niemand von häus=
lichen Geschäften, noch weniger von verdrießlichen Dingen!
Man geht dahin, um sich zu erholen, um auszuruhen, um
kleine und große Sorgen abzuschütteln, und es ist also un=
bescheiden, Jemand mit Gewalt wieder mitten in seinen
Alltagsverkehr hineinschieben zu wollen.

42.

Daß ein redlicher und verständiger Mann über wesent=
liche Religionslehren, auch dann, wenn er das Unglück ha=
ben sollte, an der Wahrheit derselben zu zweifeln, sich den=
noch keinen Spott erlauben wird: ich meine, das versteht
sich von selber; aber auch über kirchliche Verfassungen, über
die Menschensatzungen, welche von einigen Secten für Glau=

benslehren gehalten werden, über Ceremonien, die Manche für wesentlich halten und dergleichen wird der wahrhaft Gebildete nie in Gesellschaften spotten. Er achtet und schont, was Andern heilig ist, und gesteht Jedem die Denk= und Glaubensfreiheit zu, die er für sich selbst fordert.

Doch gibt es auch Gelegenheiten und Veranlassungen zu Religions=Gesprächen, und der Gebildete wird sie benutzen, um Wärme für Gottesverehrung und für die höchsten Angelegenheiten des Menschen zu zeigen, ohne zu fürchten, daß man ihn für unaufgeklärt halten und belächeln werde, aber auch ohne in den Ton der Eiferer zu fallen. Er wird sich nicht scheuen, die religiöse Schwärmerei zu tadeln, und dem Vernunftglauben das Wort zu reden, doch ohne über die Frömmler zu spotten, und sie der Heuchelei zu beschuldigen.

43.

Es ist unschicklich, und eine Verletzung der Theilnahme, die wir Unglücklichen schuldig sind, in Gesellschaften unaufgefordert und unberufen unangenehme Dinge in Erinnerung und Sprache zu bringen! Oft bewegt eine Art von unkluger Theilnehmung und ein Mangel an Zartgefühl Menschen von schwachem Urtheil, Fragen zu thun, welche sich auf die ökonomische Lage oder die Familienverhältnisse und Familienzwiste des Befragten beziehen, und ihn dadurch zu zwingen, Gegenstände in sein Gedächtniß zurückzurufen, die er in Gesellschaften, wo er sich aufzuheitern wünscht, so gern vergessen möchte.

Man enthalte sich auch, andern Leuten das, was sie nun einmal haben, und nicht wieder abschaffen können, oder die

Lage, worin sie nun einmal leben müssen, durch unangeneh=
me Schilderungen und unwillkommene Bemerkungen zu ver=
leiben.

44.

Nimm nicht Theil daran, lächle nicht beifällig, thu' lie=
ber, als hörtest Du es gar nicht, wenn Jemand einem Drit=
ten unangenehme Dinge sagt, oder ihn beschämt! Die Fein=
heit eines solchen Betragens wird gefühlt und oft dankbar
belohnt.

45.

Die Gewohnheit, Paradoxen vorzubringen, zu wider=
sprechen, zu disputiren, zu citiren und sich auf die Meinun=
gen und Aussprüche Anderer zu berufen, verdient eine be=
sondere Betrachtung, wovon wir späterhin noch reden werden.

46.

Eine der wichtigsten Tugenden im gesellschaftlichen Le=
ben, welche leider täglich seltener wird, ist die Verschwie=
genheit. Man ist heut zu Tage so äußerst trügerisch in Ver=
sprechungen, ja in Betheuerungen und Schwüren, daß man
ohne Scheu ein unter dem Siegel des Stillschweigens an=
vertrautes Geheimniß gewissenloserweise ausbreitet. Andere,

die weniger pflichtvergessen, aber höchst leichtsinnig sind,
schwatzen Geheimnisse aus, weil sie ihrer Redseligkeit keinen
Zaum anlegen können. Sie vergessen, daß man sie gebeten
hat, zu schweigen; und so erzählen sie aus unverzeihlicher
Unvorsichtigkeit die wichtigsten Geheimnisse ihrer Freunde an
öffentlichen Orten, mit einer Unbefangenheit, die in Erstau-
nen und in Schrecken setzt, oder sie vertrauen, indem sie
Jeden, der ihnen während ihres Dranges, sich zu entladen,
in den Wurf kömmt, für einen treuen Freund ansehen, das,
was sie doch nicht als ihr Eigenthum betrachten sollten, eben
so leichtsinnigen Leuten an, wie sie selbst sind. Solche Menschen gehen dann auch nicht weniger unklug mit ihren eignen Heimlichkeiten, Planen und Begebenheiten um. Sie
zerstören sehr oft ihre eigne Wohlfahrt, vereiteln ihre Bestrebungen und machen Andere unglücklich.

47.

Menschen von lebhafter Gemüthsart werden der Gesellschaft leicht durch den Ungestüm, mit welchem sie widersprechen, oder ihre Meinung vertheidigen, beschwerlich. Der
Umgang fordert einen gewissen Gleichmuth, und die
Selbstverleugnung, welche jeden Ausbruch der Leidenschaft zurückzudrängen, und eigensinnigen Widerspruch zu
ertragen weiß.

Ein großes Talent, welches durch Studium der Sprache
und Achtsamkeit auf sich selbst erlangt werden kann, ist die
Kunst, sich bestimmt, fein, richtig, körnig auszudrücken, lebhaft im Vortrage zu seyn, sich dabei nach den Fähigkeiten
der Menschen zu richten, mit denen man redet; sie nicht zu

ermüden, gut und launigt zu erzählen, nicht über seine eig=
nen Einfälle zu lachen; nach den Umständen trocken oder
lustig, ernsthaft oder komisch seinen Gegenstand darzustellen,
und mit natürlichen Farben zu malen. Dabei muß ein gu=
ter Gesellschafter sein Aeußeres studiren und besonders sein
Mienenspiel in seiner Gewalt haben, sich vor Verzerrungen
zu hüten und sein Lachen zu mäßigen wissen. Der Anstand
und die Gebehrdensprache sollen edel seyn; man soll nicht
bei unbedeutenden, affektlosen Unterredungen, gleich den
Personen aus der niedrigsten Volksklasse, mit Kopf, Armen
und andern Gliedern herumfahren und um sich schlagen;
man soll den Leuten gerade, aber bescheiden und sanft in's
Gesicht sehen, sie nicht bei den Aermeln, Knöpfen und der=
gleichen zupfen. Kurz, Alles, was eine feine Erziehung, was
Aufmerksamkeit auf sich selbst und auf Andere verräth, das
gehört nothwendig dazu, den Umgang angenehm zu machen,
und es ist wichtig, sich in dieser Hinsicht nichts nachzusehen,
sondern jede kleine Regel des Wohlanstandes, selbst in dem
Familienkreise zu beobachten, um sich Alles, was die Wohl=
anständigkeit fordert, zur andern Natur zu machen, also
stets eingedenk zu seyn, daß es Pflichten gegen die Gesell=
schaft gibt, und daß sich der Gebildete auch demjenigen wil=
lig unterwerfe, was ihn beschränkt, oder ihm unbequem oder
drückend ist, wenn es nun einmal zum feinen Gesellschafts=
ton gehört. Kaum scheint es nöthig, hier noch zu bemerken,
daß man so wenig als möglich in einer Gesellschaft den Leu=
ten den Rücken zukehren, in Titeln und Namen sich vor
Verwechselung hüten; daß man bei Personen, die es mit den
Höflichkeitsbezeigungen genau nehmen, den Vornehmern im=
mer auf der rechten Seite, oder wenn Drei beisammen sind,
in der Mitte gehen lasse; daß man Dem, mit welchem man
spricht, frei und offen, doch nicht starr und frech, in das

Gesicht schauen, seine Stimme in seiner Gewalt haben, nicht schreien und doch verständlich reden, in seinem Gange Anstand beobachten, nicht aller Orten das große Wort führen solle; daß man, wenn man ein Frauenzimmer führt, mit ihr, um sie nicht zu stoßen, gleichen Schritt halten, und mit demselben Fuße, wie sie, antreten, ihr auch zuweilen seine linke Hand reichen müsse, wenn sie an der rechten Seite nicht so bequem gehen würde; daß man auf steilen Treppen im Hinuntersteigen die Frauenzimmer vorausgehen, im Hinaufsteigen aber sie folgen lassen müsse; doch die wichtigen Kleinigkeiten, welche den Inhalt einer Höflichkeits = und Anstandslehre ausmachen würden, sind so zahlreich, daß es sogar gegen den schriftlichen Anstand seyn würde, die Leser gleichsam in einem Athem damit bekannt zu machen, und sie in einer langen Liste aufzuführen.

48.

Es gibt noch andere kleine gesellschaftliche Unschicklichkeiten, die man vermeiden, und wobei man immer überlegen muß, was daraus werden würde, wenn Jeder von den Anwesenden sich dieselbe Freiheit erlauben wollte; z. B.: in Conzerten plaudern; hinter eines Andern Rücken einem Freunde etwas zuflüstern, oder ihm Winke geben, die Jener auf sich deuten kann; lächerlich schlecht tanzen, oder ein Instrument elend spielen, sich dennoch damit sehen und hören lassen, und dadurch die Anwesenden zum Spotte und Gähnen reizen; in Schauspielen so hintreten, daß man Andern die Aussicht raubt; in jeder Versammlung so spät erscheinen, daß man keinen Nachfolger mehr hat, und doch der

Erste seyn, der sie verläßt, oder länger verweilen, als alle übrigen Mitglieder der Gesellschaft. Willst Du gern gesehen seyn, so vermeide alle diese Unschicklichkeiten mit Sorgfalt, und willst Du ein edler Mensch, nicht bloß ein guter Gesellschafter werden, so vermeide sie nicht um der Menschen willen, sondern weil Du dies Deinem eignen Herzen schuldig zu seyn glaubst, und weil Du nicht bloß klug, sondern auch gut seyn möchtest. In eben dieser Hinsicht befolge auch noch diese Vorschriften: Es schickt und ziemt sich nicht, dem Lesenden oder Schreibenden auf die Finger zu sehen, und allein in einem fremden Zimmer zu bleiben, in welchem Schriften oder Gelder herumliegen. Ferner: wenn zwei Personen, die vor Dir hergehen, leise mit einander reden, ohne Deiner gewahr zu werden, so will die Bescheidenheit und die Klugheit, daß Du ihnen durch Geräusch Deine Nähe zu erkennen gebest, um Dich von allem Verdachte, als wenn Du sie beschleichen wolltest, und von aller Verlegenheit zu befreien. So klein dergleichen Aufmerksamkeiten scheinen, so machen sie doch den Umgang angenehm, und werden Bildungsmittel für Geist und Herz, wenn man sie als solche ansieht und benutzt, sind aber auch, wenn man sie nicht von dieser Seite betrachtet, weiter nichts, als Schleifsteine für die äußere Politur.

49.

Oft befindet man sich in Gesellschaften in dem bösen Falle, einem höchst langweiligen Bericht eines Egoisten über seine höchst wichtige Person zuhören zu müssen. Vernunft, Vorsichtigkeit und das Wohlwollen, welches in Gesellschaften

herrschen soll, fordern in solchem Falle, sich, wenn nun ein=
mal nicht auszuweichen ist, in Geduld zu fassen, und nicht
durch beleidigendes Betragen Ueberdruß zu erkennen zu ge=
ben. Man kann ja, je seelenloser das Gespräch und je ge=
schwätziger der Mann ist, um desto freier nebenher an andere
Dinge denken; und wäre auch das nicht — ei nun, es geht
im menschlichen Leben so manche verträumte Stunde verloren.

50.

Es gibt Beneidenswerthe, welchen eine außerordentliche
Geschmeidigkeit, Genügsamkeit und Leichtigkeit im Umgange,
und die Gabe, Bekanntschaften zu machen, und Zuneigung zu
gewinnen, wie angeboren ist; Andern hingegen hängt von
Jugend auf eine gewisse Blödigkeit und Schüchternheit an,
die sie nicht abzulegen vermögen, wenn sie gleich täglich
fremde Leute aller Art um sich sehen. Diese Blödigkeit ist
sehr oft die Folge einer fehlerhaften Erziehung, so wie auch
zuweilen die Wirkung einer heimlichen Eitelkeit, die in
Verlegenheit geräth, aus Furcht, sich in Schatten zu stellen,
übersehen zu werden und nicht zu glänzen. Manchen Men=
schen aber scheint diese Schüchternheit gegen Fremde wirklich
von Natur eigen zu seyn, und alle Mühe, welche sie sich
geben, sie zu besiegen, ist verloren. Ein regierender Fürst,
einer der edelsten und verständigsten Männer, die ich kenne,
und der auch wahrlich seines Aeußern wegen sich nicht zu
schämen, noch zu fürchten braucht, nachtheilige Eindrücke zu
machen, hat mich versichert, daß, obgleich ihn sein Stand
von Kindheit an in die Lage gesetzt habe, täglich große Cir=
kel und viele fremde Gesichter zu sehen, er dennoch an kei=

nem Tage in sein Vorzimmer trete, wo der versammelte Hof seiner wartet, ohne aus Verlegenheit auf einen Augenblick fast blind zu werden. Uebrigens hört bei diesem liebenswür= digen Herrn, sobald er sich ein wenig erholt hat, die Schüch= ternheit auf, und dann redet er freundlich und offen mit Jedermann, und sagt bessere Dinge, als gewöhnlich Fürsten, bei solchen Gelegenheiten, über Wetter, böse Wege, Pferde und Hunde zu sagen wissen.

Eine gewisse Leichtigkeit und Geschmeidigkeit im Um= gange also, die Gabe, sich bei der ersten Bekanntschaft vor= theilhaft darzustellen, mit Menschen aller Art zwanglos ein Gespräch anzuknüpfen, sich an einer magern Unterhaltung genügen zu lassen, und in der Nähe eines Spaßmachers bei guter Laune zu bleiben, auch bald zu merken, wen man vor sich hat, und was man mit Jedem reden könne und müsse: das sind Eigenschaften, die man zu erwerben und auszubil= den trachten soll.

51.

Man hüte sich also auch, in alle Gesellschaftskreise mit großen Forderungen und Erwartungen einzutreten, allen Menschen Alles seyn, mit aller Gewalt glänzen und Auf= merksamkeit erregen zu wollen; zu verlangen, daß Aller Augen nur auf uns gerichtet, ihre Ohren nur uns geöffnet seyen; denn sonst fühlt man sich leicht vernachlässigt und zurückge= setzt, und fängt aus Mißmuth an, eine traurige Rolle zu spielen, sich und Andern lange Weile zu machen, menschen= scheu und bitter die Gesellschaft zu fliehen, und wird dann mit Recht von ihr gemieden. Ich kenne viele Leute von der

Art, die durchaus, wenn sie sich in vortheilhaftem Lichte zeigen sollen, der Mittelpunkt seyn müssen, um welchen sich Alles dreht, so wie überhaupt manche Menschen im gemeinen Leben Niemand neben sich vertragen, der mit ihnen verglichen werden könnte. Sie handeln vortrefflich, groß, edel, wohlthätig, geistreich, sobald sie es allein sind, an die man sich wendet, von denen man bittet, erwartet, hofft; aber klein, niedrig, rachsüchtig und schwach, sobald sie sich Andern gleichstellen sollen, und zerstören jedes Gebäude, wozu sie nicht den Plan gemacht, oder wenigstens nicht die Kreuzrede gehalten haben; ja, selbst ihr eignes Gebäude, sobald nur ein Andrer eine kleine Verzierung daran angebracht hat. Dies ist eine unglückliche, ungesellige Gemüthsart. Ueberhaupt rathe ich, um glücklich zu leben, und Andere glücklich zu machen, in dieser Welt so wenig als möglich zu erwarten und zu fordern.

52.

Man soll nicht an allen Orten Gelehrsamkeit, feine Cultur fordern, sondern sich an gesundem Hausverstande und geradem Sinne genügen lassen, daran den eigenen beleben und stärken, und einmal wieder den Weg der Natur betreten, sich eben darum unter Menschen von allerlei Ständen mischen: so lernt man zugleich nach und nach den Ton und die Stimmung annehmen, die nach Zeit und Umständen erfordert werden, und überzeugt sich, daß auch in den niedern Ständen Witz, Verstand und Scharfsinn zu finden sey. Aber diese Ueberzeugung ist sehr heilsam zur Dämpfung eines gewissen Hochmuths, der sich so leicht der Gebildeten be=

mächtigt, und sie ungerecht gegen Ungebildete macht. Auch für die Erweiterung der Sprachkunde ist ein solcher Umgang mit Menschen aus den verschiedensten Ständen, und von den verschiedensten Bildungsstufen höchst wirksam und ergiebig, und gewährt manchen großen Genuß, besonders durch die erweiterte Kenntniß sprichwörtlicher Redensarten, in welchen oft so viel Witz und Kraft verborgen liegt.

53.

Mit wem aber soll man vorzüglich und am liebsten umgehen? Natürlicher Weise läßt sich auch diese Frage nur nach eines Jeden besonderer Lage beantworten. Hat man die Wahl (und wirklich hat man diese auch öfter, als man glaubt), so wähle man sich die Weisern zu seinem Umgange; Leute, von denen man lernen kann, die nicht schmeicheln, nicht gar zu überlegen an Kenntnissen und Fähigkeiten sind, aber doch uns übersehen, die in Kreisen tanzen, so oft ihr hoher Genius seine Zauberruthe schwingt. Den Meisten aber scheint es genußreicher, untergeordnete Geister um sich her zu versammeln, weil sie sich als Wortführer gar zu wohl befinden. Aber diese bleiben auch immer, was und wie sie sind, kommen nie weiter in Lebensweisheit und wahrer Ausbildung.

54.

Es ist oft eine höchst sonderbare Sache um den Ton, der in Gesellschaften herrscht. Vorurtheil, Eitelkeit, Schlendrian, Autorität, Nachahmungssucht, und wer weiß, was sonst noch, stimmen diesen Ton so, daß zuweilen Menschen, die an einem Orte zusammen leben, Jahr aus Jahr ein, sich auf eine solche Weise unterhalten, mit einander verkehren und unter einander vergnügen, daß es nicht einmal zu einem wahren Zeitvertreibe, am wenigsten aber zu einer wahren gesellschaftlichen Mittheilung kommt, sondern Jeder Langeweile macht und empfindet. Dennoch glauben sie, sich den Zwang anthun zu müssen, diese Lebensart also fortzuführen. Kann aber die Unterhaltung in den meisten großen Cirkeln einem Einzigen von den da Versammelten wahres Vergnügen gewähren? Spielen unter fünfzig Personen, die jeden Abend die Karten in die Hand nehmen, wohl zehn aus wahrer Neigung? Um desto erbärmlicher ist es, wenn freie Menschen in kleinern Orten, oder gar auf Dörfern, die zwanglos leben könnten, um den Ton der Residenzen nachzuahmen, sich eben so peinlich unter das Joch dieser Langeweile krümmen. Hat man Gewicht bei seinen Mitbürgern und Nachbarn, so ist es Pflicht, Alles dazu beizutragen, den Ton vernünftiger zu stimmen.

In volkreichen, großen Städten kann man am unbemerktesten und ganz nach seiner Neigung leben. Da fallen eine Menge kleiner Rücksichten weg; man wird nicht ausgespäht, controllirt, beobachtet; es laufen nicht so von Mund zu Mund die interessanten Nachrichten des Inhalts: wie vielmal in der Woche ich Braten esse; ob ich oft oder selten ausgehe und wohin; wer zu mir kommt, wie stark der Lohn ist, den ich meiner Köchin gebe, und ob ich kürzlich mit ihr geschmählt habe? Meine Kleidung wird nicht gemustert; man fragt nicht in jedem Krämer=Hause meine Magd, wenn sie für vier Pfennige Pfeffer holt, für wen der Pfeffer ist,

und wozu der Pfeffer gebraucht werden soll? Eine unbe=
deutende Anekdote beschäftigt da nicht sechs Wochen lang alle
Zungen; man wandelt unbemerkt, friedenvoll und ungeneckt
durch den großen Haufen hin, besorgt seine Geschäfte, und
wählt sich eine Lebensart, wie man sie für zweckmäßig hält.
In kleinen Städten ist man verurtheilt, mit den langweili=
gen Honoratioren in strenger Anrechnung von Besuchen und
Gegenbesuchen zu stehen, die gewöhnlich gleich nach dem
Mittagstische ihren Anfang nehmen, und bis zu der Bürger=
glocke, das heißt bis zehn Uhr Abends, fortdauern, während
welcher Zeit die Unterhaltung gewöhnlich den König von
Preußen, die Franzosen und Engländer, den Kaiser, andere
hohe Potentaten, und was der Hamburger Correspondent
von ihnen meldet, zum Gegenstande hat. Das ist nun frei=
lich erschrecklich; doch gibt es auch Mittel, dort den Ton des
Umgangs nach und nach zu verfeinern, oder das schwache
Publikum an eine bessere Unterhaltung zu gewöhnen, nach=
dem es ein Vierteljahr hindurch den Reformator gelästert
hat, und ihn sich auf seine Weise unterhalten und leben las=
sen, wenn er sich übrigens redlich, menschenfreundlich, dienst=
fertig und gesellig beträgt. Am übelsten aber pflegt man in
den mittlern Städten daran zu seyn, sowohl in den freien
Städten, wo der Handel die Achse ist, um die sich Alles
dreht, als in unbeträchtlichen Residenzen. Da herrschen ge=
wöhnlich, neben einem übertriebenen Luxus und der Unsitt=
lichkeit großer Städte, noch obenein alle kleinstädtische Ge=
brechen, Klatschereien, Anhänglichkeit an Schlendrian, an
Gewohnheiten und Familien=Verbindungen, die abgeschmack=
testen Forderungen und die lächerliche Classificirung der
Stände. So habe ich eine Stadt gesehen, in welcher ein
Mann durch seine kürzlich erhaltene Bedienung, die ehemals
dort nicht existirt hatte, so sehr von allen übrigen, einmal

bestimmten Rangordnungen abgesondert war, daß er, wie
ein Elephant in einer Menagerie, immer für sich allein spa=
zieren gehen mußte, ohne seines Gleichen, weder einen Ge=
sellschafter, noch eine Gefährtin finden zu können.

55.

In fremden Städten und Ländern ist Vorsichtigkeit im
Umgange zu empfehlen, und das in manchem Betrachte.
Man mag dort Unterricht und Belehrung oder ökonomische
und politische Vortheile, oder bloß Vergnügen suchen: immer
ist es nothwendig, gewisse Rücksichten nicht zu verachten. Im
ersten Falle, nämlich wenn man reist, um sich zu unterrich=
ten, hat man vor allen Dingen wohl zu überlegen, in wel=
chem Lande man ist, und ob man da ohne Gefahr und Ver=
druß von Allem reden und nach Allem fragen dürfe. Es
gibt, leider! auch in Deutschland Staaten, in welchen die
Regierungen es nicht gern sehen und es scharf ahnden, wenn
gewisse Werke der Finsterniß an das Tageslicht gezogen
werden. Da ist Behutsamkeit nöthig, sowohl in Gesprächen
und Nachforschungen, als in der Wahl der Menschen, mit
denen man sich einläßt, und denen man sich anvertraut.
Hierbei ist zu bemerken, daß nur sehr wenig Reisende ei=
gentlich Beruf haben, sich um die innere Verfassung fremder
Länder zu bekümmern; allein thörichte Neugier, Vorwitz oder
unruhiger Thätigkeitstrieb jagt jetzt haufenweise die Men=
schen hinaus, um in Gasthöfen, Posthäusern, Clubbs, und
in den Schwitzkammern hypochondrischer Gelehrten unsichere
Anekdoten zu einem Werkchen zu sammeln, welches die Rei=
sekosten und danebst einige Schriftstellerehre einbringen soll,

indeß sie daheim noch unendlich viel zu wirken und zu ler=
nen gefunden haben würden, wenn es ihnen um ihr und An=
derer Wohl ernstlich zu thun wäre.

Daß diese Vorsicht verdoppelt werden müsse, sobald man
im Auslande für sich etwas zu suchen oder zu fordern hat,
versteht sich wohl von selbst. Da alsdann manches Auge
auf bedeutende oder wohlhabende Fremde gerichtet ist, so
müssen diese den Umgang mit solchen Leuten vermeiden, die,
unzufrieden mit der Regierung, sich gern den Fremden an=
schließen und andrängen, weil sie unter ihren Mitbürgern
durch unkluge Aufführung sich einen bösen Namen gemacht,
und sich auf diese Art den Weg versperrt haben, bürgerliche
Vortheile zu erlangen, die sie aber zu verachten sich das An=
sehen geben, wie der Fuchs die Trauben. Diese Art Leute
sucht sich dann dadurch ein wenig zu heben, daß sie mit den
Reisenden, denen sie sich in den Gasthöfen oder auf andere
Art aufbringen, durch die Gassen der Stadt laufen und aus=
wärtige Verbindungen vorgeben. Ein Fremder, der nur
wenige Tage sich an einem Orte aufhalten will, kann ohne
Nachtheil mit diesen, mehrentheils sehr geschwätzigen, und
von lustigen und ärgerlichen Mährchen aller Art vollge=
pfropften Cicerone's nach Gefallen herumrennen, und Nie=
mand wird ihm das verdenken. Wer aber länger in einer
Stadt verweilen, in den bessern Cirkeln Zutritt haben, oder
gar ein Geschäft zu Stande bringen will, dem rathe ich, in
der Auswahl seines Umgangs auch die öffentliche Meinung
zu ehren.

Es gibt fast in jeder Stadt eine Partei solcher Unzu=
friedener, die entweder mit der Regierung, oder nur mit der
Gesellschaft im Kriege begriffen sind. Zu diesen geselle Dich

also nicht! Wähle nicht unter ihnen Deinen Umgang! Diese
Schwarzblütigen und Mißmuthigen glauben sich nicht geehrt
genug, oder sind unruhige Köpfe, Lästermäuler, Menschen
voll unvernünftiger Forderungen, ränkevolle oder unsittliche
Leute. Da sie nun, einer dieser Ursachen wegen, von ihren
Mitbürgern geflohen werden, so suchen sie unter sich eine
Art von Verbrüderung zu errichten, in welche sie, wenn sie
können, verständige und wackere Männer zu ihrer Verstär=
kung durch allerlei Künste hineinziehen. Laß Dich weder
darauf, noch überhaupt auf das ein, was Partei und Faction
genannt werden kann, wenn Du mit Annehmlichkeit und
Sicherheit leben willst!

56.

Briefwechsel ist schriftlicher Umgang. Fast Alles,
was vom persönlichen Umgange mit Menschen gilt, leidet
Anwendung auf den Briefwechsel. Als Bildungs=, Erhei=
terungs= und Belebungsmittel ist der Briefwechsel überaus
wirksam, und oft ist es nur dadurch möglich, mit seinen
Freunden in Verbindung zu bleiben, sich in einer gewissen
Thätigkeit zu erhalten, und der Einseitigkeit und Eintönig=
keit zu entgehen. Aber auch hier ist Mäßigung und Be=
schränkung die Bedingung der Wirksamkeit. Dehne also
Deinen Briefwechsel, so wie Deinen Umgang, nicht über die
Gebühr aus! Ein gar zu ausgedehnter Briefwechsel ist
zwecklos, fordert einen unverhältnißmäßigen Zeitaufwand,
und wird zu kostbar. Sey eben so vorsichtig in der Wahl
derer, mit denen Du einen vertrauten Briefwechsel an=
fängst, wie in der Wahl Deines täglichen Umgangs und

Deiner Lectüre! Nimm Dir auch vor, nie einen ganz lee=
ren Brief zu schreiben, in welchem nicht wenigstens etwas
stünde, das dem, an welchen er gerichtet ist, Nutzen oder
reine Freude gewähren könnte; denn ein leerer Brief ist
eine Art von Verspottung dessen, an den man schreibt, oder
wenigstens eine Täuschung, die nothwendig den, dem sie be=
reitet wird, kränken oder unwillig machen muß. Vorsichtig=
keit ist im Schreiben noch weit dringender, als im Reden,
zu empfehlen; und eben so wichtig ist es, mit den Briefen,
welche man erhält, behutsam umzugehen. Man sollte es
kaum glauben, was für Verdruß, Zwist und Mißverständniß
durch Versäumniß dieser Klugheitsregel entstehen können.
Ein einziges, unvorsichtig hingeschriebenes, unauslöschliches
Wort, ein einziges, aus Unachtsamkeit liegen gebliebenes
Papier hat manches Menschen Ruhe, und oft auf immer
den Frieden einer Familie zerstört. Brief=Klatschereien,
voreilig schriftlich mitgetheilte, ungegründete oder entstellte
Nachrichten können unendlichen Schaden stiften, den redli=
chen Mann bei Tausenden verdächtig machen, und seine
Nachkommen in Verlegenheit bringen.

Ich kann daher nicht genug Vorsichtigkeit in Briefen
und überhaupt im Schreiben empfehlen. Das mündliche
Wort wird wieder vergessen; aber ein geschriebenes kann
noch nach fünfzig Jahren, in den Händen unvorsichtiger oder
eitler Erben, Unheil stiften.

Briefe, an deren richtiger und schneller Besorgung ir=
gend etwas gelegen ist, muß man immer auf die gewöhnli=
che Weise mit der Post, oder durch eigene Boten abgehen
lassen; nie aber, etwa zur Ersparung des Porto, sie Reisen=
den mitgeben oder sonst durch Gelegenheit und in fremden
Umschlägen fortschicken. Man kann sich gar zu wenig auf

die Pünktlichkeit der Menschen verlassen, und einige ersparte Groschen wiegen den Verdruß nicht auf, den ein zu spät abgegebener oder verloren gegangener Brief erregt.

Lies Deine Briefe, wenn Du es ändern kannst, nicht in Anderer Gegenwart, sondern wenn Du allein bist; sowohl, weil es die Höflichkeit also befiehlt, als aus Vorsicht, um durch Deine Mienen den Inhalt nicht zu verrathen.

57.

Glaube immer, und Du wirst Dich bei diesem Glauben sehr wohl befinden, daß die mehrsten Menschen nicht halb so gut sind, als ihre Freunde sie schildern, und nicht halb so böse, als ihre Feinde sie ausschreien!

Beurtheile die Menschen nicht nach dem, was sie reden, sondern nach dem, was sie thun! Die meisten sind weder so gut, noch so böse, als sie nach ihren Reden zu seyn scheinen, und Du mußt sie in allerlei Lagen beobachten, wenn Du ihren wahren Gehalt erforschen willst. Aber wähle zu Deinen Beobachtungen solche Augenblicke, in welchen sie von Dir unbemerkt zu seyn glauben. Richte Deine Achtsamkeit auf die kleinen Züge, nicht auf die Haupthandlungen, wozu Jeder sich in seinen Staatsrock steckt. Gib Acht auf die Laune, die ein Gesunder beim Erwachen vom Schlafe, und auf die Stimmung, die er hat, wenn er des Morgens, wo Leib und Seele im Nachtkleide erscheinen, aus dem Schlafe geweckt wird; — auf das, was er vorzüglich gern ißt und trinkt: ob sehr nahrhafte, einfache, oder sehr feine, gewürzte, zusammengesetzte Speisen; auf seinen Gang und

Anstand; ob er lieber allein seinen Weg geht, oder sich immer an eines Andern Arm hängt; ob er in einer geraden Linie fortschreiten kann, oder seines Nebengängers Weg durchkreuzt, oft an Andere stößt und ihnen auf die Füße tritt; ob er durchaus keinen Schritt allein thun, sondern stets Gesellschaft haben, immer sich an Andere anschließen, auch um die geringsten Kleinigkeiten erst Rath fragt und sich erkundigt, wie es sein Nachbar, sein College macht; ob er offene Thüren, offene Fenster, helles Licht, lautes und deutliches Reden liebt, oder nicht; ob er gern Andern in die Rede fällt, Niemand zu Worte kommen läßt; ob er geheimnißvoll thut, die Leute auf die Seite ruft, um ihnen gemeine Dinge in das Ohr zu sagen; ob er gern in Allem entscheidet, und so ferner. Auch die Handschriften der Leute tragen mehrentheils den Stempel ihres Charakters. Alle Kinder, mit deren Erziehung ich beschäftigt gewesen bin, haben nach meiner Hand das Schreiben gelernt; allein, so wie sich nach und nach ihre Gemüthsarten entwickelten, brachte jedes von ihnen seine eigenen Züge hinein. Beim ersten Anblicke schienen sie Alle einerlei Hand zu schreiben; wer aber genauer Acht gab, und sie kannte, fand in der Manier des Einen Trägheit, bei Andern Kleinlichkeit, oder Unbestimmtheit, Flüchtigkeit, Festigkeit, Verschrobenheit, Ordnungsgeist, oder irgend eine andere Eigenthümlichkeit. — Setze Dir alle diese Wahrnehmungen zu einem Charakterbilde zusammen, aber hüte Dich, nach einzelnen Zügen den ganzen Charakter zu beurtheilen, eingedenk, daß der Schein trügt, und daß einzelne Erscheinungen ein unsicherer Maßstab sind.

Sey nicht zu parteiisch für Menschen, die Dir freundlicher begegnen, als Andere, und schließe nicht zu schnell daraus, daß sie Dir mit besonderer Theilnahme ergeben sind.

Untersuche zuvor, ob sie vielleicht gerade in dem Falle sind, Dich auf irgend eine Art zu ihrem Vortheil brauchen zu können, oder ob Du ihnen etwa mit besonderer Gefälligkeit entgegen gekommen bist, oder ihnen etwas Schmeichelhaftes gesagt hast.

Baue nicht eher fest auf treue, immer sich bewährende Liebe und Freundschaft, als bis Du solche Proben gesehen hast, die Aufopferung kosten! Die mehrsten Menschen, die uns so herzlich ergeben scheinen, treten zurück, sobald es darauf ankommt, ihren Lieblings = Neigungen zu unserem Vortheile zu entsagen. Darauf ist also Rücksicht zu neh= men, wenn man wissen will, was ein Mensch uns werth ist. Es ist keine Kunst, Alles zu leisten, was man nur wünschen mag, das Einzige ausgenommen, was Ueberwindung kostet.

58.

Alle diese Bemerkungen, die mit einer gesunden Beur= theilung zu gebrauchen sind, können den geselligen Umgang erleichtern und fördern, und gegen seine Gefahren schützen. Es kann Gründe geben, welche berechtigen, von diesen Be= merkungen und Regeln keinen Gebrauch zu machen, und sich den Eingebungen des Gefühls und der Laune zu überlassen, und es muß einem Jeden erlaubt seyn, hier seinen eigenen Weg zu gehen, auch wohl einen Versuch zu machen, ob er nicht gegen den Strom schwimmen kann, und mit seiner natür= lichen, einfachen und arglosen Weise durchkomme. Wer we= der die Gunst der Großen sucht, noch allgemeines Lob, noch glänzenden Ruhm, noch Beifall verlangt, wer, seiner politi= schen und ökonomischen Lage oder anderer Rücksichten we=

gen, nicht Ursache hat, den Kreis seiner Bekanntschaft zu
erweitern, wer Alters oder Schwächlichkeit halber den Umgang flieht, der bedarf keiner Regeln des Umgangs. Lasset
uns daher so billig seyn, von Niemand zu fordern, daß er sich
streng nach unsern Anweisungen richte, sondern lasset Jedermann seinen Gang gehen; denn da eines Jeden Glückseligkeit in seinen Begriffen von Glückseligkeit beruht, so ist es
grausam, irgend Einen zwingen zu wollen, wider seine Ueberzeugung auf eine ihm nicht zusagende Weise glücklich zu
seyn. Es ist oft lustig anzusehen, wie ein Haufe leerer
Köpfe sich über einen sehr verständigen Mann aufhält, der
keinen Beruf fühlt, oder nicht aufgelegt ist, den Ton ihrer
Gesellschaft anzunehmen, sondern, mit einer abgesonderten
Existenz sehr wohl zufrieden, seine theure Zeit nicht jedem
Narren preisgeben will. Wer sich nicht zum Sklaven der
Gesellschaft machen will, wird freilich die müssigen Leute,
die nichts Besseres zu thun wissen, als aus dem Bette vor
den Spiegel, von da an Tafel, von da an den Spieltisch,
von da wieder an Tafel, und von da endlich in das Bett
zu wandern, nicht zu Freunden haben, denn diese nehmen
es sehr übel, wenn man nicht wie sie leben, der Geselligkeit
nicht höhere Pflichten aufopfern will — das ist eine Unart,
die ihnen unverzeihlich scheint. Es heißt nicht, sich abson-
dern, wenn man zu Hause bleibt, um zu thun, was man
thun soll, und wovon man Rechenschaft geben muß; aber
die große Welt erklärt den für einen Sonderling, der nicht
Alles mitmacht und die Zeit für ein Gut hält, mit der
Kraft haushalten, und nicht mit Kurierpferden durch's Leben
eilen will.

———

Ueber den Umgang mit sich selbst.

1.

Menschenkenntniß, als die Hauptsache bei dem Umgange mit Menschen, wird am sichersten auf dem Wege der Selbstkenntniß gefunden, und diejenigen, welche mit ihrem Herzen im vertrauten Umgange leben, und die Einwirkungen des Umgangs mit Menschen auf ihr Herz sorgsam beobachten, werden aus dem geselligen Umgange eben so viel Freude als Gewinn schöpfen. Darum darf in einer Schrift über den Umgang mit Menschen eine Betrachtung über den Umgang mit sich selbst nicht fehlen. Bei diesem fassen wir unsere menschliche Bestimmung in's Auge, und machen sie zum Maßstab, den wir an Alles legen, was uns die Welt anbietet, was sie fordert, erwartet, verspricht, rühmt und tadelt, liebt und verachtet, verehrt und geringschätzt. Darum ist der Umgang mit uns selbst gewiß weder der unnützeste, noch uninteressanteste, und unverzeihlich ist es, sich immer unter andern Menschen umher zu treiben, über den

Umgang mit Menſchen ſeine eigne Geſellſchaft zu vernach=
läſſigen, gleichſam vor ſich ſelbſt zu fliehen, ſein eigenes Ich
nicht zu erforſchen und zu veredeln, indem man ſich unauf=
hörlich in fremde Angelegenheiten miſcht. Wer täglich her=
umläuft, und ſich von Neuigkeiten nährt, wird fremd in ſei=
nem eigenen Hauſe; wer immer in Zerſtreuungen lebt, wird
fremd in ſeinem eigenen Herzen, muß im Gedränge müßiger
Leute ſeine klägliche Langeweile zu tödten trachten, verliert
endlich alle Zuverſicht zu ſich ſelbſt, und verzagt, wenn er
einmal Zerſtreuungen entbehren, und eine Zeit lang mit ſich
ſelbſt allein ſeyn muß. Wer nur ſolche Cirkel ſucht, in wel=
chen ſeine Eitelkeit reichliche Nahrung findet, verliert end=
lich ſo ſehr den Sinn für Wahrheit, daß er ſelbſt die lau=
teſten Erinnerungen ſeines Gewiſſens überhört, oder ſich
vorſätzlich dagegen betäubt, indem er ſich allen Zerſtreuun=
gen des Lebens hingibt. Aber auch alle geſellige Tugend
geht dabei verloren, weil die Theilnahme, welche die Kraft
der Geſelligkeit, und die Heiterkeit, welche ihre Würze, und
der Drang, ſich mitzutheilen, welcher ihre Quelle iſt, in
ſolchen Herzen nicht zu finden ſind, die an irgend einer Aus=
artung leiden, und vor der Selbſtbeſchauung zurückſchrecken.

2.

Hüte Dich alſo, Deinen nächſten und erſten Freund,
Dein eigenes Herz, ſo zu vernachläſſigen, daß Du es öde und
leer findeſt, wenn Du aus ſeiner Tiefe Troſt und Erquik=
kung zu ſchöpfen gedachteſt. Ach! es kommen Augenblicke,
in denen Du Dich ſelbſt nicht verlaſſen darfſt, wenn Dich
auch Jedermann verläßt; in welchen der Umgang mit Dei=

nem Ich der einzige tröstliche ist. — Was wird aber in sol=
chen Augenblicken aus Dir werden, wenn Du mit Deinem
eigenen Herzen nicht in Frieden lebst, und auch von dieser
Seite aller Trost, alle Hülfe Dir versagt wird? Und nicht
bloß in dieser Hinsicht läufst Du Gefahr, wenn Du ein
Fremdling in Deinem eigenen Herzen geworden bist, sondern
auch noch in einer andern; Du bringst es nämlich nie zu
einer gründlichen Menschenkenntniß, lernst nie die Menschen
behandeln, und ihre Schwachheiten ertragen, wenn Du Dich
selbst nicht kennst, und nicht Dein eignes Herz zu behan=
deln weißt. Selbsterkenntniß macht bescheiden, duldsam,
nachsichtsvoll und wohlwollend.

3.

Willst Du aber im Umgange mit Dir Trost, Glück und
Ruhe finden, so mußt Du eben so vorsichtig, redlich, zart
und gerecht mit Dir selber umgehen, wie mit Andern, also,
daß Du Dich weder durch Mißhandlung erbitterst und nie=
derdrückest, noch durch Vernachlässigung zurücksetzest, noch
durch Schmeichelei verderbest.

4.

Sorge für die Gesundheit Deines Leibes und Deiner
Seele, aber verzärtle Beides nicht! Wer auf seinen Körper
losstürmt, der verschwendet ein Gut, welches oft allein hin=
reicht, ihn über Menschen und Schicksal zu erheben, und ohne

welches alle Schätze der Erde eitle Bettelwaare sind. Wer
aber jedes Lüftchen fürchtet, und jede Anstrengung und
Uebung seiner Glieder scheuet, der lebt ein ängstliches, ner-
venloses Austern=Leben, und versucht es vergeblich, die ver-
rosteten Federn in Gang zu bringen, wenn er in den Fall
kommt, seiner natürlichen Kräfte zu bedürfen. Wer sein
Gemüth ohne Unterlaß dem Sturme der Leidenschaften Preis
gibt, oder die Segel seines Geistes unaufhörlich spannt, der
läuft auf den Strand, oder muß mit durchlöchertem Fahr-
zeuge nach Hause laviren, wenn gerade die beste Jahreszeit
zu neuen Entdeckungen eintritt. Wer aber die Kräfte seines Verstandes und Gedächtnisses immer schlummern läßt,
oder vor jedem kleinen Kampfe, vor jeder Art von Anstrengung zurückbebt, der hat nicht nur wenig wahren Genuß, sondern ist auch ohne Rettung verloren, da, wo es auf
Kraft, Muth und Entschlossenheit ankommt.

Bekämpfe Dich selbst, und laß Dich nicht von Leidenschaften beherrschen und überwältigen. Hüte Dich vor
eingebildeten Leiden des Leibes und der Seele! Sie machen
Dich für die Gesellschaft ungenießbar, und für Dich selbst
unzugänglich, denn mit einer solchen zerrütteten Einbildungskraft wird man sich selber ein unergründliches und grauen-
volles Geheimniß, wird man ein Menschenfeind, oder wenigstens ein menschenscheuer Einsiedler. Darum sorge für
Heiterkeit Deines Gemüths, wenn Du anders ein Men-
schenleben führen, und das, was die Welt Dir bietet, genießen willst. Du sorgst aber dafür, wenn Du in Deinem
Herzen Genügsamkeit, Wohlwollen und Vertrauen als Lieb-
lingskinder hegst und pflegst. Laß Dich nicht gleich nieder-
beugen von jedem widrigen Vorfalle, von jeder körperlichen
Unbehaglichkeit! Fasse Muth! Sey getrost! Alles in der

Welt geht vorüber; Alles läßt sich überwinden durch Stand=
haftigkeit; Alles läßt sich vergessen und verschmerzen, wenn
man seine Aufmerksamkeit auf einen andern Gegenstand hef=
tet. Dazu soll Dir die Gesellschaft die Hand bieten; sie
soll Deine schmerzlichen Gefühle lindern, Deinen Gedanken
eine Richtung geben, welche Deinem Herzen wohlthue; aber
diesen Dienst kann sie Dir nur leisten, wenn Du sie auf=
suchst; sie sucht Dich nicht auf, denn sie weiß nicht, daß
Du ihrer bedarfst. So mußt Du denn vor Allem mit Dir
selbst umzugehen wissen, ehe Dir die Wohlthat des Umgangs
mit Andern zu Theil werden kann, mußt die Kraft haben,
Dich in so weit zu ermannen, daß Du den Muth hast, mit
einem verwundeten Herzen unter die Menschen zu treten,
ohne Deinen Schmerz sichtbar werden zu lassen, bereit, Dich
den angenehmen Eindrücken hinzugeben, welche Dir entge=
genkommen.

5.

Ehre Dich selbst, wenn Du willst, daß Andere Dich
ehren sollen! Thue nichts im Verborgenen, dessen Du Dich
schämen müßtest, wenn es ein Fremder sähe! Handle, we=
niger Andern zu gefallen, als um Deine eigene Achtung
nicht zu verscherzen, gut und anständig! Selbst in Deinem
Aeußern, in Deiner Kleidung halte Dir keine Nachlässigkeit
zu gute, wenn Du allein bist! Gehe nicht schmutzig, nicht
zerlumpt, nicht unanständig, nicht krumm, noch in unsittli=
chen Stellungen und Haltungen einher, wenn Dich Niemand
beobachtet! Mißkenne Deinen eignen Werth nicht! Verliere
nie die Zuversicht zu Dir selbst, laß das Bewußtseyn Deiner

Menschenwürde, das Gefühl, wenn nicht eben so weise und
geschickt, als manche Andre zu seyn, doch weder an Eifer,
es zu werden, noch an Redlichkeit des Herzens, irgend Je=
mand nachzustehen, nie in Deinem Herzen ersterben. Be=
gleitet es Dich in die Gesellschaft, so wirst Du nie aus
Schüchternheit und Aengstlichkeit den Beitrag schuldig blei=
ben, den Du zur Unterhaltung liefern sollst.

6.

Verzage nicht an Dir selbst, und werde nicht miß=
muthig, wenn Du nicht die moralische oder intellektuelle
Höhe erreichen kannst, auf welcher ein Anderer steht; und
sey nicht so unbillig, andere gute Seiten an Dir zu über=
sehen, die Du vielleicht vor Jenen voraus haben magst! —
Und wäre das auch nicht der Fall: müssen wir denn Alle
ausgezeichnet seyn, um uns glücklich zu fühlen?

Willst Du im Umgange Lebensgenuß und Freunde fin=
den, so laß Dich nicht von der Begierde blenden, den Ton
anzugeben, und in der Gesellschaft zu glänzen. Mit dieser
Begierde wirst Du überall Anstoß und Aergerniß geben und
finden, und jene Auszeichnung theuer erkaufen; denn wer
sich selbst erhöhet, den erniedrigt die Gesellschaft; sie wird
hart und ungerecht gegen ihn, und zwingt ihn endlich, sie
ganz aufzugeben. Ich begreife es wohl; das Verlangen, ein
ausgezeichneter Mann zu seyn, ist bei dem Gefühle von
Kraft und sittlichem Werthe schwer abzulegen. Wenn man
unter Alltagsmenschen lebt, und sieht, wie wenig diese er=

kennen und schätzen, was Gutes in uns ist, wie wenig mit
ihnen auszurichten ist, und wie vornehm gewisse Empor=
kömmlinge, die dem Glück Alles, und der eignen Anstren=
gung Nichts verdanken, aus ihrer Herrlichkeit herunterblicken
— ja! es ist hart! — Du versuchst es in allen Fächern:
Im Staate geht es nicht; Du willst ein ausgezeichnetes, oder
doch ein gutes Haus machen; aber es fehlt Dir an Gelde,
an dem Beistande Deines Weibes; Deine Laune wird von
häuslichen Sorgen niedergedrückt; Du empfindest tief und
schmerzlich, daß in dem Schlendrian des Geschäfts, dem Du
Dich hingeben mußt, alles Höhere und Edlere, alle Em=
pfänglichkeit für das Schöne und Große in Dir zu Grunde
geht; Du kannst Dich durchaus nicht entschließen, ein Mit=
glied des großen Haufens zu werden, und Dich auf der
Heerstraße in schlechter Gesellschaft herumzutreiben. — Das
Alles fühle ich mit Dir; allein verliere doch darum nicht
den Muth, den Glauben an Dich selbst und an die Würde
und den Adel der Menschennatur; verzweifle darum nicht,
Menschen auf Deinem Lebenswege zu finden, die Dich wie=
der mit der Welt aussöhnen. Und solltest Du sie nicht fin=
den, könntest Du nicht eine Höhe erringen, auf welcher Du
Dir selbst genug bist, und nur des Umgangs mit den Wei=
sen des Alterthums und der Geschichte zu Deiner Erhebung
und Erheiterung bedarfst? Du stehst auf dieser Höhe, wenn
Du durch Reinheit, Güte und Kraft der Gesinnung ein le=
bendiges und doch bescheidenes Bewußtseyn Deines Werthes
und Deiner Würde gewonnen, und durch sorgsame Bildung
Deines Geistes Dir eine unerschöpfliche Quelle des Genus=
ses eröffnet hast.

7.

Beobachte Dich selbst, und pflege Dein besseres Selbst, sey gleichsam Dir selber ein angenehmer Gesellschafter! Strebe dahin, daß Dein Bewußtseyn, Dein Gefühl, Deine Bildung, Dein sittliches Wesen Dir selbst eine Quelle der Freude, und der Stoff zu heitern Gedanken und Hoffnungen sey, und darum sey nie ganz müßig, aber auch niemals ein Vielgeschäftiger, der nicht zur Ruhe kommen kann. Hüte Dich eben so sehr vor der einschläfernden Einförmigkeit, als vor der verzehrenden Rastlosigkeit des Lebens. Suche Abwechselung und Mannichfaltigkeit in Dein Leben zu bringen, besonders durch Theilnahme und Humanität. Du hörst auf, menschlich zu leben, wenn Du die Richtung zum Egoismus, oder zur Weichlichkeit und Genußliebe, oder zur Sinnlichkeit genommen hast. Lerne Dich selbst nicht zu sehr auswendig, sondern sammle aus Büchern und Menschen neue Ideen. Man glaubt es gar nicht, welch ein eintöniges Wesen man wird, wenn man sich immer in dem Cirkel seiner eigenen Lieblings=Begriffe herumdreht, und wie man dann Alles wegwirft, was nicht unser Siegel an der Stirne trägt.

Der langweiligste Gesellschafter für sich selbst ist man ohne Zweifel dann, wenn man mit seinem Herzen, mit seinem Gewissen in nachtheiliger Abrechnung steht. Wer sich davon überzeugen will, der gebe Acht auf die Verschiedenheit seiner Laune. Wie verdrießlich, wie zerstreut, wie sehr sich selbst zur Last ist man nach einer Reihe zwecklos, vielleicht gar in strafbarem Genusse hingebrachter Stunden; und wie heiter, wie froh in der Unterhaltung mit sich selbst am Abend eines der Pflicht geweihten Tages!

8.

Es ist aber nicht genug, daß Du Dir selbst durch Heiterkeit und Gleichmuth, Thätigkeit und Betriebsamkeit ein lieber, angenehmer und unterhaltender Gesellschafter seyest, Du sollst Dich auch, fern von aller Schmeichelei, als Deinen eigenen, treuesten und aufrichtigsten Freund zeigen; und wenn Du eben so viel Gefälligkeit gegen Deine Person, als gegen Fremde haben willst, so ist es auch Pflicht, eben so strenge gegen Dich, wie gegen Andere zu seyn. Gewöhnlich erlaubt man sich Alles, verzeiht sich Alles, und Andern nichts; gibt bei eignen Fehltritten, wenn man sie auch dafür anerkennt, dem Schicksale oder unwiderstehlichen Trieben die Schuld, ist aber weniger duldend gegen die Verirrung seiner Brüder. —

———————

Ueber den Umgang mit Menschen von verschiedenen Gemüthsarten, Temperamenten und Stimmungen des Geistes und Herzens.

1.

Man pflegt gewöhnlich vier Hauptarten von Temperamenten anzunehmen, und zu behaupten, ein Mensch sey entweder cholerisch, phlegmatisch, sanguinisch, oder melancholisch. Obgleich nun wohl schwerlich je eine dieser Gemüthsarten so ausschließlich in uns wohnt, daß dieselbe nicht durch einen kleinen Zusatz von einer andern modificirt würde, da dann aus dieser unendlichen Mischung der Temperamente jene feinen Nüancen und die herrlichsten Mannichfaltigkeiten entstehen, so ist doch mehrentheils in dem Segelwerke jedes Erdensohns einer von jenen vier Hauptwinden vorzüglich wirksam, um seinem Schiffe auf dem Oceane dieses Lebens die Richtung zu geben. Soll ich mein Glaubensbekenntniß über die vier Haupt=Temperamente ablegen, so muß ich aus Ueberzeugung Folgendes sagen:

Bloß cholerische Leute flieht vernünftiger Weise Je= der, dem seine Ruhe lieb ist. Ihr Feuer brennt unaufhör= lich, zündet und verzehret, ohne zu wärmen.

Bloß Sanguinische sind unzuverlässige Weichlinge, ohne Kraft und Festigkeit.

Bloß Melancholische sind sich selber, und bloß Phlegmatische Andern eine unerträgliche Last.

Cholerisch=sanguinische Leute sind die, welche in der Welt sich am mehrsten bemerklich machen und gefürchtet werden, welche Epoche machen, am kräftigsten wirken, herr= schen, zerstören und bauen; cholerisch=sanguinisch ist also der wahre Herrscher= (der Despoten=) Charakter; aber nur noch ein Grad von melancholischem Zusatze, — und der furcht= barste Tyrann ist gebildet.

Sanguinisch=phlegmatische leben wohl am glück= lichsten, am ruhigsten und ungestörtesten, genießen mit Lust, mißbrauchen nicht ihre Kräfte, kränken Niemand, vollbrin= gen aber auch nichts Großes; allein diese Gemüthsart er= zeugt keinen achtungswürdigen Charakter, sondern führt ge= wöhnlich zu einer thierischen, auf die Befriedigung einer groben Sinnlichkeit gerichteten Lebensweise.

Cholerisch=melancholische richten viel Unheil an, wenn sie Gewalt in Händen haben; Blutdurst, Rache, Ver= wüstung, grausame Behandlung Unschuldiger sind nicht sel= ten die Folgen dieser Gemüthsart, welche leicht zum Selbst= mord führt.

Melancholisch=sanguinische zünden sich mehren= theils an beiden Enden zugleich an, und reiben sich selber an Leib und Seele auf.

Cholerisch=phlegmatische Menschen trifft man sel=
ten an; es scheint ein Widerspruch in dieser Zusammensetzung
zu liegen; und dennoch gibt es deren, bei welchen diese bei=
den Extreme wie Ebbe und Fluth abwechseln, und solche
Leute taugen durchaus zu keinen Geschäften, zu welchen ge=
sunde Vernunft und Gleichmüthigkeit erfordert werden. Sie
sind nur mit äußerster Mühe in Bewegung zu setzen, und
hat man sie endlich in die Höhe gebracht, dann toben sie
wie wilde Thiere umher, fallen mit der Thür in's Haus,
und verderben Alles durch ihren rasenden Ungestüm.

Melancholisch=phlegmatische Leute aber sind wohl
unter allen die unerträglichsten, und mit ihnen zu leben, ist
für jeden vernünftigen und guten Menschen die Hölle auf
Erden.

Glücklicherweise sind die Mischungen und Verschmelzun=
gen der Temperamente sehr häufig, und daraus entstehen
dann Charaktere, wie sie das Leben braucht. Wo man aber
eins dieser Temperamente entschieden die Oberhand nehmen
sieht, da findet man auch in seinem Gefolge gewisse, diesem
Temperamente besonders eigne Tugenden und Laster. So
sind z. B. sanguinische Leute mehrentheils eitel, aber
wohlwollend, theilnehmend, ergreifen Alles mit einer großen
Lebhaftigkeit und selbst mit Leidenschaft; cholerische pflegen
ehrgeizig zu seyn; melancholische sind mißtrauisch, und nicht
selten geizig; und phlegmatische beharren eigensinnig auf
vorgefaßten Meinungen, um sich die Mühe des Nachdenkens
zu ersparen. — Man muß die Gemüthsarten der Menschen
studiren, in so fern man im Umgange mit ihnen auf sie wir=
ken will. Ich kann hier nur einzelne Fingerzeige geben,
wenn ich mein Buch nicht zur Ungebühr ausdehnen will.

2.

Herrschsüchtige Menschen sind schwer zu behandeln, und passen nicht zum freundschaftlichen und geselligen Umgange. Sie wollen überall durchaus die erste Rolle spielen; Alles soll nach ihrem Kopfe gehen. Was sie nicht ersonnen, angeordnet, bestimmt und gewollt haben, das verachten sie nicht nur, nein! sie hindern, hintertreiben, zerstören es, wenn sie können, selbst gegen ihre bessere Ueberzeugung. Wo sie hingegen an der Spitze stehen, oder wo man sie wenigstens glauben macht, daß Alles nach ihrem Sinne gehe, und ihr Werk sey, da arbeiten sie mit unermüdetem Eifer, und räumen mit rastloser Anstrengung Alles aus dem Wege, was ihrem Zwecke hinderlich ist. Zwei herrschsüchtige Leute neben einander taugen zu gar nichts in der Welt, und zertrümmern Alles um sich her, aus leidenschaftlicher Selbstsucht. Hieraus ist leicht abzunehmen, wie man sich gegen solche Leute zu betragen habe, wenn man mit ihnen leben muß; man geht ihnen möglichst aus dem Wege, oder tritt ihnen mit männlicher Kraft und entschiedener Festigkeit entgegen, und zeigt ihnen einen entschlossenen Widerstand.

3.

Ehrgeizige Menschen müssen ungefähr auf eben diese Art behandelt werden. Der Herrschsüchtige ist zugleich auch ehrgeizig, aber umgekehrt der Ehrgeizige nicht immer herrschsüchtig, sondern begnügt sich auch wohl mit einer Neben-

rolle, in so fern er darin nur mit einigem Glanze zu er=
scheinen hoffen darf; ja, es können Fälle kommen, wo er
selbst in der Erniedrigung Ehre sucht; doch verzeiht er nichts
weniger, als wenn man ihn an dieser schwachen Seite kränkt.

4.

Der Eitle will geschmeichelt seyn; Lob kitzelt ihn un=
aussprechlich; und wenn man ihm Aufmerksamkeit, Zunei=
gung, Bewunderung widmet, so braucht nicht eben große
Ehrenbezeigung und Auszeichnung damit verbunden zu seyn.
Da nun jeder Mensch mehr oder weniger von der Begierde,
zu gefallen, sich geltend zu machen und vortheilhafte Ein=
drücke zu erwecken, in Bewegung gesetzt wird: so fordert es
die Klugheit, dieser Eitelkeit zu schmeicheln, wenn man Men=
schen, die nur solchen Antrieben folgen, für einen Zweck ge=
winnen will; doch darf hierbei Redlichkeit und Treue nicht
verletzt, und ein unsittlicher Zweck nicht durch solche Mittel
erreicht werden. Aber, wo es gilt, eitle Menschen für einen
gemeinnützigen Zweck in Thätigkeit zu setzen, da möge man
ein Wörtchen, das ihrer Eitelkeit wohlthut, fallen lassen, oder
ihnen erlauben, daß sie sich selbst bei Gelegenheit ein wenig
loben. Das schändlichste Handwerk aber treiben die niedri=
gen Schmeichler, die durch unaufhörliches Weihrauch=Streuen
eitlen Leuten den Kopf so betäuben, daß diese zuletzt nichts
anders mehr hören mögen, als Lob; daß ihre Ohren für
die Stimme der Wahrheit verschlossen sind, und daß sie jeden
guten, geraden Mann fliehen und zurücksetzen, der sich nicht
so weit erniedrigen kann, oder es für eine Art von Unbe=
scheidenheit und Grobheit hält, ihnen dergleichen Süßigkeiten
in's Gesicht zu werfen. Gelehrte und Damen pflegen am

meisten in diesem Falle zu seyn, und ich habe deren einige
gekannt, mit denen ein schlichter Biedermann deswegen fast
gar nicht umgehen konnte. Wie die Kinder dem Fremden
nach den Taschen schielen, um zu erfahren, ob man ihnen
keine Zuckerplätzchen mitgebracht hat, so horchen Jene auf jedes Wort, das du sprichst, um zu vernehmen, ob es nicht
etwas Verbindliches für sie enthält, und werden mürrischer
Laune, sobald sie sich in ihrer Hoffnung betrogen finden.
Der höchste Grad dieser Eitelkeit führt zu einem Egoismus,
der zu aller gesellschaftlichen und freundschaftlichen Verbindung untüchtig macht, und dem Eiteln eben so sehr zur
Qual, wie dem zum Ekel wird, der mit ihm leben muß.

Wie jede Herablassung verwerflich ist, die den Eitlen
durch Schmeicheleien Vorschub und Nahrung für ihre Eitelkeit gibt, so auch jene schonungslose Demüthigung der Eitlen, die sich manche Eiferer erlauben. Vergeblich ist der
Versuch, den manche Gutmüthige machen, die Eitlen an bessere Nahrung zu gewöhnen; am besten ist es, ihrem Selbst-
lobe ein ernstes Schweigen entgegen zu setzen, und diese
Schwachen, die verzogenen Kindern gleichen, ihrem Schicksale zu überlassen.

Eitle Leute pflegen gern Andern zu schmeicheln, um dagegen desto größere Schmeicheleien als Vergeltung einzu-
streichen, und sich daran zu ergötzen.

5.

Die Herrschsüchtigen, Ehrgeizigen und Eitlen sind nahe
Verwandte der Hochmüthigen, und diese haben nur eine
starre Kälte vor jenen voraus. Anders ist es mit dem edlen Stolze oder dem Bewußtseyn erhabener Gesinnungen

und Eigenschaften, welches man als die Unfähigkeit bezeich=
nen möchte, niederträchtig zu handeln. Dieser Stolz führt
zu großen, edlen Thaten; er ist die Stütze des Redlichen,
wenn er von Jedermann verlassen ist; er erhebt über Schick=
sal und schlechte Menschen, und erzwingt selbst von dem
mächtigen Bösewichte den Tribut der Bewunderung, den er
wider Willen dem unterdrückten Weisen zollen muß. Hoch=
muth hingegen brüstet sich mit Vorzügen, die er nicht hat;
bildet sich auf Dinge etwas ein, die gar keinen Werth ha=
ben. Hochmuth ist es, der einen Pinsel, welcher sechzehn
Ahnen zählt, zu einem Aufgeblasenen macht und zu der
Thorheit verleitet, sich die Verdienste seiner Vorfahren —
die oft nicht einmal seine ächten Vorfahren sind, und oft
nicht einmal Verdienst gehabt haben, — anzurechnen, als
wenn Tugenden zu dem Inventario eines alten Schlosses
gehörten! Hochmuth ist es, der den reichen Bürger so
grob, so steif, so ungesellig macht. Und wahrlich! dieser pö=
belhafte Hochmuth ist, da er mehrentheils von Mangel an
Lebensart und ungeschickten Manieren begleitet wird, wo
möglich, noch empörender, als der des Adels. Hochmuth ist
es, der den Künstler mit einer so hohen Vorstellung von
seinen Talenten erfüllt, daß er selbst an seine Unvergleich=
lichkeit festiglich glaubt, sollte sie auch von Niemand aner=
kannt werden, und sich in seiner Meinung von sich selbst
über alle Erdensöhne hinaussetzt. Er wird, wenn Niemand
ihn bewundert, eher auf die Geschmacklosigkeit der ganzen
Welt schimpfen, als auf den natürlichen Gedanken gerathen,
daß er seine Kunst wohl möchte zu hoch angeschlagen haben.

　　Wenn dieser Hochmuth nun gar in einem armen, ver=
achteten Subjecte wohnt, so wird er ein Gegenstand des
Mitleidens, und pflegt eben nicht viel Unheil anzurichten.
Er ist fast immer mit Dummheit gepaart, also durch keine

vernünftigen Gründe zu bessern, und keiner Nachsicht oder bescheidenen Behandlung werth. Hier hilft nichts, als Uebermuth gegen Uebermuth zu setzen, oder den Schein anzunehmen, als bemerke man sein hochmüthiges Betragen gar nicht; oder Leute, die sich aufblasen, gar keiner Aufmerksamkeit zu würdigen, sie anzublicken, wie man auf einen leeren Platz hinblickt, selbst wenn man ihrer bedarf; denn je mehr man nachgibt, desto mehr fordern, desto übermüthiger werden sie. Bezahlt man sie aber mit gleicher Münze, so weiß ihre Dummheit nicht, was sie aus dieser Erfahrung machen soll, fühlt sich aber doch gedemüthigt, und spannt gewöhnlich andere Saiten auf.

6.

Mit sehr empfindlichen, leicht gereizten Gemüthern vorsichtig umzugehen, ist eine schwere Aufgabe; man muß untersuchen, ob ihre Reizbarkeit mehr krankhafter, oder sittlicher, oder religiöser Natur ist, und sie hiernach behandeln und nehmen. Wer, von Eitelkeit bethört, immer mit großen Ansprüchen unter die Menschen tritt, und leicht durch ein kleines unschuldiges Wörtchen, oder durch eine zweideutige Miene, oder durch einen Mangel an Aufmerksamkeit gekränkt und vor den Kopf gestoßen wird, oder sich beleidigt glaubt, weil sein Herz zu zärtlich fühlt, weil er von Andern eben so viel verlangt, als er ihnen selbst gibt; wer durch bittere Erfahrungen und ungerechte Behandlung reizbar geworden ist — diese ausgearteten und verweichlichten Naturen wollen mit einer angemessenen Vorsichtigkeit, oder auch mit Nachsicht und Schonung behandelt seyn; und trifft man mit ih=

nen zusammen, so muß man sein Betragen darnach einrich=
ten, und jeden Anstoß sorgfältig und aus Achtung zu ver=
meiden suchen; doch nur ein bescheidenes, dankbares und ge=
fühlvolles Herz vermag so viel über sich. Sind es redliche
und verständige Menschen, so wird ihre Verstimmung nicht
lange dauern; sie werden durch eine gerade, offene und
freundliche Erklärung bald zu besänftigen seyn; sie werden
zu denen, welche sie für wahre Freunde erkennen, ein unbe=
grenztes Vertrauen fassen, und endlich, wenn man immer
zart und offen mit ihnen umgeht, von ihrer Schwachheit zu=
rückkommen.

Von allen diesen Thoren und Schwächlingen sind in der
That diejenigen am schwersten zu befriedigen, und der Ge=
sellschaft am lästigsten, die sich jeden Augenblick vernachläs=
sigt, zurückgesetzt, nicht genug geehrt glauben. Es ist ein
großes Unglück, in diesen Fehler zu verfallen, denn man
verkümmert und verbittert sich durch solch eine thörichte Reiz=
barkeit nicht nur jedes gesellschaftliche Vergnügen, sondern
fällt auch Andern zur Last, macht sich verhaßt, oder wenig=
stens gefürchtet, und erreicht nicht, was man zu erreichen so
ängstlich strebt.

7.

Eigensinnige Menschen sind viel schwerer zu behan=
deln, als sehr empfindliche; doch ist mit ihnen auszukommen,
wenn sie nur nicht ganz unverständig sind. Sie pflegen
dann, in so fern man ihnen nur in dem ersten Augenblicke
nachzugeben scheint, bald von selbst der Stimme der Vernunft
Gehör zu geben, ihr Unrecht und die Feinheit unserer Be=

handlung zu fühlen, und wenigstens auf eine kurze Frist geschmeidiger zu werden. Ein Jammer aber ist es, Starrköpfigkeit in Gesellschaft von Dummheit anzutreffen und behandeln zu müssen. Da helfen weder Gründe, noch Schonung. Es ist da mehrentheils nichts weiter zu thun, als einen solchen steifsinnigen Pinsel blindlings handeln zu lassen, ihn aber so in seine eignen Ideen, Plane und Unternehmungen zu verwickeln, daß er, wenn er durch übereilte unkluge Schritte in Verlegenheit geräth, sich selbst nach unsrer Hülfe sehnen muß. Dann läßt man ihn eine Zeitlang zappeln, wodurch er nicht selten demüthig und folgsam wird, und das Bedürfniß, geleitet zu werden, fühlt. Hat aber ein schwacher, eigensinniger Kopf zufällig ein einzig Mal gegen uns Recht gehabt, oder uns über einem kleinen Fehler erwischt, dann thue man nur Verzicht darauf, ihn je wieder zu leiten! Er wird uns immer zu übersehen glauben und unsrer Einsicht und Rechtschaffenheit nie trauen; und das ist eine höchst verdrießliche Lage.

Bei diesen beiden Gattungen von Menschen aber helfen in dem ersten Augenblicke keine noch so nachdrücklichen Vorstellungen, indem sie dadurch nur noch mehr verhärtet werden. Hängen wir von ihnen ab, und sie geben uns Aufträge, wovon wir voraussehen, daß sie nachher von ihnen selbst werden gemißbilligt werden, so kann man nichts Klügeres thun, als ihnen ohne Widerrede Gehorsam zu versprechen, oder entweder die Befolgung so lange zu verschieben, bis sie sich indeß eines Bessern besinnen, oder in der Stille die Sache nach eignen Einsichten einzurichten, welches sie gewöhnlich in ruhigen Augenblicken zu billigen pflegen, besonders, wenn man sich den Schein zu geben weiß, als habe man ihren Befehl also verstanden, und es klüglich unterläßt,

sich seiner besseren Einsicht zu rühmen; eine Selbstverleug=
nung, die sich sogleich belohnt.

Nur in sehr wenigen dringenden, oder sonst höchst wich=
tigen Fällen kann es nützlich und nöthig seyn, Eigensinn
durch Eigensinn zu bekämpfen, und schlechterdings nicht nach=
zugeben. Doch geht alle Wirkung dieses Mittels verloren,
wenn man es zu oft und bei unbedeutenden Gelegenheiten,
oder gar da anwendet, wo man Unrecht hat. Wer immer
zankt, der hat die Vermuthung gegen sich, immer Unrecht zu
haben; es ist also weise gehandelt, den Andern in diesen
Fall zu setzen.

8.

Eine besondere Gemüthsart, die mehrentheils aus Ei=
gensinn entspringt, doch auch wohl zuweilen bloß Sonderbar=
keit, oder ungesellige Laune, oder nur üble Gewohnheit zur
Quelle hat, ist die Zanksucht. Es gibt Menschen, die Al=
les besser wissen wollen, Allem widersprechen, was man vor=
bringt; oft gegen eigne Ueberzeugung widersprechen, um nur
das Vergnügen zu haben, streiten zu können. Andere setzen
eine Ehre darein, Paradoxen aufzustellen, um sich ein
Ansehn von Tiefsinn zu geben; Dinge zu behaupten, die kein
Vernünftiger im Ernst also meinen kann, bloß, damit man
mit ihnen darüber plaudern solle. Endlich noch Andere, die
man am meisten zu vermeiden hat, suchen vorsätzlich Gele=
genheit zu persönlichem Zanke, um eine Art von Triumph
über furchtsame Leute zu gewinnen, über Leute, die wenig=
stens noch feiger sind, als sie; oder wenn sie mit dem De=

gen umzugehen wissen, ihren falschen und tollen Muth in einem thörichten Zweikampfe zu zeigen.

In dem Umgange mit allen diesen Leuten ist unüberwindliche Kaltblütigkeit, die sich durchaus nicht in Hitze bringen läßt, das unfehlbare Mittel, sie in Verlegenheit zu bringen und zum Nachgeben oder zu einem versteckten Rückzuge zu nöthigen. Mit denen von der ersten Gattung lasse man sich in gar keinen Streit ein, sondern breche gleich das Gespräch ab, sobald sie aus Muthwillen anfangen zu widersprechen. Dieß ist das einzige Mittel, ihrem Zankgeiste, wenigstens gegen uns, Schranken zu setzen und viel unnütze Worte zu sparen. Denen von der zweiten Gattung kann man je zuweilen die Freude machen, ihre Paradoxen ein wenig zu bekämpfen, oder besser, zu bespötteln. Die Letztern aber müssen viel ernsthafter behandelt werden. Kann man ihre Gesellschaft nicht vermeiden; kann man in derselben, durch ein entfernendes, kaltsinniges und zurückgezogenes Betragen ihrer Zudringlichkeit und ihren Grobheiten nicht ausweichen, so rathe ich, ein Mal für alle Mal ihnen so kräftig zu begegnen, daß ihnen die Lust vergehe, sich ein zweites Mal an uns zu reiben. Saget ihnen auf der Stelle in unzweideutigen, männlichen Ausdrücken Eure Meinung, und lasset Euch durch ihre Aufschneiderei nicht irre machen! Man wird mir zutrauen, daß ich über den Zweikampf so denke, wie jeder vernünftige Mann darüber denken muß, nämlich, daß er eine unmoralische, unvernünftige Handlung sey. Wer aber durch Dienstverhältnisse, besonders als Soldat, gezwungen ist, sich dem Vorurtheil zu unterwerfen und seine gekränkte Ehre durch eine Handlung der persönlichen Rache zu reinigen, der versuche wenigstens zuvor jeden andern mit seiner Ehre vereinbaren Ausweg. Ist er aber, ohne die ge-

ringste Veranlassung von seiner Seite, hämischer Weise an=
getastet worden, so würde er doppelt Unrecht thun, wenn er
gegen einen sogenannten Raufer mit andern Waffen als mit
Verachtung, oder, wenn es ihm gar zu nahe gelegt wird,
anders als mit einem geschmeidigen spanischen Rohre käm=
pfen, und dann ihm Genugthuung geben wollte, wie man
das zu nennen pflegt.

Im Allgemeinen aber wohnt in manchen Menschen ein
sonderbarer Geist des Widerspruchs. Sie wollen immer ha=
ben, was sie nicht erlangen können; sind nie mit dem zu=
frieden, was Andere thun; murren gegen Alles, was gerade
sie nicht also bestellt haben, und wäre es auch noch so gut.
Es ist bekannt, daß man solche Leute sehr oft dadurch leiten
kann, daß man ihnen entweder das Gegentheil von dem
vorschlägt, was man gern durchsetzen möchte, oder auf an=
dere Weise sie unvermerkt dahin bringt, daß sie unsre eig=
nen Ideen gegen uns durchsetzen müssen.

9.

Jähzornige Leute beleidigen nicht mit Vorsatz. Sie
sind aber nicht Meister über die Heftigkeit ihres Tempera=
ments; und so vergessen sie sich in solch stürmischen Augen=
blicken selbst gegen ihre geliebtesten Freunde, und bereuen
nachher zu spät ihre Uebereilung. Ich brauche wohl nicht zu
erinnern, daß Nachgiebigkeit — vorausgesetzt, daß diese Leute,
anderer guten Eigenschaften wegen, einiger Schonung werth
scheinen, denn außerdem muß man sie gänzlich fliehen, —
daß weise Nachgiebigkeit und Sanftmuth die einzigen Mittel

sind, den Jähzornigen zur Vernunft zurückzuführen. Allein ich muß dabei erinnern, daß es bedenklich ist, phlegmatische Kälte dem Erzürnten entgegen zu setzen, weil sie mehr reizt, als der heftigste Widerspruch; er glaubt sich dann verachtet und wird doppelt erhitzt.

10.

Wenn der Jähzornige nur aus Uebereilung Unrecht thut, und über den kleinsten Anschein von Beleidigung in Hitze geräth, nachher aber auch eben so schnell wieder das zuge= fügte Unrecht bereuet und das erlittene verzeiht; so ver= schließt hingegen der Rachgierige seinen Groll im Herzen, bis er Gelegenheit findet, ihm vollen Lauf zu lassen. Er vergißt nicht, vergibt nicht, auch dann nicht, wenn man ihm Versöhnung anbietet, wenn man Alles, nur keine niedrigen Mittel anwendet, seine Gunst wieder zu erlangen. Er er= wiedert sowohl das ihm zugefügte wahre, als das vermeint= liche Uebel, und dieß nicht nach Verhältniß der Größe und Wichtigkeit desselben, sondern tausendfältig; für kleine Ne= ckereien wirkliche Verfolgung; für unüberlegte Ausdrücke, in Uebereilung geredet, thätige Mißhandlung; für eine Krän= kung unter vier Augen öffentliche Genugthuung; für belei= digten Ehrgeiz Zerstörung wesentlicher Glückseligkeit. Seine Rache schränkt sich nicht auf die Person ein, sondern erstreckt sich auch auf die Familie, auf die bürgerliche Existenz und auf die Freunde des Beleidigers. Mit einem solchen Manne leben müssen, das ist in Wahrheit ein höchst trauriges Loos, und ich kann da nichts rathen, als daß man, so viel mög=

lich, vermeide, ihn zu beleidigen, und zugleich ihm eine Art
von ehrerbietiger Furcht beizubringen suche, die überhaupt
das einzige wirksame Mittel ist, schlechte Menschen im Zaum
zu halten.

11.

Träge, nachlässige und phlegmatische Menschen
müssen ohne Unterlaß getrieben werden, und da doch fast
Jeder irgend eine herrschende Leidenschaft hat, so findet man
zuweilen Gelegenheit, durch Aufregung derselben solche schläf-
rige Geschöpfe in Bewegung zu setzen.

Es gibt unter ihnen solche, die bloß aus Unentschlossenheit die kleinsten Arbeiten Jahre lang liegen lassen,
ohne durch die Verlegenheit oder Beschämung gerührt zu
werden, welche sie sich dadurch zuziehen, oder Andern verur-
sachen, und ohne vor den Folgen zu erschrecken, die eine
solche Saumseligkeit früher oder später herbeiführen muß.
Auf einen Brief zu antworten, eine Quittung zu schreiben,
eine Rechnung zu bezahlen, ja, das ist eine Haupt- und
Staats-Action, zu welcher unbeschreibliche Vorbereitungen
gehören, und zu der sie sich, selbst bei den bringendsten Bitten und Anmahnungen, nicht entschließen können. Bei ihnen
muß man zuweilen wirklich Gewalt brauchen; und ist das
schwere Werk einmal überstanden, dann pflegen sie sich recht
dankbar zu bezeigen, so übel sie auch anfangs unsere Zudringlichkeit aufnahmen. Aber wehe diesen Unentschlossenen,
wenn sie nicht einen kräftigen Freund haben, der ihnen zu
ihrer Rettung Gewalt anthut, und einmal alle Schonung
aus den Augen setzt, um ihren Dank zu verdienen!

12.

Mißtrauische, argwöhnische, mürrische und verschlossene Leute sind wohl unter allen Lästigen und Widerwärtigen diejenigen, in deren Umgang ein edler, gerader Mann am wenigsten von den Freuden des geselligen Lebens schmeckt. Wenn man jedes Wort abwägen, jeden unbedeutenden Schritt abmessen muß, um ihnen keine Gelegenheit zu schändlichem Verdachte zu geben; wenn kein Funken von erquickender Freude aus unserm Herzen in das ihrige übergeht; wenn sie keinen frohen Genuß mit uns theilen, wenn sie die Wonne der seltenen heitern Augenblicke, welche uns das Schicksal gönnt, uns nicht nur durch Mangel an Theilnehmung verkümmern und verbittern, sondern sogar, mitten in unsern heitersten Launen, uns unfreundlich stören, aus unsern süßesten Träumen uns verdrießlich aufwecken; wenn sie unsere Offenherzigkeit nie erwiedern, sondern immer auf ihrer Hut sind, in ihrem zärtlichsten Freunde einen Bösewicht, in ihrem treuesten Diener einen Betrüger und Verräther zu sehen glauben; dann gehört wahrlich ein hoher Grad von fester Rechtschaffenheit dazu, um nicht darüber selbst schlecht und menschenfeindlich zu werden. Wenn ein ungezwungenes, immer gleich redliches Betragen und das Bestreben, ihnen jeden Zweifel, sobald man desselben gewahr wird, durch kräftige Vorstellungen zu benehmen, nichts ausrichtet, so bleibt nichts übrig, als daß man sich um ihren Argwohn und um ihr mürrisches Wesen schlechterdings nicht bekümmere, sondern muthig und getrost den Weg fortgehe, den Klugheit und Gewissen vorschreiben. Uebrigens sind solche Menschen herz-

lich zu bedauern, sie leben sich und Andern zur Qual. Es
liegt bei ihnen nicht immer Bösartigkeit zum Grunde; nein!
eine unglückliche Stimmung des Gemüths, zuweilen die Folge
einer unnatürlichen Erziehung, dickes Blut, oft auch die bit=
tere Erfahrung, gemißbraucht und hintergangen worden zu
seyn — das sind mehrentheils die Quellen ihrer Seelen=
krankheit. Und diese Krankheit ist in jüngern Jahren nicht
ganz unheilbar, wenn die, welche ein solches Gemüth zu lei=
ten haben, stets edel und gerade mit ihm umgehen, ohne sich
um seine Grillen und Launen zu bekümmern; nur so ist es
möglich, die unglückliche Anlage zum Argwohn zu vertilgen
und ein ängstlich=scheues Gemüth mit dem seligmachenden
Glauben auszustatten, daß es noch Redlichkeit und Freund=
schaft in der Welt gibt. Bei Personen von höherem Alter
hingegen wird in der Regel jeder Versuch, ihnen diesen
Glauben einzuflößen, fehlschlagen, und dies Uebel so tiefe
Wurzel fassen, daß nichts übrig bleibt, als ihm Geduld und
Gelassenheit entgegenzusetzen.

Am mehrsten sind diejenigen zu beklagen, bei denen dies
Mißtrauen bis zum Menschenhasse gestiegen ist. Der
Verfasser des Schauspiels: Menschenhaß und Reue, läßt in
demselben den Major sagen: „ich hätte vergessen, Vorschrif=
ten für den Umgang mit dieser Art von Menschen zu geben.“
Es ist wahr, ich habe hier wenig darüber gesagt; allein es
ist auch unmöglich, die Menschenhasser dahin zu bringen, daß
sie mit Menschen umgehen, und wenn sie sich ja entschlie=
ßen, einem Auserwählten das Vergnügen ihres Umgangs zu
gönnen, so dürfte es wohl nur unter der Bedingung gesche=
hen, daß er an ihrem Menschenhasse Theil nehme und mit
ihnen die Menschen lästere. In der Regel wird sichtbare,
aber von aller Zudringlichkeit entfernte Theilnahme, kräftige

Zurückweisung ungerechter Menschenverachtung durch Hinweisung auf Menschengröße und Edelmuth, besonders aber die zart und klug herbeigeführte Gelegenheit, Menschen aus großem Elende zu retten und ihren Dank zu erwerben, nicht ohne Wirkung bleiben. Lebt ein Menschenhasser, ganz ohne Familien = Verbindung, in öder Einsamkeit oder Zurückgezogenheit, so ist er nicht zu retten. Hat er das Glück, in eine große Gefahr zu gerathen und durch edelmüthige Selbstverleugnung, durch den Muth der großmüthigsten Menschenliebe, durch die Wunderthat eines großherzigen Menschenfreundes gerettet zu werden, so ist gründliche Heilung zu hoffen.

13.

Neidische, schadenfrohe, mißgünstige und eifersüchtige Gemüthsarten sollten wohl nur das Erbtheil gänzlich verwahrloseter, hämischer, niederträchtiger Menschen seyn; und doch trifft man leider einen unglücklichen Zusatz von diesen bösen Eigenschaften in den Herzen solcher Leute an, die übrigens manche gute Eigenschaft haben. — So schwach ist die menschliche Natur! — Ehrgeiz und Eitelkeit können in unbewachten Herzen die Regungen der Mißgunst erwecken, wenn Solchen, die es nicht verdienen, ein Glück zu Theil wird, nach welchem sie mit rastloser Anstrengung strebten; sey es nun Vermögen, Glanz, Ruhm, Schönheit, Gelehrsamkeit, Macht, ein Freund, eine Geliebte, oder was es auch sey; und sobald diese Empfindung einen gewissen Widerwillen gegen die Person in uns erzeugt hat, die, trotz unserer Mißgunst, trotz unserer Eifersucht, im Besitze jenes ihr mißgönnten Guts bleibt: dann können wir uns heimlich eines

schadenfrohen Kitzels nicht erwehren, wenn es dieser Person
ein wenig widrig geht, und die Vorsehung unsre feindseligen
Gesinnungen, besonders wenn wir schwach genug waren, sie
zu äußern, gleichsam rechtfertigt. Ich werde bei den Gelegenheiten, wenn vom Künstler-, Gelehrten- und Handwerks-
Neide, von Mißgunst unter Fürsten, Vornehmen, Reichen
und Weltleuten, von Eifersucht unter Ehegenossen, Freunden
und Geliebten die Rede seyn wird, Manches sagen, was auch
hier anwendbar, aber überflüssig zu wiederholen seyn würde,
und es bleibt mir wirklich nichts hinzuzufügen übrig, als
daß, um allem Neide in der Welt auszuweichen, man auf
jede gute Eigenschaft, so wie auf alles, was Erfolg unsrer
Bemühungen und Glück heißt, Verzicht thun, und wenn es
darauf ankommt, mitten unter einem Schwarme von miß-
günstigen Leuten zu leben und dennoch dem Neide und der
Eifersucht so wenig als möglich Nahrung zu geben, seine
Vorzüge, seine Kenntnisse und seine Talente mehr verbergen,
als kund machen, keine Art von Uebergewicht zeigen, an-
scheinend wenig fordern, wenig begehren, auf Weniges Ansprüche machen und wenig leisten müsse.

Jener Neid nun erzeugt dann oft die niedrigsten Verleumdungen, denen auch der edelste Mann ausgesetzt ist.
Es läßt sich nicht fest bestimmen, wie man sich in jedem Falle
zu betragen habe, wenn man verleumdet wird. Oft erfordern Redlichkeit und Klugheit die schnellste und deutlichste
Darstellung der wahren Beschaffenheit; oft hingegen ist es
unter der Würde eines rechtschaffenen Mannes, sich auf Erläuterungen und Rechtfertigungen einzulassen. Der Pöbel
hört nicht auf, uns zu necken, wenn er sieht, daß es uns
wehe thut, und die Zeit pflegt, früh oder spät, die Wahrheit an das Licht zu ziehen.

14.

Der Geiz ist eine der unedelsten, schändlichsten Leidenschaften. Man kann sich keine Niederträchtigkeit denken, deren ein Geizhals nicht fähig wäre, wenn seine Begierde nach Reichthümern in das Spiel kommt, und jede Empfindung besserer Art, Freundschaft, Mitleid und Wohlwollen, finden keinen Eingang in sein Herz, wenn sie kein Geld einbringen; ja, er gönnt sich selber die unschuldigsten Vergnügen nicht, in so fern er sie nicht unentgeldlich schmecken kann. In jedem Fremden sieht er einen Dieb, und in sich selber einen Schmarotzer, der auf Unkosten seines bessern Ichs, seines Mammons, zehrt.

Allein in den jetzigen Zeiten, wo der Luxus so hoch getrieben wird, daß man glauben möchte, er habe nun sein Höchstes erreicht, wo die Bedürfnisse, auch des mäßigsten Mannes, der in der Welt leben und eine Familie erhalten muß, so groß sind; wo der Preis der nöthigen Lebensmittel täglich steigt; wo die Macht des Geldes so viel entscheidet; wo der Reiche ein so beträchtliches Uebergewicht über den Armen hat; wo endlich von der einen Seite Betrug und Falschheit, und von der andern Mißtrauen und Mangel an Theilnahme und Wohlwollen in allen Ständen sich ausbreiten; in diesen Zeiten der Selbstsucht und des Egoismus, meine ich, hat man Unrecht, wenn man einen sparsamen, vorsichtigen Mann, ohne nähere Prüfung seiner Verhältnisse und der Bewegungsgründe, welche seine Handlungen leiten, sogleich für einen Knicker erklärt. Man möchte vielmehr diejenigen, welche das Beispiel einer Sparsamkeit geben, die

eben so sehr von Menschenliebe als von Klugheit und Vor=
sicht erzeugt und belebt wird, für Ruhmwürdige erklären,
weil doch in der That kein geringer Grad von Seelenstärke
und Weisheit dazu erfordert wird, um den Grundsätzen ei=
ner strengen Sparsamkeit getreu zu bleiben und dem Urtheil
der Welt eine unwandelbare Festigkeit entgegen zu setzen.

Es gibt ferner unter den wirklich geizigen Leuten solche,
die neben dieser Geld=Begierde noch von einer andern mit=
herrschenden Leidenschaft regiert werden. Diese scharren em=
sig zusammen, sparen, betrügen Andere, und versagen sich
alles, was Geld kostet, außer da, wo es auf Befriedigung
dieser Leidenschaft ankommt; sey es nun Wollust, Leckerei,
Ehrgeiz, Eitelkeit, Neugier, Spielsucht, oder eine ähnliche
unedle Leidenschaft. So habe ich Menschen gekannt, die, um
einen Louisd'or zu gewinnen, Bruder und Freund verrathen
und sich der öffentlichen Beschimpfung ausgesetzt haben wür=
den; hundert für den sinnlichen Genuß eines Augenblicks
hingegebene Gulden hingegen für gut angelegtes Geld hielten.

Noch Andere rechnen so schlecht, daß sie Heller sparen
und Thaler wegwerfen. Sie lieben das Geld, aber sie ver=
stehen nicht damit umzugehen. Um also die Summen wieder
zu erhaschen, um welche sie von Gaunern, Abenteurern und
Schmeichlern betrogen werden, geben sie ihrem Gesinde nicht
satt zu essen; und um tausend Thaler wieder zu gewinnen,
die sie verschleudert haben, wechseln sie auf die unanstän=
digste Weise aller Orten einzelne feine Gulden ein, damit
sie an jedem vielleicht einen Heller Aufgeld gewinnen.

Endlich noch Andere sind in allen Stücken freigebig und
achten das Geld nicht; in einem einzigen Punkte aber, wor=
auf sie gerade eine thörichte Wichtigkeit setzen, sind sie lächer=
lich geizig. Meine Freunde haben mir oft im Scherze vor=

geworfen, daß ich auf diese Art karg in Schreibmaterialien sey, und ich gestehe diese Schwachheit. So wenig reich ich bin, so kostet es mich doch geringere Ueberwindung, mich von einem halben Gulden, als von einem holländischen Brief=Bogen zu scheiden, obgleich man für zwölf Groschen vielleicht ein Buch des feinsten Papiers kaufen kann. Ja, ich habe reiche und freigebige Leute gekannt, die der Versuchung nicht widerstehen konnten, Kleinigkeiten, auf welche sie einen vorzüglichen Werth setzten, zu entwenden, wo sie dergleichen liegen sahen. Jene Art der Sparsamkeit, welche auch das Geringste, was noch auf irgend eine Art brauchbar ist, zu erhalten und zu bewahren sucht, ist unstreitig die rechte, denn sie geht von einer richtigen Schätzung der Dinge aus, und haßt alles Vergeuden und Verschwenden, weil es Charakterschwäche und eine Art von Undankbarkeit und Kurz=sichtigkeit ist. Darum läßt Engel in der bekannten Erzäh=lung seinen Herrn Timm sogleich mit großer Bereitwilligkeit dem Manne einen Vorschuß leisten, der eine Nadel liegen sieht und sie sorgfältig aufnimmt und bewahrt.

Die allgemeine Regel im Umgange mit geizigen Leuten ist wohl die, daß, wenn man ihre Gunst erhalten will, man nichts von ihnen fordern müsse. Da dies nun aber nicht immer möglich ist, so scheint es der Klugheit gemäß, zu prü=fen, zu welcher der vorhin geschilderten Gattungen von Gei=zigen der Mann, mit dem man es zu thun hat, gehöre, um danach seine Behandlung einzurichten, und ihn entweder da=durch, daß man nichts von ihm annimmt, oder dadurch, daß man seine Kasse schont und seine Sparsamkeit lobt, für sich zu gewinnen. Uebrigens glaubt ihm Alles, nur nicht, daß er Euch zu seinen Erben einsetzen werde, wie oft er es Euch auch versichert.

Ueber den Umgang mit Verschwendern brauche ich nichts zu sagen, als daß der verständige Mann sich nicht durch ihr Beispiel zu thörichten Ausgaben verleiten lassen, und daß der redliche Mann von ihrer ungeregelten und ungezügelten Freigebigkeit weder für sich, noch für Andere Vortheile ziehen soll.

15.

Sollen wir jetzt von dem Betragen gegen Undankbare reden? Ich habe bei mancher Gelegenheit erinnert, daß man auf dieser Erde auch bei den edelsten und weisesten Handlungen weder auf Erfolg, noch auf Dankbarkeit rechnen dürfe. Diesen Grundsatz sollte man nie aus den Augen verlieren, um nicht in Versuchung zu fallen, karg mit seinen Dienstleistungen und mit seiner Theilnahme, und feindselig gegen seine Mitmenschen zu werden, gegen Vorsehung und Schicksal zu murren und mit dem Leben zu zerfallen. Bei dem Allen aber müßte man jeder menschlichen Empfindung entsagt haben, wenn es uns nicht kränken sollte, daß Menschen, denen wir treulich, eifrig und uneigennützig gedient, die wir aus der Noth gerettet, denen wir uns ganz gewidmet, für die wir uns vielleicht aufgeopfert haben, uns vernachlässigen, sobald sie unsrer nicht mehr bedürfen, oder gar verrathen, verfolgen, mißhandeln, wenn sie dadurch zeitliche Vortheile, oder die Gunst unserer mächtigen Feinde gewinnen können. Doch wird der weise Menschenkenner und warme Freund des Guten sich dadurch nicht abschrecken lassen, gütig, wohlwollend und großmüthig zu handeln. Mit Bezug auf das Vorherbemerkte wird hier nur noch für die=

jenigen, welche dieses Winkes bedürfen, auf das lohnende Bewußtseyn hingewiesen, und auf die Erfahrung, daß keine Freude der Herzensfreude gleich sey, und daß die Herzens= freuden durch Undankbarkeit nicht zerstört, kaum verkümmert werden können. Man muß die Verkehrtheit Derer bedauern, die fähig sind, ihres Wohlthäters zu vergessen; aber kein ed= ler Mensch läßt sich dadurch abhalten, den Menschen zu die= nen, die seiner Hülfe um so nöthiger bedürfen, je schwächer sie sind, je weniger Glück sie in sich selber, in ihrem Herzen haben.

Klage also nicht über die Undankbarkeit, mit welcher man Dir lohnt; wirf sie dem nicht vor, der sie Dir beweist und Dich dadurch kränkt; fahre fort, ihn großmüthig zu be= handeln; nimm ihn wieder auf, wenn er zu Dir zurückkehrt! Vielleicht geht er endlich in sich, fühlt den ganzen Werth, die Zartheit und das Große Deiner Behandlung, und wird da= durch gebessert; — wenn nicht: so denke, daß jedes Laster sich selbst bestraft, und daß das eigne Herz des Treulosen und die unausbleibliche Folge seiner Treulosigkeit Dich an ihm rächen werden. — O! welch ein langes Kapitel über die Undankbarkeit der Menschen könnte ich schreiben, wenn ich nicht, aus Schonung gegen Die, welche sich von dieser Seite an mir versündigt haben, meine vielfachen traurigen Erfahrungen in diesem Fache lieber verschweigen wollte, und wenn ich es leugnen dürfte, daß man zuweilen durch die ver= fehlte Art des Wohlthuns Undankbare mache; eine Schuld, von welcher sich selbst die Edelsten nicht frei sprechen dürfen.

16.

Manchen Leuten ift es ichlechterdings unmöglich, in ir=
gend einer Sache den geraden Weg zu gehen. Ränke und
Winkelzüge miichen fich in alle ihre Unternehmungen,
ohne daß fie deßwegen von Grund aus böie find. Eine un=
glückliche Stimmung des Gemüths, ein feigherziges Verza=
gen an fich felbft und die Einwirkung von Lebensart und
Schickfalen können einen folchen Charakter erzeugen. So
wird z. B. ein fehr zum Mißtrauen Geneigter auch wohl
zuweilen die unfchuldigfte Handlung heimlich vollbringen, fich
verftellen und feinen wahren Zweck verichleiern. Ein Mann
von übel geordneter Thätigkeit, oder von zu raichem Feuer, —
ein ichlauer, unternehmender Kopf, der in zu einförmigen Le=
bensverhältniffen fich befindet, wo es ihm an Gelegenheit
fehlt, feine Talente zu entwickeln, wird allerlei ichiefe Sei=
tenfprünge wagen, um feinen Wirkungskreis zu erweitern,
oder mehr Intereffe in die Scene zu bringen; und dann
wird er nicht immer ekel genug in der Wahl feiner Mittel
feyn. Ein fehr eitler Menich wird in manchen Fällen ver=
fteckt handeln, um feine Schwäche zu verbergen. Ein Mann,
der lange an Höfen gelebt hat, um fich her nichts als Ver=
ftellung, Intrigue, Cabale und Gegeneinanderwirken zu fe=
hen, und felbft auf geradem Wege nichts zu erlangen ge=
wohnt ift, findet ein Leben, das ohne Verwickelung fortgeht,
zu einförmig; er wird feine unbedeutendften Schritte fo thun,
daß man ihm nicht nachfpüren kann, und feinen unfchuldig=
ften Handlungen einen räthielhaften Anichein geben. Der
Jurift, der fich ftets mit den Spitzfindigkeiten des Rechts=
ganges und der Form beichäftigt, findet innigen Seelenge=

nuß darin, daß er in Worten und Verhandlungen allerlei Cautelen und Winkelzüge anbringt. Wer seine Gehirn=Nerven durch Romanen=Lesen und andere phantastische Träumereien überspannt, oder wer durch ein üppiges, müßiges Leben, durch schlechte Gesellschaft und unglückliche Verhältnisse den Sinn für Einfalt, kunstlose Natur und Wahrheit verloren hat, der kann ohne Intrigue nicht existiren, — und so gibt es eine Menge Menschen, die, was sie auf geradem Wege erlangen könnten, nicht halb so eifrig wünschen, als das, was sie heimlich und auf den Wegen der List und des Betrugs zu erschleichen hoffen. Man kann aber auch endlich den edelsten, offenherzigsten Menschen, besonders in jüngern Jahren, zu Winkelzügen verleiten, wenn man ihm ohne Unterlaß Mißtrauen zeigt, oder ihn mit einer so nachsichtslosen Strenge behandelt, ihn in einer solchen Entfernung hält, daß er kein Zutrauen fassen kann.

Was nun auch dazu beigetragen haben mag, manchen Menschen Ränke und Winkelzüge zur Gewohnheit zu machen, so ist wohl folgende Art, sich gegen sie zu betragen, die beste, die man wählen kann.

Man handle selbst immer offen und unverstellt, und zeige sich ihnen in Worten und Thaten als einen so entschiedenen Feind von allem, was Schiefigkeit, Intrigue und Verstellung heißt, und als einen so warmen Verehrer jedes redlichen, aufrichtigen Mannes, daß sie wenigstens fühlen, wie viel sie in unsern Augen verlieren, und welche Verachtung sie sich zuziehen würden, wenn wir sie auf Schleichwegen ertappten!

Man flöße ihnen durch eine männliche Aeußerung des Abscheues gegen alle Hinterlist und Falschheit eine gewisse Ehrerbietung ein, und versage ihnen so lange sein Vertrauen nicht, als sie sich offen und redlich zeigen. Man gebe ihnen zu erkennen, daß man sie für unfähig halte, hinterlistig und unredlich zu seyn, und rege dadurch ihr schlummerndes Ehrgefühl auf.

Willst Du die Anschläge ihrer Hinterlist zerstören, so tritt ihnen mit Festigkeit entgegen, wenn Du merkst, daß sie Böses im Sinn haben, und lege ihnen solche Fragen vor, worauf sie nothwendig eine bestimmte, unumwundene Antwort geben, oder sich verrathen müssen. Siehe ihnen dabei fest und kräftig in's Gesicht, mit einem Blicke, der sie durchbohrt, und Du wirst sie zwingen, sich selbst zu verachten, oder über sich selbst zu erschrecken, wirst ihnen wenigstens, wenn sie keiner guten Regung mehr fähig sind, Furcht und Besorgniß einflößen, und sie dadurch nöthigen, ihren Plan aufzugeben. Stottern sie, suchen sie auszuweichen: so brich entweder ab, um ihnen zu verstehen zu geben, daß Du ihnen die Schande eines Betrugs ersparen wollest, nimm aber dann ein kaltes und entfernendes Betragen gegen sie an, oder warne sie mit freundlichem, doch ernsthaftem Wesen, ihrer nicht unwürdig zu handeln!

Haben sie Dich dennoch einmal hintergangen, so nimm die Sache nicht zu leicht, und verschwende keine Schonung an diese Unwürdigen, sondern laß sie das ganze Gewicht Deines Unwillens und Deiner Verachtung fühlen, und sey nicht sogleich bereit, zu verzeihen! Erreichst Du auch dadurch Deine Absicht nicht, und fahren sie fort, Dich mit Winkelzügen und Ränken zu hintergehen: so bestrafe sie durch deutliche Aeußerungen des Mißtrauens und Kaltsinns, und suche Dich ganz von ihnen los zu machen, als von gefährlichen Menschen, die keiner Besserung fähig sind.

Alles hierüber Gesagte paßt also auch auf das Betragen gegen Lügner.

17.

Was man aber im gemeinen Leben einen Windbeutel oder Aufschneider und Prahler nennt, das ist eine
andere Gattung von Menschen. Diese haben nicht die Absicht, Jemanden eigentlich zu hintergehen, aber täuschen und
blenden möchten sie gern, um Ehre und Beifall zu erschleichen; überreden möchten sie gern Andere, ihnen einen höhern
Werth beizumessen, als sie haben; sie suchen mehr Nahrung
für ihre Eitelkeit, als Befriedigung des Eigennutzes, und
für einen Lobspruch geben sie unbedenklich die Wahrheit hin.
Um sich in besserm Glanze zu zeigen; um sich bemerklich zu
machen; um Andern eine so hohe Meinung von sich beizubringen, wie sie selbst haben; um Aufmerksamkeit durch Erzählung wunderbarer Vorfälle zu erregen; oder um für angenehme, unterhaltende Gesellschafter zu gelten, erdichten oder
vergrößern sie; und haben sie einmal die Fertigkeit erlangt,
auf Kosten der Wahrheit eine Begebenheit, ein Bild, einen
Satz zu verzieren, so fangen sie zuweilen an, ihren eigenen Windbeuteleien zu glauben, alle Gegenstände
durch ein Vergrößerungs-Glas anzusehen und so in
Riesengestalten wieder zu Papier zu bringen.

Die Erzählungen und Beschreibungen eines solchen Auf-
schneiders sind zuweilen ganz lustig anzuhören; und wenn
man erst mit seiner Hyperbelsprache bekannt ist, weiß man
schon, was man vom Ganzen abzurechnen hat, um den Ueber-
rest für baares Geld anzunehmen. So läßt man sich denn,
besonders in solchen Gesellschaften, wo das Bedürfniß eines

Lustigmachers oder Wortführers lebhaft gefühlt wird, gern und geduldig vorlügen, was sich so hübsch anhört, und wobei es zu lachen gibt. Kommen aber einmal vernünftige Leute in eine solche Gesellschaft, so steht es übel um den Aufschneider; denn es ist leicht, ihn durch eine Menge von Fragen über die genauesten Umstände so in sein eigenes Gewebe zu verwickeln, daß er, indem er weder rückwärts noch vorwärts kann, beschämt wird, oder wenigstens einen klugen Rückzug zur Wahrheit macht. Noch besser kann man ihn zum Schweigen bringen, wenn man ihm für jede Unwahrheit auf komische Art eine noch derbere wieder aufheftet, und ihm dadurch zu verstehen gibt, daß man nicht dumm genug gewesen sey, ihm zu glauben; oder wenn man, sobald er anfängt zu blasen, die Segel der Unterhaltung auf einmal einzieht und seinem Winde ausweicht, da er denn, wenn dies öfters und von mehren verständigen Männern geschieht, endlich scheu und klug wird.

18.

Unverschämte Müßiggänger, Schmarotzer, Schmeichler und zudringliche Leute rathe ich, in der gehörigen Entfernung von sich zu halten, sich mit ihnen nicht gemein zu machen, ihnen durch ein höfliches, aber immer steifes und ernsthaftes Betragen zu erkennen zu geben, daß ihre Gesellschaft und Vertraulichkeit uns zuwider ist. Einer meiner Bekannten erzählte mir einst: er habe in Holland über der Thür des Arbeitszimmers eines verständigen Mannes folgende Worte mit großen Buchstaben geschrieben gefunden: „Es ist erschrecklich beschwerlich für einen Mann, der be=

stimmte Geschäfte hat, von Leuten überlaufen zu werden, die keine Geschäfte haben." — Der Einfall war nicht übel. Die, welche gern bei uns schmausen, kann man am leichtesten dadurch verscheuchen, daß man sie, ohne ihnen etwas vorzusetzen, wieder fortgehen läßt; aber gegen Schmeichler, besonders gegen die von feinerer Art, soll man, aus Besorgniß für sein eigenes Heil, auf seiner Hut seyn. Sie verderben denjenigen von Grund aus, der sein Ohr an ihren Sirenen-Gesang gewöhnt hat, machen ihn unfähig, Wahrheiten zu ertragen, selbst wenn sie ohne Bitterkeit gesagt werden, und verfälschen sein Gefühl in einem solchen Grade, daß er allen Sinn für Freimüthigkeit und Geradheit verliert, und seine treuen Freunde als Feinde von sich weiset, wenn sie ihn auf seine Fehler aufmerksam machen und vor Uebereilungen schützen wollen. Um nicht so tief zu fallen, waffne man sich mit Gleichgültigkeit gegen die gefährlichen Lockungen der Schmeichelei; man fliehe vor dem Schmeichler wie vor dem bösen Feinde! Der Entschluß, dieß zu thun, ist nicht leicht, besonders für diejenigen, welche durch ausgezeichnete Talente gleichsam der Schmeichelei und Lobhudelei Preis gegeben sind, und sich aus Klugheit dabei leidend und schonend verhalten müssen. In diesem Falle sind besonders Künstler, die von der Gunst des Publikums leben, und junge Männer von einer angenehmen Persönlichkeit. Auch gibt es ei:⸳ feine Manier, Schmeicheleien und Süßigkeiten zu sa⸳ c⸳n, die das Ansehen hat, als wollte man der Wahrheit huldigen. Der schlaue Schmeichler, der Deine schwache Seite studirt hat, wird, wenn er Dich für zu verständig hält, als daß Du nicht die gröbern Schlingen dieser Art erkennen und ihnen zu entgehen wissen solltest, Dir nicht immer Recht geben; er wird vielmehr Dich tadeln; er wird Dir sagen, „daß er nicht begreifen könne, wie ein so edler und weiser Mann, wie Du seyest, sich einen kleinen Augenblick habe vergessen können; er hätte geglaubt, so etwas könne nur gemeinen Leuten von seinem Schlage begegnen." Er wird an Deinen Schriften Fehler rügen, die Dir gleich beim ersten Anblicke unbedeutend scheinen müssen, und ihm nur dazu dienen, diejenigen Stellen um desto unverschämter zu loben, von welchen er weiß, daß Du Dir etwas darauf zu Gute thust. "Schade," wird er ausrufen, "daß Ihre Sinfonieen — ich bin kein Schmeichler, ich sage meine Meinung immer rund heraus, — Schade, daß diese herrlichen Sinfonieen, die gewiß in allem Betracht ein klassisches Werk genannt werden können, so äußerst schwer vorzutragen sind. Wo findet man Meister, die würdig wären, so etwas auszuführen? und doch ist das ein wesentlicher Fehler, den Sie, verzeihen Sie meiner Offenherzigkeit! hätten vermeiden sollen." — Er wird Mängel an Dir finden und mit verstelltem Eifer dagegen declamiren, — Schwachheiten und Mängel, auf welche Deine Eitelkeit sich etwas einbildet. Er wird Dich einen Misanthropen schelten, weil er gemerkt hat, daß Du durch Deine abgezogene Lebensart Aufsehen erregen möchtest; er wird Dir vorwerfen, Du seyest intriguant, wenn er merkt, daß es Dir behagt, für einen schlauen Hofmann angesehen zu werden. Auf diese Weise wird er sich bei Dir und andern Kurzsichtigen in den Ruf eines unparteiischen, wahrheitliebenden Mannes setzen; sein honigsüßer Trank wird glatt hinuntergehen, und in der Berauschung werden Dein Herz und Dein Beutel dem verschmitzten Spötter offen stehen. Vielfältig habe ich, besonders an Höfen, dergleichen Männer angetroffen, die unter der Maske der Bonhommie und bei dem Rufe, den Fürsten tapfer die Wahrheit zu sagen, die ärgsten Schmeichler waren.

19.

Das Betragen gegen Schurken, das heißt, gegen Leute, die von Grund aus schlecht sind, etwa ein wenig Erbsünde abgerechnet, fordert vor Allem Festigkeit und Muth. Ich beziehe mich dabei zuerst auf das, was ich weiterhin über den Umgang mit Feinden, und über das Betragen gegen Verirrte und Gefallene sagen werde, und füge nur noch nachstehende Bemerkungen hinzu:

Daß man, wo möglich, den Umgang mit schlechten Menschen fliehen müsse, weil durch sie Moralität, Ruf und Ruhe in Gefahr kommt, besonders wenn sie mit Schlechtigkeit der Grundsätze eine feine Verstandesbildung verbinden und viel geselliges Talent haben, — das versteht sich wohl von selbst. Wenn ein Mann von festen Grundsätzen auch nicht in Gefahr kommt, von ihnen angesteckt zu werden, so gewöhnt er sich doch nach und nach an ihre Art zu urtheilen und zu handeln, an ihre Zweideutigkeiten und Unsittlichkeiten, und an den Anblick ihres sittlichen Schmutzes, und verliert den heiligen Abscheu gegen alles, was unedel ist; einen Abscheu, der zuweilen einzig hinreicht, uns in Augenblicken der Versuchung vor feinern Vergehungen zu bewahren. Leider aber zwingt uns unsre Lage zuweilen, mitten unter Schurken zu leben und mit ihnen gemeinschaftlich Geschäfte zu treiben; und da ist es denn nöthig, die größte Vorsichtigkeit zu beobachten und sein eignes Herz zu bewachen.

Glaube nicht, durch Deine Verdienste, Deine persönliche Würde und Deinen gebildeten Verstand gegen alle Angriffe schlechter Menschen gesichert zu seyn. Es herrscht ein ewiges Bündniß unter Schurken und Schleichern gegen alle verständigen und edlen Menschen; auch sind sie auf eine unbegreifliche Weise so verbrüdert, daß sie unter allen übrigen Menschen einander erkennen und bereitwillig die Hand reichen, möchten sie auch durch äußere Verhältnisse und Umstände noch so sehr getrennt seyn, sobald es darauf ankommt, das wahre Verdienst zu verfolgen und mit Füßen zu treten. Da hilft keine Art von Vorsichtigkeit und Zurückhaltung; da hilft nicht Unschuld, nicht Geradheit; da hilft nicht Schonung, noch Mäßigung; da hilft es nicht, seine guten Eigenschaften verstecken, mittelmäßig scheinen zu wollen. Niemand erkennt so leicht das Gute, das in Dir ist, als Der, dem dieß Gute fehlt. Niemand ist mehr gezwungen, das Verdienst der Treuen und Gewissenhaften innerlich anzuerkennen, als der Bösewicht; aber er zittert davor wie Satan vor dem Evangelio, und arbeitet mit Händen und Füßen dagegen. Jene große Verbrüderung wird Dich gewiß in Deiner Ruhe zu stören und Deinen Ruf anzutasten suchen, besonders wenn Dir irgend eine Art von öffentlicher Ehre angethan worden ist: sie wird bald zweideutig, bald schmähend von Dir reden, die unschuldigsten Deiner Worte und Thaten boshaft auslegen. — Aber laß Dich das nicht anfechten! wurdest Du auch wirklich von Schurken eine Zeitlang gedrückt, so wird doch die Rechtschaffenheit und Consequenz Deiner Handlungen am Ende siegen, und der Unhold bei einer andern Gelegenheit sich selbst die Grube graben. Auch sind die Schelme nur so lange einig unter sich, als es nicht auf männliche Standhaftigkeit ankommt, so lange sie im Dunkeln fechten können. Hole aber Licht herbei, und sie werden aus einander laufen! Und wenn es nun gar zur Theilung der Beute ginge, dann würden sie sich unter ein-

ander feindselig anfallen, und Dich indeß mit Deinem Ei=
genthume ruhig davon wandern lassen. Gehe Deinen gera=
den Weg fort! Erlaube Dir nie Schleichwege, um Schleich=
wegen zu begegnen; nie Ränke, um Ränke zu zerstören;
mache nie gemeinschaftliche Sache mit Bösewichtern gegen
Bösewichter! Handle großmüthig! Unedle Behandlung und
zu weit getriebenes Mißtrauen können ben, welcher auf hal=
bem Wege ist, ein Schelm zu werden, vollends dazu machen;
durch Deine Großmuth hingegen kannst Du einen noch nicht
ganz verstockten Unhold vielleicht, auf einige Zeit wenigstens,
bessern und die Stimme des Gewissens in ihm erwecken.
Aber er müsse fühlen, daß Du nur aus Edelmuth, nicht aus
Furcht mild verfährst! Er müsse fühlen, daß, wenn es auf's
Aeußerste ankommt, wenn der Grimm eines unerschrocknen,
redlichen Mannes losbricht, der kühne, rechtschaffene Weise
im niedrigsten Stande mächtiger ist, als der Schurke im
Purpur; daß ein großes Herz, daß Tugend, Klugheit und
Muth stärker machen, als erkaufte Heere, an deren Spitze
ein Schurke steht! Was hätte der wohl zu fürchten, der
nichts mehr zu verlieren hat, als was kein Sterblicher ihm
rauben kann? Und was vermag in dem Augenblicke der
äußersten, verzweifelten Nothwehr ein feiger Sultan, ein un=
gerechter Despot, der in sich selbst einen Feind herumträgt,
von welchem er immer bedroht, oder in die Flanke genom=
men wird, gegen den niedrigsten seiner Unterthanen, der ein
reines Herz, einen hellen Kopf, Unerschrockenheit und ge=
sunde Arme zu Bundesgenossen hat?

Es ist unmöglich, sich bei gewissen Leuten beliebt zu
machen, deren Gunst man nur auf Unkosten seines Gewis=
sens erwerben kann, und es wird nichts schaden, wenn diese
uns wenigstens fürchten.

Es gibt Leute, die uns zu Vertraulichkeiten, zu gewissen Eröffnungen zu bewegen suchen, damit sie nachher Waffen gegen uns in Händen haben, womit sie uns drohen können, wenn wir ihnen nicht zu Gebote stehen wollen. Ein gewisses Mißtrauen, welches oft die beste Schutzwehr gegen solche Schleicher ist, sollte man immer mit sich nehmen, wenn man in die zahlreichen Kreise der Gesellschaft eintreten, oder mit sehr vielen Menschen in einem Geschäftsverkehr stehen muß. Man erkennt die Verdächtigen an ihrer Zudringlichkeit und an der groben Schmeichelei, durch welche sie sich uns zu nähern und unser Vertrauen zu erschleichen suchen.

Beschenke den, von dem Du fürchtest, er werde Dich bestehlen, wenn Du glaubst, daß Großmuth noch Eindruck auf ihn machen könnte!

Ermuntre und ehre äußerlich Menschen, an denen Du irgend eine Thatkraft zum Guten findest! Bringe sie nicht ohne Noth um ihren Kredit! Es gibt Leute, die viel Gutes zu reden wissen und fromme Redensarten im Munde führen, im Handeln aber heimliche Schalke sind, oder Menschen voll Inconsequenz, Leichtsinn und Leidenschaft, die aber Eifer für das Gemeinnützige in sich tragen; entlarve diese nicht, in so fern es nicht der Folgen wegen seyn muß! Sie wirken durch ihre Reden manches Gute, welches unterbleibt, sobald man sie verdächtig macht. Man sollte sie immer herumreisen lassen, um gute Zwecke zu befördern; allein sie müßten jeden Ort früh genug verlassen, um sich nicht zu verrathen, und durch ihr Beispiel nicht die Wirkung ihrer Lehren zu verderben.

20.

Es gibt Menschen von guter Gesinnung, welche durch übertriebene Bescheidenheit und unüberwindliche Furchtsamkeit, durch eine Schüchternheit, die sie fast zu Kindern macht, sich selbst der Geringschätzung hingeben, und sich um allen Genuß und allen Vortheil bringen, den ihnen die Gesellschaft gewähren soll. Man macht sich um sie und um die Gesellschaft verdient, wenn man ihnen Zuversicht zu sich selbst einzuflößen sucht, und ihnen Veranlassung gibt, sich geltend zu machen. So verachtungswerth Unbescheidenheit und Dünkel sind, so unmännlich ist zu weit getriebene Schüchternheit. Der Edle soll seinen Werth fühlen, und eben so wenig ungerecht gegen sich als gegen Andere seyn. Uebertriebenes Lob und zu weit ausgedehnter Vorzug aber beleidigen den Bescheidenen. Er müsse weniger aus Deinen Worten, als aus Deinen ungekünstelten, wahre Zuneigung verrathenden Handlungen, Deine Hochachtung gegen ihn erkennen!

21.

Unvorsichtigen und plauderhaften Menschen darf man natürlicher Weise keine Geheimnisse anvertrauen. Besser wäre es, man hätte überhaupt keine Geheimnisse in der Welt, könnte immer frei und offen handeln, und alles, was im Herzen vorgeht, vor Jedermann sehen lassen; besser wäre es, man dächte und redete nichts, als was man laut denken und reden darf. Da dieß indessen, besonders bei Männern, die in öffentlichen Aemtern stehen, oder sonst fremde Geheimnisse zu verwahren haben, nicht möglich ist, so muß man freilich vorsichtig in der Mittheilung dessen seyn, was nicht Jeder wissen darf.

Man findet Menschen, denen es schlechterdings unmöglich ist, irgend etwas zu verschweigen. Man sieht es ihnen an, wenn sie ängstlich umherlaufen, daß sie etwas Neues bei sich tragen, und daß sie große Herzensangst leiden, bis sie einem andern Plauderer ihre Neuigkeit noch ganz warm mitgetheilt haben. Andern fehlt es zwar nicht an dem guten Willen zu schweigen, wohl aber an der Klugheit, sich nicht durch Winke, Blicke, oder auf andere Art zu verrathen; oder an der Festigkeit, sich nicht ausfragen zu lassen; oder sie haben eine zu gute Meinung von der Redlichkeit und Verschwiegenheit derer, welchen sie sich anvertrauen. — Gegen alle diese muß man behutsam und selbst verschlossen seyn.

Es kann auch zuweilen nicht schaden, wenn man plauderhafte Leute bei der ersten Gelegenheit, da sie etwas über uns geschwatzt haben, dergestalt in Furcht setzt, daß sie es nicht wagen dürfen, hinter unserm Rücken auch nur einmal unsern Namen zu nennen, es sey im Guten oder Bösen. Die eigentlichen bekannten Zeitungsträger aber, deren es fast in jeder Stadt einige gibt, kann man nützen, wenn man ein unschuldiges Mährchen im Publikum ausgebreitet wissen will, das den Leuten etwas zu reden geben, oder sie zu ihrem Besten auf etwas aufmerksam machen soll. Nur muß man dann nicht verfehlen, sie um Verheimlichung der Sache zu bitten, sonst halten sie es vielleicht der Mühe nicht werth, dieselbe auszuplaudern.

Vorwitzige und neugierige Menschen kann man nach den Umständen entweder auf ernsthafte oder spaßhafte Manier behandeln. Im erstern Falle muß man, sobald man merkt, daß sie sich im mindesten um unsere Angelegenheiten bekümmern, uns belauschen, behorchen, sich in unsere Geschäfte mischen, unsern Schritten nachspüren, oder unsre Plane und Handlungen ausspähen wollen, sich gegen sie mündlich, schriftlich oder thätig so kräftig erklären, sie auf eine solche Weise zurückschicken, daß ihnen die Lust vergeht, auch nur von Weitem sich an uns zu wagen. Will man aber seinen Spaß mit ihnen haben, so kann man ihrer Neugier ohne Unterlaß so viel zu schaffen machen, daß sie über die Kindereien, worauf man ihre Aufmerksamkeit lenkt, keine Muße behalten, sich um diejenigen Dinge zu bekümmern, welche wir ihrer Beobachtung zu entziehen wünschen.

Zerstreute und vergessene Leute taugen nicht zu Geschäften, wo es auf Pünktlichkeit ankommt. Jungen Personen kann man diese Fehler wohl zu Gute halten, und durch eine verständige Behandlung zuweilen noch abgewöhnen, so, daß sie ihre Gedanken bei einander halten. Manche, die aus zu großer Lebhaftigkeit des Temperaments leicht Alles vergessen, und nie da zu Hause sind, wo sie seyn sollten, kommen von dieser Schwachheit zurück, wenn sie älter, kühler und sittsamer werden. Andere affectiren, zerstreut zu seyn, weil sie glauben, das sähe vornehm oder gelehrt aus; über solche Thoren aber soll man nur die Achsel zucken, und sich wohl hüten, ihre Zerstreutheit geistvoll oder artig zu finden. Es gilt von ihnen, was über diejenigen gesagt worden ist, welche sich körperlich krank stellen, um Theilnahme zu erwecken. Wessen Gedächtniß aber wirklich schwach und nicht mehr heilbar ist, dem gebe man entweder nichts zu behalten, ober wenn man ihm etwas anvertrauen und auftragen muß, so geschehe es nie anders, als schriftlich und mit der Bitte, diese Schrift irgendwo anzuheften, wo sie recht in die Augen fällt; denn wer die Mühe, einige Zeilen zu schreiben, gar zu sehr scheut, der muß oft recht schwer für seine Gemächlichkeit büßen, und sollte niemals über die Vergeßlichkeit der Andern Klage führen, sondern sich selbst anklagen.

Sehr zerstreuten Leuten muß man es übrigens so hoch nicht anrechnen, wenn sie zuweilen in der Aufmerksamkeit und Höflichkeit, oder überhaupt in der Artigkeit und Zuvorkommenheit, welche der gesellige Umgang fordert, unvorsätzlich fehlen.

22.

Es gibt eine Art Menschen, die man wunderliche (difficiles) Leute nennt. Sie sind nicht bösartig, sind nicht immer zänkisch und mürrisch; aber man kann ihnen doch nicht leicht etwas ganz recht machen. Sie haben sich z. B. an eine pedantische Ordnung gewöhnt, deren Regel nicht Jeder, so wie sie, im Kopfe hat; und da kann es denn leicht kommen, daß man einen Stuhl in ihrem Zimmer anders hinstellt, als sie es gern sehen; oder sie hängen gewissen Vorurtheilen an, denen man sich unterwerfen muß, wenn man in ihren Augen Werth haben will; zum Beispiel: in Kleidertrachten, in der Art, laut oder leise zu reden, groß oder klein zu schreiben, und dergleichen. Hier fordert es oft eben so sehr die Klugheit als das Wohlwollen, sich in solche Eigenheiten zu fügen, besonders bei solchen Personen, welchen

man Achtung und Schonung schuldig ist, und deren Eigen=
heiten durch treffliche Gesinnungen vergütet werden.

Leute, die etwas darin suchen, sich durch ihr Betragen
in unwesentlichen Dingen von Andern zu unterscheiden (nicht
eigentlich aus Ueberzeugung, sondern hauptsächlich darum,
weil sie etwas darein setzen, das zu thun, was Andere nicht
thun), — die Sonderlinge sehen es gern, wenn man ihre
Weise bemerkt; und ein verständiger Mann muß in seinem
Betragen gegen sie wohl überlegen, ob ihr Eigensinn von
unschädlicher Art ist, und ob sie Männer sind, die in irgend
einer Rücksicht Schonung verdienen, um danach im Umgange
mit ihnen zu verfahren, wie es Bescheidenheit, Anständigkeit
und Duldung fordern.

Was endlich Leute betrifft, die von Launen regiert wer=
den, so daß man ihnen heute der willkommenste Gast, mor=
gen der überlästigste Gesellschafter ist, so rathe ich, — vor=
ausgesetzt, daß diese Launen nicht ihren Grund in geheimen
Leiden haben (denn wenn das ist, so habe Mitleiden) — gar
nicht zu thun, als bemerkte man solche Ebben und Fluthen,
immer vorsichtig mit ihnen umzugehen und sie niemals zu
reizen.

23.

Einfältige Menschen, die ihre Schwäche fühlen und
sich daher willig von vernünftigen Menschen leiten lassen,
auch bei ihrem natürlich gutmüthigen, wohlwollenden, sanf=
ten Temperamente zwar leicht zum Guten, aber schwer zum
Bösen zu bewegen sind, soll man nicht verachten. Es kön=

nen nicht alle Menschen hohen, erhabenen Geistes=Schwung
haben; und die Welt würde auch sehr übel dabei fahren,
wenn es also wäre. Es müssen mehr subalterne, als Herr=
scher=Genies unter den Erdensöhnen seyn, wenn nicht Alle in
ewiger Fehde mit einander leben sollen. Daß ein höherer
Grad von Tugend, daß Kraft, Muth, Festigkeit oder Beur=
theilungskraft nicht mit Schwäche des Geistes bestehen könne,
ist freilich gewiß; allein dessen bedarf es auch nicht in allen
menschlichen Angelegenheiten, wohl aber des guten Willens,
und wenn daher nur das Gute geschieht, und die Geistesar=
men bereitwillig zu diesem Guten sich die Hände führen las=
sen: so füllen sie ihren Platz nützlicher aus, als die über=
schwenglichen Genies, die Feuerköpfe, mit ihrem sich durch=
kreuzenden, rastlosen und formlosen Wirken und Streben.

Eine gewisse Gattung gutmüthiger, aber schwacher und
ungeschickter Menschen ist, selbst in der Jugend, schwer zu
verfeinern. Die Sprache der Ironie verstehen sie nicht. Ist
sie zu fein, so nehmen sie es für baares Geld. Ein ernst=
hafter Ton greift auch nicht ein, oder beleidigt sie. Warme,
gefühlvolle Ermahnungen bleiben gänzlich ohne Wirkung.

Allein man sollte nicht zu schnell in seinem Herzen ur=
theilen, daß gewisse Menschen, deren äußere Erscheinung
nichts anders, als Unfähigkeit und Beschränkung erwarten
läßt, wirklich ganz unbrauchbar, oder wenigstens in der Ge=
sellschaft ganz ungenießbar seyen, denn der Schein trügt, und
man thut oft Solchen großes Unrecht, welche durchaus unfä=
hig sind, sich zu äußern, entweder weil sie der Sprache nicht
mächtig werden, oder sich von einer ihnen durch Erziehung
angebildeten Schüchternheit nicht losmachen können. Nicht
Jeder hat die Gabe, seine Gedanken und Empfindungen frei=
müthig und gut zu äußern; mancher Gehaltvolle hat etwas

Zurückstoßendes in seinem äußern Wesen, er verstößt alle Augenblicke gegen die feinere Sitte, oder gegen den Gesellschaftston, an welchen wir uns gewöhnt haben. Er will nicht nach seinen Worten, sondern nach seinem Thun gerichtet seyn, und auch sein Thun ist von der Art, daß man ungerecht über ihn urtheilen würde, wenn man nicht Rücksicht nehmen wollte auf seine Erziehung, seine Lage und auf die Gelegenheit, die er gehabt, oder die ihm gefehlt hat, sich auszuzeichnen. Ohnehin trägt die Summe des negativen Guten zur Wohlfahrt des Ganzen oft mehr bei, als der lange Lebenslauf eines thätigen Mannes, dessen heftige Leidenschaften in unaufhörlichem Kampfe mit seinen großen, edlen Zwecken stehen. Und dann sind Gelehrsamkeit, Cultur und gesunde Vernunft wieder sehr verschiedene Dinge. Es herrscht unter Menschen von feinerer Erziehung und Bildung so viel Convention, daß es schwer ist, den wahren Gehalt eines Menschen richtig zu bestimmen, ohne ihn genauer kennen gelernt zu haben, Stoff und Gepräge zu unterscheiden; denn gar zu leicht verwechseln wir Ansichten, Urtheile, Gefühle und Grundsätze, welche auf bloßem Uebereinkommen beruhen, mit den unwandelbaren Vorschriften der reinen Weisheit. Wir sind nun einmal gewöhnt, nach jenem Richtmaße des Herkommens zu urtheilen und zu denken, oder vielmehr Worte ganz unbefangen zu gebrauchen und nachzusprechen, deren zweideutigen Sinn wir Mühe haben würden, einem ganz rohen Wilden zu erklären; und so halten wir denn Denjenigen für einen Geistesarmen, für einen einfältigen Tropf, der das Wörterbuch der Höflichkeitssprache nicht auswendig weiß und daher redet, weß das Herz voll ist, also ganz ungeschminkt und unumwunden, aber dabei ganz im Geiste des gesunden Menschenverstandes. Daher wird man nicht selten durch die Urtheile gemeiner Leute, die freilich dem sogenannten Kenner sehr abgeschmackt vorkommen würden, sehr angenehm überrascht, und aus dem Zauber einer falschen, erzwungenen Täuschung gerissen, so daß auf einmal auch in uns der Sinn für wahre, ächte Natur wieder erwacht! Wie oft habe ich im Schauspielhause erst das nüchterne Urtheil der Gallerie erwartet, habe gewartet, was für Eindruck eine Scene auf das unbestochene Volk, das wir Pöbel nennen, machen, — habe gewartet, ob ein rührender Auftritt allgemeine Stille, oder lautes Gelächter verbreiten würde, um mich zu bestimmen in meinem Urtheil, wie treu der Schriftsteller und Schauspieler die Natur kopirt, oder ob er sie verfehlt oder erreicht habe. Auf den Gebildeten wirkt die Illusion, weil er von Jugend auf in einer Welt voll Täuschungen wandelte; jene aber leben und weben in der Natur und im Reiche der ungeschminkten Wahrheit. Groß ist der Künstler, der durch das Spiel seiner Phantasie, durch seine, die Natur auf's Treueste nachahmende Darstellung auch uncultivirte Menschen vergessen machen kann, daß sie getäuscht werden. Groß ist ferner der Mann, der den Sinn für ungeschminkte Wahrheit nicht in dem Meere von Modeansichten, Vorurtheilen und Conventionen ersäuft hat. Aber wie selten trifft man Kunst= und Wahrheits= Sinn, Cultur und Einfalt, im schönen Einklange an! — Lasset uns also Den nicht verachten, der den bessern Theil auf Kosten des schlechtern gerettet hat, und lasset uns ihn ja nicht aufklären, sondern lieber bei solchen Einfältigen in die Schule gehen !

Gutmüthige und dabei schwache Menschen sind fast als Unmündige zu betrachten, welche der Vormundschaft aller Verständigen und Guten übergeben sind. Man soll ih=

nen nicht den Beistand versagen, den sie unaufhörlich bedür=
fen, — soll, wenn man kann, edle Freunde um sie her zu
versammeln suchen, von denen sie nicht gemißbraucht, son=
dern rathend und zurechtweisend zu Handlungen bestimmt
und gelenkt werden, die eines wohlwollenden Herzens wür=
dig sind. Es gibt Personen, die nichts abschlagen können,
wenigstens nicht mündlich; und so versprechen sie denn, um
Niemanden zu kränken, oder um dem Verdachte zu entgehen,
daß es ihnen an gutem Willen fehle, mehr, als sie leisten
können; übernehmen mehr Arbeit für Andere, als sie ver=
nünftiger Weise thun sollten. Andere sind so leichtgläu=
big, daß sie Jedem trauen, sich Jedem hingeben und auf=
opfern, der die Außenseite des ehrlichen, menschenliebenden
Mannes trägt. Noch Andere sind nicht im Stande, für sich
etwas zu erbitten, sollten sie auch darüber nichts in der Welt
von demjenigen erlangen, worauf sie die billigsten Ansprüche
machen dürfen. Ich brauche wohl nicht zu sagen, wie sehr
alle diese Schwachen gemißhandelt, oder wenigstens vernach=
lässigt werden; wie man auf die Gutherzigkeit und Dienst=
fertigkeit der Erstern losstürmt, und wie den Andern die
Unverschämtheit Alles vor dem Munde wegnimmt, weil sie
nicht den Muth haben, zuzugreifen, oder ihre Ansprüche
geltend zu machen. Wie unedel, ja selbst wie niedrig und
strafbar ist es, die Schwäche eines Demüthigen oder Schüch=
ternen mit einer solchen Selbstsucht zu benutzen, und Vor=
theile an sich zu bringen, die man nicht mit gutem Gewissen
genießen kann; wie edel dagegen, des Schüchternen Für=
sprecher und Sachwalter zu werden, oder ihm Muth zu ma=
chen und sein Selbstgefühl zu beleben.

Manche Leute haben die Schwachheit, mit ganzer Seele
gewissen Liebhabereien nachzuhängen, sey es nun

irgend eine noble Passion: Jagd, Pferde, Hunde, Katzen, Tanz, Musik, Malerei, oder die Wuth, Kupferstiche, Naturalien, Schmetterlinge, Petschafte, Pfeifenköpfe und dergleichen zu sammeln, oder zu bauen, Garten = Anlagen zu machen, Heirathen zu stiften, physikalische Versuche zu machen, also irgend ein Steckenpferd zu reiten. Der ganze Kreis ihrer Gedanken dreht sich immer um diesen Punkt herum; sie reden von keiner Sache so gern, wie von diesem ihren Lieblings=Gegenstande; jedes Gespräch wissen sie dahin zu lenken. Sie vergessen dann, daß der Mann, welchen sie vor sich haben, vielleicht von keinem Dinge in der Welt weniger versteht, als von diesem, verlangen aber auch dagegen nicht gerade, daß er mit großer Kenntniß davon rede, wenn er nur die Geduld hat, ihnen zuzuhören; wenn er ihre Herrlichkeiten nur mit Aufmerksamkeit betrachtet, nur bewundert, was sie ihm als die größte Seltenheit empfehlen, und Interesse daran zu nehmen scheint. Nun, wer wird denn wohl so hartherzig seyn, diese kleine Freude einem Manne, der übrigens redlich und verständig ist, zu versagen oder zu verkümmern! Vorzüglich verlangen und erwarten die Großen, daß man ihre Liebhabereien ehre und bewundere, und man kann sich daher auf diesem Wege ihre Gunst erwerben und sein Glück bei ihnen machen. Denn, wie Tristram Shandy anmerkt, wird ein Hieb, welchen man dem Steckenpferde gibt, schmerzlicher empfunden, als ein Schlag, den der Reiter selbst empfängt.

24.

Mit muntern, aufgeweckten Leuten, die von äch=
tem Humor beseelt werden, ist leicht und angenehm umzuge=
hen. Ich sage: sie müssen von ächtem Humor beseelt wer=
den; die Fröhlichkeit muß aus dem Herzen kommen, muß
nicht erzwungen, muß nicht eitle Spaßmacherei, nicht Ha=
schen nach Witz seyn. Wer noch von ganzem Herzen lachen,
sich den Aufwallungen einer lebhaften Freude überlassen
kann: der ist kein ganz böser Mensch. Tücke und Bosheit
machen zerstreut, ernsthaft, nachdenkend, verschlossen, mais
un homme, qui rit, ne sera jamais dangereux. Daraus folgt
indessen nicht, daß Jeder, der nicht von fröhlicher Gemüths=
art ist, und in der Gesellschaft einsylbig und zurückhaltend
an dem Gespräche Theil nimmt, deswegen etwas Böses im
Schilde führen sollte. Die Stimmung des Gemüths hängt
vom Temperamente, so wie von der Gesundheit und von
innern und äußern Verhältnissen ab. Aecht muntere Laune
aber pflegt ansteckend zu seyn, und diese Epidemie hat et=
was so Wohlthätiges; es ist ein so wahres Seelen=Glück,
einmal alle Sorgen und Plagen dieser Welt weglachen zu
dürfen, daß ich dringend anrathe, sich zur Munterkeit anzu=
feuern, oder anfeuern zu lassen, und wenigstens ein Paar
Stunden in der Woche auf diese Weise der gesitteten Fröh=
lichkeit zu widmen.

Allein, es ist schwer, in lustiger Stimmung, und wenn
man dem Witze den Zügel schießen läßt, nicht in einen sa=
tyrischen Ton zu fallen. Was gibt uns reichern Stoff

zum Lachen, als das unzählige Heer von Thorheiten der
Menschen? Und diese Thorheiten treten am lebhaftesten vor
unsere Augen, wenn wir uns die Originale dazu denken, in
welchen sie wohnen. Lachen wir nun über die Narrheit, so
ist es fast unvermeidlich, auch über den Narren mit zu la=
chen, und da kann denn dies Lachen sehr ernsthafte, ver=
drießliche Folgen haben. Wenn ferner unsere Spöttereien
Beifall finden, so werden wir verleitet, unsern Witz immer
feiner zuzuspitzen, und Andere, denen es außerdem vielleicht
an Stoff zu munterer Unterhaltung fehlen würde, schärfen,
durch unser Beispiel verführt, ihre Aufmerksamkeit auf die
Mängel ihrer Nebenmenschen, und wohin das führe, welche
bösen Folgen es habe, und wie leicht es Streit erregen, das
Vergnügen zerstören, Feindschaft erwecken könne, das ist
theils bekannt genug, theils habe ich darüber schon etwas
im Vorhergehenden gesagt. Es ist eben so klug, als pflicht=
mäßig, im Umgange mit Witzköpfen auf seiner Hut zu seyn.
Nicht, daß man sich persönlich vor ihrer spitzen Zunge oder
Feder fürchten müßte, denn das würde starkes Bewußtseyn
eigener Erbärmlichkeit verrathen; sondern daß man nicht
durch sie verführt werde, mit zu lästern; daß man sich und
Andern dadurch nicht schade, und daß der gute Geist der
Duldung nicht von uns weiche. Man bezeige daher witzi=
gen Einfällen, welche nicht von Bitterkeit und Bosheit frei
sind, keinen zu lauten Beifall, bestärke die Witzbolde nicht
in der Gewohnheit, ihren Witz auf anderer Menschen Unko=
sten spielen zu lassen, und lache nicht mit, wenn sie lästern
und schmähen.

Ich sage: man hat gar nicht Ursache, satyrische Leute
eigentlich zu fürchten; denn sind sie übrigens edle Männer,
so werden sie, wenn sie auch über Thorheiten lachen und

spotten, doch den Charakter des redlichen Mannes schonen. Sind sie aber boshafte Spötter, so werden sie sich selbst mehr, als Andern schaden. — An den Mann von Würde wagt sich denn auch nicht leicht ein Solcher, wenigstens nicht zum zweiten Mal.

Trunkenbolde, grobe Wollüstlinge und alle andere Arten von lasterhaften Menschen sollte man zwar mit Abscheu fliehn, und ihren Umgang, wenn man kann, vermeiden; ist dies aber durchaus unmöglich, so bedarf es wohl keiner Erinnerung, daß man sich hüten müsse, von ihnen angesteckt, verblendet und verführt zu werden. Niemand halte sich von dieser Seite für unverführbar; im fortgesetzten Umgange mit solchen Menschen, besonders wenn sie übrigens manches Gute haben, schleicht sich unvermerkt ein Hang ein, von welchem man anfangs sehr weit entfernt war. Allein das ist nicht genug. Es ist Pflicht, ihren Ausschweifungen, möchten sie solche auch in das gefälligste Gewand hüllen, nicht nachzusehen, sie nicht zu entschuldigen, sondern vielmehr, wo es mit Klugheit geschehen kann, einen erklärten Abscheu dagegen zu zeigen; es ist Pflicht, und recht heilige Pflicht, an unzüchtigen, schmutzigen Gesprächen niemals und auf keinerlei Art beifälligen Antheil zu nehmen. Man sieht in der großen Welt die sogenannten agréables débauchés mehrentheils die glänzendste Rolle spielen, und in manchen, besonders männlichen Cirkeln, die Unterhaltung auf Zoten und Zweideutigkeiten hinausgehen, wodurch die Phantasie junger Leute erhitzt, mit schlüpfrigen Bildern erfüllt, und die schamloseste Unsittlichkeit weiter ausgebreitet wird. Zu diesem allgemeinen Verderbnisse der Sitten, zur Verspottung, vielleicht gar zur Verachtung der Keuschheit, Nüchternheit, Mäßigkeit und Schamhaftigkeit darf kein redlicher Mann auch

nur das Mindeste beitragen. Er muß vielmehr, so viel an
ihm ist, ohne Ansehn der Person, sein Mißfallen daran be=
stimmt zu erkennen geben, und, wenn er es vergebens ver=
sucht hat, Menschen, die auf dem Wege des Lasters wan=
deln, durch freundschaftliche Warnung und Hinlenkung ihrer
Thätigkeit an würdigere Gegenstände, zu bessern, ihnen we=
nigstens zeigen, daß er den Sinn für Reinigkeit und Tugend
nicht verloren habe, und daß in seiner Gegenwart die Un=
schuld respektirt werden müsse.

25.

Einen ganz eigenen Abschnitt verdienen die Enthu=
siasten, überspannten, romanhaften Menschen,
Kraftgenies und excentrischen Leute. Sie leben und
weben in einer Atmosphäre von Phantasien, wie ein Fisch
im nassen Elemente, und sind geschworne Feinde der kalten
Ueberlegung. Mode=Lektüre, Romane, Schauspiele, geheime
Verbindungen, Mangel an gründlichen, wissenschaftlichen
Kenntnissen und Müssiggang stimmen einen großen Theil un=
serer heutigen Jugend auf diesen Ton; man trifft aber auch
Schwärmer mit grauen Köpfen an. Sie streben ohne Un=
terlaß nach dem Außerordentlichen und Uebernatürlichen;
verachten das naheliegende Gute, um nach fernen Erschei=
nungen zu greifen; versäumen das Nöthige und Nützliche,
um Pläne für das Entbehrliche zu machen; legen die Hände
in den Schooß, wo es Pflicht wäre, zu wirken, um sich in
Händel zu mischen, die sie nichts angehen; reformiren die
Welt, und vernachlässigen ihre häuslichen Geschäfte; finden
das Wichtigste zu klein und das Abgeschmackteste erhaben;

haben eine entschiedene Abneigung gegen alles Deutliche, Verständige und Klare, und predigen das Unbegreifliche. Vergebens stellst Du ihnen die Gründe der gesunden Vernunft entgegen, und bittest sie, zu prüfen; sie werden Dich als einen gemeinen Menschen, ohne Gefühl, ohne Sinn für das Große, verachten, Mitleid mit Deiner Weisheit zeigen, und lieber an ein Paar andere Narren von ähnlichem Schwunge sich anschließen, die in ihren Unsinn einstimmen. Ist Dir's also darum zu thun, einen solchen Schwärmer zu überzeugen, oder auch nur einen wirksamen Einfluß auf ihn zu erhalten: so müssen Deine Gespräche warm und feurig seyn, und Du mußt mit eben so viel Enthusiasmus der gesunden Vernunft das Wort reden, womit er die Sache seiner Thorheit versicht. Selten aber richtet man überhaupt mit solchen Menschen etwas aus, und es ist am besten gethan, der Zeit ihre Heilung zu überlassen. Indessen steckt zum Unglücke Schwärmerei an, wie der Schnupfen. Wer daher eine sehr lebhafte Einbildungskraft hat, und nicht ganz sicher von der Herrschaft seines Verstandes über dieselbe ist, dem rathe ich, im Umgange mit Enthusiasten jeder Gattung auf seiner Hut zu seyn. Unsere Zeit hat ein unglückseliges Wohlgefallen an religiöser, theosophischer und mystischer Schwärmerei, und bringt manches zu Ehren, was zum Heil der Welt eine bessere Zeit verlacht und in den Staub geworfen hatte. So hört man z. B. jetzt einen Jakob Böhme rühmen und preisen, und alle die alten Kirchengesänge, welche in jeder Zeile eine Sünde gegen den guten Geschmack und gegen das gesunde Gefühl begehen, als Meisterstücke der Dichtkunst laut erheben, hört junge Mädchen, schon lange vor der Periode, in welcher sie von Rechtswegen in die Reihe der Betschwestern treten dürfen, gar andächtig singen, was sie bei gesundem Urtheil und Gefühl

zum Lächeln reizen müßte, und dergleichen Erscheinungen
mehr, welche beweisen, wie behaglich es dem Menschen in
seiner Schwachheit ist, von einem Extrem auf das andere
überzuspringen*). Ich mag nicht entscheiden, welche von
diesen Gattungen der Schwärmerei die gefährlichste ist, halte
aber doch dafür, daß diejenigen, welche auf politische, halb
phantastische, halb jesuitische Plane und auf Welt=Reforma=
tion hinausgehen, wenigstens nicht zu den unschädlichsten
Donquixoterien gehören; ich glaube dies um so fester, da
gerade diese Art von Schwärmer=Systemen am mehrsten
Verwirrung im Staate anrichten kann, und die blendendste
Außenseite zu haben pflegt, statt daß die übrigen bald Lange=
weile machen, und nur schiefe und mittelmäßige Köpfe an=
haltend beschäftigen. Man gewöhne sich daher, im Umgange
mit den Aposteln solcher Systeme, die jedem Biedermanne
sonst so theuren Ausdrücke: Heil der Welt, Freiheit, Gleich=
heit, Rechte der Menschheit, Religiosität, Christenthum,
Glaube und dergleichen, für nichts anders, als für Lock=
speise, oder höchstens für gutgemeinte leere Worte zu neh=
men, mit denen diese Leute spielen, wie die Schulknaben mit
den oratorischen Figuren und Tropen, welche sie in ihren
magern Exercitien anbringen müssen.

Kraft=Genies und excentrische Leute lasse man laufen,
so lange sie sich noch nicht gänzlich zum Einsperren qualifi=
ciren. Die Erde ist so groß, daß eine Menge Narren neben
einander Platz darauf hat.

---

*) In dieser Stelle liest man mit Verwunderung unsere Zeit auf's
getreueste dargestellt und wird versucht, zu glauben, sie müsse
im Jahre 1829 geschrieben seyn.   W.

26.

Jetzt noch ein Wort von **Andächtlern**, **Frömmlern**, **Heuchlern** und **abergläubischen Leuten**, welche mit den eben beschriebenen nur darin eine Klasse ausmachen, daß sie eine Freude an der Uebertreibung, und eine Scheu vor der Vernunft und deren Lichte haben.

Wem es mit seinen Empfindungen für die Religion, mit seiner Wärme für Gottesliebe, Gottesfurcht und Gottesverehrung und mit seiner Anhänglichkeit an die gottesdienstlichen Gebräuche der Kirche, zu welcher er sich in seinem Herzen bekennt, ein aufrichtiger Ernst ist, der hat die gegründetsten Ansprüche auf unsere Achtung. Sollte ihm auch das Wesen der Religion nichts weiter als bloßes Gefühl seyn, ohne allen Gebrauch seiner ihm von Gott verliehenen Leiterin, der Vernunft; — sollte sich auch, unserer Meinung nach, eine erhitzte Phantasie in seine religiösen Empfindungen mischen; — sollte er auch eine zu große Anhänglichkeit für gewisse Ceremonien, Gebräuche und Systeme haben: so verdient er, wenn er übrigens ein redlicher Mann, ein praktischer Christ ist, Duldung, Schonung und Bruderliebe. Allein um desto verachtungswürdiger ist ein Heuchler und Kopfhänger, ein gleisnerischer Bösewicht, der hinter der Larve der Heiligkeit, Sanftmuth und Religiosität den wollüstigen Verführer, den tückischen Verleumder, Aufrührer, Anhetzer, rachgierigen Bösewicht, oder den fanatischen Verfolger versteckt. Beide Arten von Leuten sind aber nicht schwer zu unterscheiden. Der fromme Edle ist gerade, offen, still und heiter, nicht übertrieben höflich, nicht übertrie=

ben zuvorkommend, noch übertrieben demüthig, aber liebe=
voll, einfach und zutraulich in seinem Betragen. Er ist
nachsichtig, milde und duldend, redet auch nicht viel, außer
mit vertrauten Freunden, über religiöse Gegenstände; der
Heuchler hingegen pflegt süß, kriechend, schmeichelnd, immer
auf seiner Hut, ein Sklave der Großen, ein Anhänger der
herrschenden Partei, ein Freund der Glücklichen, nie ein
Vertheidiger der Verlassenen zu seyn. Er führt Rechtschaf=
fenheit und Religion ohne Unterlaß im Munde, gibt seine
reichen Almosen, und erfüllt seine christlichen Liebespflichten
mit Geräusch und Aufsehen, klagt und seufzt über die Gott=
losigkeit unserer Zeit und über die Verächter des Christen=
thums, verdammt gern, und gibt zu erkennen, daß Dieser
und Jener ein Irrgläubiger sey. Hüte Dich, solchen Phari=
säern auf irgend eine Weise in die Hände zu fallen; fliehe
sie; tritt ihnen nicht auf den Fuß; beleidige sie nicht, wenn
Dir Deine Ruhe lieb ist!

Abergläubische Leute, die Ammen=Mährchen, Gespen=
ster=Histörchen und dergleichen lieben und mit großer Ernst=
haftigkeit erzählen, sind nicht durch Gründe der Philosophie
und durch vernünftige Vorstellungen und Zweifel von ihrem
Wahne zu befreien, am wenigsten aber durch Declamatio=
nen, Verspottung und Ereiferung. Es ist da kein anderes
Mittel, als ihnen nicht eher zu widersprechen, bis man zu=
gleich eine einzelne Thatsache strenge und kaltblütig unter=
suchen, und sie mit eignen Augen von dem Betruge oder
Ungrunde überzeugen kann, obgleich es wahrlich unbillig ist,
daß man Dem, welcher eine übernatürliche Erscheinung be=
hauptet, den Beweis erläßt, und ihn Demjenigen auflegt,
der die Rechte der Vernunft vertheidigt.

27.

Nicht toleranter, als die Frömmler, pflegen ihre Gegen=
füßler, die Deisten, Freigeister und Religions=
Spötter von gemeinem Schlage zu seyn. Ein Mann, der
unglücklich genug ist, sich von der Wahrheit, Heiligkeit und
Nothwendigkeit der christlichen Religion nicht überzeugen zu
können, verdient Mitleiden, weil er einen sehr wesentlichen
Vorzug, einen kräftigen Trost im Leben und Sterben ent=
behrt; er verdient mehr als Mitleiden, er verdient Liebe und
Achtung, wenn er dabei seine Pflichten als Mensch und Bür=
ger, so viel an ihm ist, treulich erfüllt und Niemand in sei=
nem Glauben irre macht. Wenn aber die Religionsspötterei
in einem lasterhaften Herzen, in der Sucht, durch Witz und
Scharfsinn zu glänzen, und in einem wahnsinnigen Dünkel
eigener Weisheit und Untrüglichkeit ihre Quelle hat, und
darauf ausgeht, Proselyten zu machen, wenn sie öffentlich
mit schalem Witze, oder nachgebeteten voltairischen Floskeln,
der Lehren spottet, auf welche andere Menschen ihre einzige
Hoffnung, ihre zeitliche und ewige Glückseligkeit bauen;
wenn der Religionsverächter verachtet, verleumdet und
schimpft, und Jeden einen Heuchler oder heimlichen Jesuiten
schilt, der nicht wie er denkt: so ist ein solcher bösartiger
Thor unserer Verachtung werth, werth, daß man ihm diese
Verachtung zeige, wäre er auch ein noch so vornehmer
Mann; und wenn man es für vergebliche Mühe hält, sei=
nem Gewäsche ernsthafte Gründe entgegenzusetzen: so bringe
man ihn wenigstens durch ernsthafte Bekämpfung zum
Schweigen!

28.

Ueber die Art, wie man schwermüthige, tolle und rasende Menschen behandeln müsse, sollte billig ein philosophischer Arzt ein eigenes Werk schreiben. Dieser Mann müßte Leute von der Art in und außer den Hospitälern aufsuchen, dieselben genau und in verschiedenen Jahreszeiten und Mondsveränderungen beobachten, und aus den Resultaten dieser Untersuchungen ein ganzes System ausarbeiten. Mir fehlt es an der Menge von Thatsachen, so wie an medicinischen Kenntnissen dazu, und hier würde eine weitläufige Abhandlung über diesen Gegenstand auch zu viel Raum wegnehmen, da ich schon so manches Blatt mit Bemerkungen über den Umgang mit nicht eingesperrten Narren angefüllt habe. Also nur noch wenige Zeilen darüber!

Der wichtigste Punkt scheint bei solchen Kranken anfangs der zu seyn, daß man die erste Quelle ihres Uebels aufsuche, daß man ausmittle, ob und wie dieselben, entweder durch Zerrüttung einzelner Organe, oder durch Gemüthsleiden, heftige Leidenschaften, oder Unglücksfälle entstanden seyen. Zu diesem Endzwecke muß man Acht geben, womit sich ihre Phantasie in den Augenblicken der Raserei oder Verwirrung, und außer denselben, beschäftige, worüber ihre Einbildungskraft brüte. Da würde sich's denn zeigen, daß man, um diese Unglücklichen nach und nach zu heilen, mehrentheils nur auf einen einzigen Punkt zu wirken, in ihnen auf vorsichtige Weise nur eine einzige herrschende Grille zu zerstören oder zu modificiren brauchte. Ferner würde es

wichtig seyn, darauf Acht zu geben, welche Art von Wetter=
veränderung, Jahreszeit und Mondeswandlung Einfluß auf
ihre Krankheit habe, um die glücklichen Augenblicke zur Be=
handlung und Leitung zu nützen. Endlich habe ich bemerkt,
daß das Einsperren und jede harte Verfahrungsart fast im=
mer das Uebel ärger macht. Ich muß bei dieser Gelegen=
heit mit wahrem, aufrichtigem Lobe der Einrichtung Erwäh=
nung thun, welche im Irrenhause in Frankfurt am Main
herrscht, und welche ich vielfältig zu beobachten Gelegenheit
gefunden habe. Man läßt dort die Wahnsinnigen, wenn es
nur irgend ohne Gefahr geschehen kann, wenigstens in den
Jahreszeiten, von welchen man weiß, daß alsdann ihre Toll=
heit weniger heftig ist, unter unmerklicher Beobachtung frei
im Hause und Garten herumgehen; und der Zuchtmeister
verfährt so sanft und liebreich mit ihnen, daß viele dersel=
ben nach einigen Jahren völlig geheilt wieder herauskom=
men, und eine größere Anzahl höchstens nur melancholisch
bleibt, und allerlei Handarbeiten zu verrichten im Stande
ist, indeß diese Menschen in manchen andern Hospitälern
durch Einsperrung und Härte vielleicht im höchsten Grade
wüthend geworden seyn würden.

Man kann aber auch schwache Menschen stufenweise um
ihren Verstand bringen, wenn man eine heftige Leidenschaft,
von welcher sie regiert werden, sey es Liebe, Hochmuth oder
Eitelkeit, nährt, reizt und kann wieder kränkt. Zwei solcher
elenden Geschöpfe erinnere ich mich gesehen zu haben. Der
Eine trug ein Hofnarrenkleid an dem Hofe des Fürsten von
***. Er war in der Jugend ein Mensch von feinem
Kopfe, guten Anlagen und voll Witz gewesen; noch loder=
ten davon in ruhigen Augenblicken Flammen hervor. Er
hatte studiren sollen, aber nichts gelernt, sondern sich einem

lieberlichen Leben überlassen. Als er darauf in sein Vater-
städtchen zurückkam, behandelte man ihn als einen unwissen-
den Müssiggänger, und er selbst fühlte, daß er weiter nichts
war. Er hatte aber einen ungeheuren Hochmuth, und war
nicht gänzlich arm. Von seiner Familie und den Leuten seines Standes verstoßen, fing er nun an, mit den Hofoffi-
cianten des Fürsten von * * * sich herumzutreiben. Seine
lustigen Einfälle zogen sogar die Aufmerksamkeit dieses sehr
muntern Herrn auf ihn. Er wurde bald vertraut mit demselben und mit dem ganzen Hofe, wodurch anfangs seine
Eitelkeit gekitzelt wurde; doch endigte sich das natürlicher-
weise damit, daß man ihn mißbrauchte, und als einen privilegirten Spaßmacher betrachtete. Dies war indessen immer noch eine Art von Existenz, die ihm behagte, so lange
die Sache in gewissen Schranken blieb, und es ihm erlaubt
war, auf vertraulichem Fuße mit vornehmen Leuten umzugehen, und ihnen zuweilen derbe Wahrheiten zu sagen.
Weil diese aber sich nicht umsonst so weit herablassen wollten, auch nicht zu aller Zeit gleich gut aufgelegt waren, seinen Witz, der zuweilen in das Grobe fiel, anzunehmen: so
erfuhr er Demüthigungen aller Art, bekam zuweilen Schläge,
und konnte doch nun nicht mehr zurück, indem ihm seine
Verwandten und Bekannten in der Stadt mit äußerster
Verachtung begegneten, und sein kleines Vermögen geschmol-
zen war. — Und so sank er denn immer tiefer. Er wurde
gänzlich abhängig vom Hofe; der Fürst ließ ihm eine bunt-
schäckige Kleidung machen, und es war kein Küchenjunge im
Schlosse, der nicht das Recht zu haben glaubte, einen Spaß
von ihm zu begehren, oder ihm für einen Schoppen Wein
einen Nasenstüber zu geben. Aus Verzweiflung berauschte
er sich nun täglich; und war er ja einmal nüchtern, so nag-
ten die Vorstellungen seiner fürchterlichen Lage, das Gefühl

der uneblen Rolle, welche er spielte, die Anstrengung, neue Späße zu erfinden, um nicht auf immer verstoßen zu werden, und sein aufwachender Hochmuth an seiner Seele, indeß er seinen Körper durch Ausschweifungen zerrüttete. Er wurde wirklich ein Narr; und einmal so rasend, daß man ihn ein halbes Jahr hindurch an der Kette verwahren mußte. Als ich ihn sah, war er ein alter Mann, trieb sich in einem armseligen Zustande umher, wurde als ein verrückter Mensch angesehen, war aber mehr ein Gegenstand des Widerwillens, als des Mitleidens, und hatte doch noch helle Augenblicke, in welchen er ungewöhnlichen Scharfsinn, Witz und Genie verrieth, auch, wenn er einen halben Gulden erbetteln wollte, auf eine feine Weise zu schmeicheln, und mit so schlauer Menschenkenntniß die schwachen Seiten der Leute zu fassen verstand, daß ich nicht wußte, ob ich mehr über die Leute, die ihn so tief hinabgestoßen hatten, oder über seine Verirrungen seufzen sollte.

Von dem Umgange unter Menschen von verschiedenem Alter.

1.

Der Umgang unter Menschen von gleichen Jahren scheint freilich viel Vorzüge und Annehmlichkeiten zu haben. Aehnlichkeit in der Denkungsart und wechselseitige Austauschung solcher Ideen, die gleich lebhaft die Aufmerksamkeit und die Theilnahme erregen, ketten die Menschen an einander. Jedem Alter sind gewisse Neigungen und leidenschaftliche Triebe eigen. In der Folge der Zeit verändert sich die Stimmung; man rückt nicht mehr fort mit dem Geschmacke und der Mode; das Herz ist nicht mehr so warm und nicht mehr so empfänglich für das Neue; Lebhaftigkeit und Phantasie werden herabgestimmt; manche glückliche Täuschungen sind verschwunden; viele Gegenstände, die uns theuer waren, sind um uns her abgestorben, entwichen, unsern Augen entrückt; die Gefährten unserer glücklichen Jugend sind fern von uns, oder schlummern schon im Grabe; der Jüngling hört die Erzählungen von den Freuden unserer schönsten Jahre nur aus Gefälligkeit ohne Gähnen an. Gleiche Erfahrungen ge=

ben reichhaltigern Stoff zur Unterhaltung, als die aus ei=
ner längst entschwundenen, der Jugend fremden Zeit. —
Das Alles leidet keinen Widerspruch; doch rückt Verschieden=
heit der Temperamente, der Erziehung, der Lebensart und
der Erfahrungen diese Grenzlinien oft vor und zurück, so
daß viele in gewissem Betrachte ewig Kinder bleiben, indeß
andere vor der Zeit Greise werden. Der an Leib und Seele
abgestumpfte Jüngling, der alle Welt=Lüste bis zum Ekel
geschmeckt hat, findet freilich wenig Genuß im Kreise junger
unschuldiger Landleute, die noch Sinn für einfache Freuden
haben; und der alte Biedermann, der nicht weiter, als höch=
stens in einem Umkreise von fünf Meilen sich von seiner
Heimath entfernt hat, ist unter einem Haufen erfahrner und
belebter Residenz=Bewohner, mit ihm von gleichem Alter,
eben so wenig an seinem Platze, wie ein betagter Kapuziner
in einer Gesellschaft von alten Gelehrten. Dagegen aber
binden auch manche Neigungen, zum Beispiel die noblen
Passionen der Jagd, des Spiels, der Medisance und des
Trunks vielfältig Greise, Jünglinge und alte Weiber recht
herzlich an einander; doch dies sind Ausnahmen, welche die
Regeln für den Umgang mit Personen von verschiedenem
Alter nicht überflüssig machen. Ein gutes Zeichen ist es,
daß jetzt nicht mehr eine so strenge Absonderung der Jun=
gen und Alten Statt findet, und diese gelernt haben, sich
zu jenen herabzulassen; nur daß diese Herablassung sehr
oft zu weit getrieben wird, so daß die Alten wohl zuweilen
vergessen, was sie ihrem Alter schuldig sind. Die Musik hat
nach und nach das Alter der Jugend näher gebracht, und
das vertrauliche Du zwischen Kindern und Aeltern hat das
Uebrige gethan. Der Ton, den die Jugend annimmt, wenn
sie immer sich selbst überlassen ist, pflegt nicht der sittlichste
zu seyn; manche gute Einwirkung wird verhindert, und alte

Leute bestärken sich in der Selbstsucht, im Mangel an Dul=
dung, und werden mürrische Hausväter, wenn sie keine an=
dere, als solche Menschen um sich sehen, die mit ihnen ge=
meinschaftliche Sache machen, sobald von Lobeserhebung al=
ter Zeiten und Heruntersetzung der gegenwärtigen, deren
Ton und Vorzüge sie nie kennen lernen, oder nie zugeste=
hen, die Rede ist.

2.

Selten nehmen ältere Leute so billige Rücksicht, daß sie
sich in Gedanken an die Stelle jüngerer Personen setzen, und
die Freuden derselben nicht stören, sondern vielmehr zu be=
fördern und durch Theilnahme zu erhöhen suchen. Sie den=
ken sich nicht in ihre eigenen Jugendjahre zurück; Greise
verlangen von Jünglingen dieselbe ruhige, nüchterne, kalt=
blütige Ueberlegung, Abwägung des Nützlichen und Nöthi=
gen gegen das Entbehrliche, dieselbe Gesetztheit, die ihnen
Jahre, Erfahrung und physische Herabspannung gegeben ha=
ben. Die Spiele der Jugend scheinen ihnen unbedeutend,
die Scherze leichtfertig. Es ist aber auch wahrlich keine
leichte Aufgabe, sich so ganz in die Lage zurückzudenken, in
welcher wir vor zwanzig oder dreißig Jahren waren, und
bei dem besten Willen entstehen daraus manche unbillige
Urtheile und manche Uebereilungen bei Erziehung der Ju=
gend. — O, lasset uns doch lieber selbst so lange als mög=
lich jung bleiben, und, wenn der Winter unsers Lebens un=
ser Haar bleicht, und nun das Blut langsamer durch die
Adern rollt, das Herz nicht mehr so laut im Busen pocht,

doch mit theilnehmender Freude auf unsere jüngeren Brüder
herabsehen, die noch Frühlings=Blumen pflücken, wenn wir,
dicht eingehüllt, am häuslichen, väterlichen Herde Ruhe su=
chen! Lasset uns nicht durch platte Gemeinsprüche die süßen
Freuden der Phantasie niederpredigen! Wenn wir zurück=
schauen auf jene seligen Tage, wo ein einziger Liebes=
blick des holden Mädchens, das jetzt eine alte runzlichte Ma=
trone ist, uns bis in den dritten Himmel entzückte, wo bei
Musik und Tanz jede Nerve in uns anschlug; wo Scherz
und Witz jeden trüben Gedanken verjagten; wo süße Träu=
me, Ahnungen und Hoffnungen unser Leben erheiterten;
wie sollten wir nicht mit duldsamer Nachsicht die laute
Freude und den unschuldigen Uebermuth der Jugend ertra=
gen, und versuchen, mit den Fröhlichen fröhlich und selbst
mit den Lustigen lustig zu seyn! — Mit zärtlicher Ehrerbie=
tung drängen sich dann Kind, Knabe, Mädchen und Jüng=
ling um den freundlichen alten Mann, der sie zu unschuldi=
ger Fröhlichkeit aufmuntert. Ich bin als Jüngling mit so
liebenswürdigen alten Damen umgegangen, daß ich wahr=
lich, wenn ich die Wahl gehabt hätte, an ihrer Seite lieber
mein Leben hingebracht haben würde, als bei manchen hüb=
schen, jungen Mädchen; und wenn bei großen Tafeln mich,
als einen jungen Menschen, die Reihe traf, neben einer gei=
stesarmen Schönheit Platz zu nehmen, habe ich oft den
Mann beneidet, dem sein Rang ein Recht gab, der Nachbar
einer verständigen, muntern alten Frau zu seyn.

3.

So schön aber diese gutmüthige Herablassung zu der Stimmung der Jugend ist, so lächerlich muß es uns vorkommen, wenn ein Greis so sehr Würde und Anstand verleugnet, daß er in Gesellschaft den Stutzer oder den lustigen Studenten spielt; wenn die Dame ihre vier Lustra vergißt, sich wie ein junges Mädchen kleidet, herausputzt, kokettirt, die alten Gliedmaßen beim Tanze durcheinander wirft, oder spätern Generationen Eroberungen streitig machen will. Solche Scenen bewirken Verachtung; nie müssen Personen von gewissen Jahren Gelegenheit geben, daß die Jugend ihrer spotte, und die Ehrerbietung, oder irgend eine der Rücksichten vergesse, die man ihnen schuldig ist.

4.

Es ist indessen nicht genug, daß der Umgang älterer Leute den jüngern nicht lästig und hinderlich werde: er muß ihnen auch Nutzen schaffen. Eine größere Summe von Erfahrungen berechtigt und verpflichtet Jene, Diese zu unterrichten, zurecht zu weisen, ihnen durch Rath und Beispiel nützlich zu werden. Dies muß aber ohne Pedanterie, ohne Stolz und Anmaßung geschehen, ohne auf eine lächerliche Weise Alles anzupreisen, was alt, Alles zu verwerfen, was neu ist, ohne beständige Huldigung und unterthänige Aufwartung zu fordern, ohne Langeweile zu erregen, und ohne sich aufzudringen. Der Alte soll sich vielmehr aufsuchen

laſſen; und das wird gewiß nicht fehlen, da gutgeartete
junge Leute ſich's zur Ehre zu rechnen pflegen, mit freund=
lichen und verſtändigen Greiſen umgehen zu dürfen, und es
der Unterhaltung mit einem ſolchen, der ſo viel Merkwürdi=
ges geſehen und erlebt hat, und davon gut zu erzählen weiß,
nicht an Reiz fehlt.

5.

So viel über das Betragen bejahrter Perſonen gegen
jüngere Leute! Jetzt noch etwas von dem Betragen der
Jünglinge im Umgange mit Männern und Greiſen!

In unſern, von Vorurtheilen ſo ſäuberlich gereinigten,
aufgeklärten Zeiten werden manche Empfindungen, welche
die Natur uns eingeprägt hat, wegvernünftelt. Dahin ge=
hört denn auch das Gefühl der Ehrerbietung gegen das
hohe Alter. Unſere Jünglinge werden früher reif, früher
klug, früher gelehrt; durch fleißige Lektüre, beſonders der
wohlgefüllten Journale, erſetzen ſie, was ihnen an Erfah=
rung und Einſicht fehlt; dies macht ſie ſo weiſe, über Dinge
entſcheiden zu können, wovon man ehemals glaubte, es
würde vieljähriges, emſiges Studium dazu erfordert, nur
einigermaßen klar darin zu ſehen. Daher entſteht auch
jenes kühne Selbſtvertrauen und jene ſtolze Zuverſicht, die
ſchwächere Köpfe für Unverſchämtheit halten, jene Ueber=
zeugung des eigenen Werths, mit welcher unbärtige Knaben
heut zu Tage auf alte Männer herabſehen, und Alles ver=
werfen und verurtheilen, was nicht mit ihrer untrüglichen
Anſicht übereinſtimmt. Das Höchſte, was ein Mann von

älteren Jahren von diesen gestrengen Richtern erwarten darf, ist gnädige Nachsicht, züchtigende Kritik, wohlmeinende Zurechtweisung und Mitleiden mit ihm, der das Unglück gehabt hat, nicht in diesen glücklichen Tagen, in welchen die Weisheit, ungesäet und ungepflegt, wie Manna vom Himmel regnet, geboren worden zu seyn. Ich, der ich auch das Schicksal gehabt habe, in einem Jahre zur Welt zu kommen, in welchem der größte Theil der Polyhistoren, von denen ich hier rede, ihre jetzt so scharfen Zähne noch am Wolfszahn übten, oder gar noch Embryonen waren, — ich habe es nicht zu jenem Grade von Aufklärung bringen können, und muß daher um Verzeihung bitten, wenn ich hier einige Regeln zu geben wage, die ziemlich nach der alten Mode schmecken werden. — Doch zur Sache!

6.

Es gibt viele Dinge in dieser Welt, die sich durchaus nicht anders, als durch Erfahrung lernen lassen, es gibt Wissenschaften, die durchaus ein anhaltendes Studium, vielfaches Betrachten von verschiedenen Seiten, und kälteres Blut erfordern, so daß ich glaube, auch das feurigste Genie, der feinste Kopf sollte einem bejahrten Mann, der selbst bei schwächeren Geistesgaben eine reiche Erfahrung auf seiner Seite hat, in den mehrsten Fällen einiges Zutrauen, einige Aufmerksamkeit nicht versagen. Und wäre auch nicht von wissenschaftlichen Fächern die Rede, so ist doch wohl im Ganzen unleugbar, daß die Summe mannichfaltiger Erfahrungen, die jeder in der Welt lebende Mann in einer

langen Reihe von Jahren einsammelt, ihn in den Stand
setzt, schwankende Ideen zu berichtigen, idealische Grillen in
ihrer Nichtigkeit darzustellen, und diejenigen zurecht zu wei=
sen, die von ihrer aufgeregten Phantasie, ihrem warmen
Blute und reizbaren Nerven irre geführt werden, daß sie
die Menschen und die Dinge um sich her aus einem richtigen
Gesichtspunkte betrachten. Endlich dünkt es mich so schön,
so edel, Dem, welcher nun nicht lange mehr die Genüsse
und Freuden dieser Welt schmecken kann, den Rest des Le=
bens, in welchem gewöhnlich Sorgen und Bekümmernisse
zunehmen und der Genuß abnimmt, so leicht als möglich zu
machen, daß ich kein Bedenken trage, dem Jünglinge und
Knaben die uralte Lehre auf's Neue zuzurufen: „Vor ei=
nem grauen Haupte sollst Du aufstehen und das Alter eh=
ren! Suche den Umgang älterer und kluger Leute! Ver=
achte nicht den Rath der kältern Vernunft, die Warnung
des Erfahrnen! Thue dem Greise, was Du willst, daß man
Dir thun solle, wenn einst Deiner Scheitel Haar ergraut
seyn wird! Pflege seiner und verlaß ihn nicht, wenn die
wilde und leichtfertige Jugend ihn flieht!“

Uebrigens aber ist es auch gewiß, daß es sehr viele alte
Gecken gibt, an welchen sich das Sprichwort: „Alter scha=
det der Thorheit nicht,“ bewährt, und dagegen hie und da
weise Jünglinge, die schon geerntet haben, wo Andere kaum
ihr Handwerksgeräthe zum Graben und Pflügen schleifen.

7.

Nun noch etwas von dem Umgange mit Kindern;
aber nur sehr wenig! Denn hiervon weitläufig reden, das

hieße, ein Werk über Erziehung schreiben, und dies ist ja
nicht mein Zweck.

Der Umgang mit Kindern hat für einen verständigen
Mann unendlich viel Interesse. Hier sieht er das Buch der
Natur in unverfälschter Ausgabe aufgeschlagen. Er sieht
den wahren, einfachen Grundtext, den man nachher nur unter dem Wuste von fremden Glossen, Verzierungen und Ver-
brämungen herausfinden kann; die Anlage zu der Eigenthümlichkeit des Charakters, die nachher leider gewöhnlich
entweder ganz verloren geht, oder sich hinter der Larve der feinen Lebensart und hinter conventionelle Rücksichten versteckt,
liegt noch offen da; über viele Dinge urtheilen Kinder, von
Systemgeist, Leidenschaft und Gelehrsamkeit unverführt, weit
richtiger, als Erwachsene; sie empfangen manche Eindrücke
weit schneller, haben noch eine große Anzahl Vorurtheile
weniger gefaßt. — Kurz, wer Menschen studiren will, der
versäume nicht, sich unter Kinder zu mischen! Allein der
Umgang mit denselben erfordert auch eine Vorsicht und Behutsamkeit, eine Klugheit und Selbstbeherrschung, die im
Umgange mit älteren Personen unnöthig ist. Heilige Pflicht
ist es, ihnen auf keine Weise Aergerniß zu geben; sich leicht-
fertiger Reden und Handlungen zu enthalten, die von Niemand so lebhaft, als von den, auf alles Neue so aufmerksam horchenden und Alles so fein beobachtenden Kindern
aufgefangen werden; ihnen in jeder Tugend, in Wohlwollen, Treue, Aufrichtigkeit und Anständigkeit voran zu gehen;
— kurz, zu ihrer Bildung alles nur Mögliche beizutragen.

Immer herrsche Wahrheit in Deinen Reden und in
Deinem Betragen gegen diese jungen Geschöpfe! Laß Dich
herab (jedoch nicht auf eine Weise, die ihnen selbst lächer-

lich vorkommen muß) zu dem Tone, der ihnen nach ihrem Alter verständlich ist! Zerre, täusche und necke die Kinder nicht, wie einige Leute die Gewohnheit haben! — das hat böse Einflüsse auf den Charakter.

Gutgeartete Kinder werden durch einen ganz eigenen Sinn zu edlen, liebevollen Menschen hingezogen, wenn diese sich auch nicht besonders mit ihnen zu thun machen, da sie hingegen Andere fliehen, ob sie ihnen gleich außerordentlich gefällig sind. Reinheit, Güte und Einfalt des Herzens ist das große Zauberband, wodurch dies bewirkt wird, und dafür lassen sich also keine Vorschriften geben.

———————

Ueber den Umgang mit Frauenzimmern.

1.

Ich will gleich zu Anfange dieses Kapitels feierlich er=
klären, daß ich kein Weiberfeind bin. — Zwar sollte es bil=
lig einer solchen Erklärung nicht bedürfen, weil es schon der
gesunde Menschenverstand lehrt, und ich kühn sagen darf,
daß meine Schriften nicht Gelegenheit geben, mich für einen
Lästerer des schönen Geschlechts zu halten; doch der Schwa=
chen wegen füge ich es hinzu. Alles also, was ich hier im
Allgemeinen zum Nachtheile des weiblichen Charakters sa=
gen muß, soll der Verehrung unbeschadet gesagt seyn, die
nicht nur jedes einzelne edle Weib und Mädchen, sondern
die auch das Geschlecht, im Ganzen genommen, von so man=
chen Seiten verdient. Diese dunkeln zu verschweigen, um
jene zu erheben, das ist das Werk eines feilen Schmeich=
lers; und der mag ich nicht seyn. Die mehrsten Schriftstel=
ler aber, welche etwas über die Frauenzimmer sagen, schei=
nen sich's zum Geschäft zu machen, nur die Schwächen der=
selben aufzudecken — das ist noch weniger meine Absicht.
Wenn ich aber über den Umgang mit Menschen schreibe, so

habe ich die Verpflichtung, auch die Schwächen in Erwägung zu ziehen, denen man nachgeben, die man schonen muß, um in dem Umgange mit Frauenzimmern weder ungerecht, noch ihr Sklave zu werden.

2.

Nichts ist so geschickt, der Bildung des Jünglings die Vollendung zu geben, als der Umgang mit tugendhaften und gesitteten Weibern. Da werden die sanftern Tinten in den Charakter eingetragen; da wird durch mildere und feinere Züge manche Härte gemäßigt, mancher Flecken verwischt, — wer nie mit Weibern besserer Art umgegangen ist, der entbehrt nicht nur sehr viel reinen Genuß, sondern er wird es auch in seiner geselligen Bildung nicht weit bringen, und den Mann, der verächtlich vom ganzen weiblichen Geschlechte denkt und redet, mag ich nicht zum Freunde haben. Ich habe die seligsten Stunden in dem Kreise liebenswürdiger Frauenzimmer verlebt; und wenn etwas Gutes an mir ist, wenn, nach so vielfältigen Täuschungen von Menschen und Schicksalen, Erbitterung, Mißmuth und Feindseligkeit noch nicht alles Wohlwollen, alle Liebe und Duldung aus meiner Seele verdrängt haben, so danke ich es den sanften Einwirkungen, die dieser Umgang auf meinen Charakter gehabt hat.

3.

Die Weiber haben einen ganz eigenen Sinn, um diejenigen unter den Männern zu unterscheiden, welche mit ih=

nen sympathisiren, sie verstehen, sich in ihren Ton stimmen
können. Man hat sehr Unrecht, wenn man ihnen Schuld
gibt, körperliche Schönheit allein mache auf sie so lebhafte
Eindrücke; sehr oft hat gerade der entgegengesetzte Fall
Statt. Ich kenne Jünglinge mit Antinous=Gestalten, die ihr
Glück bei dem schönen Geschlechte nicht machen, und hinge=
gen Männer mit fast garstigen Larven, die demselben gefal=
len und seine Theilnehmung erwecken. Auch liegt nicht der
Grund darin, daß sie die Klügern und Witzigern vorzögen,
noch in der mehrern oder mindern Schmeichelei und Huldi=
gung, sondern es gibt eine Art, mit Frauenzimmern umzu=
gehen, die nur von ihnen selbst erlernt werden kann; und
wer die nicht versteht, der mag mit allen innern und äus=
sern Vorzügen ausgerüstet seyn — er wird ihnen nicht be=
hagen. Es gibt Männer, die von der Gabe, den Frauen=
zimmern zu gefallen, großen Mißbrauch machen, denen man
erwachsene Töchter anvertraut, die zu allen Tageszeiten bei
den Damen freien Zutritt haben, weil man sie für arglos
und ungefährlich hält, und ihnen Gutmüthigkeit zutraut,
denen man eben deswegen sorglos die freiesten Scherze er=
laubt und die man eben dadurch so gefährlich macht, daß
man es, aber zu spät, bereut, ihnen so viel eingeräumt zu
haben. Der Mißbrauch hebt indessen den erlaubten Ge=
brauch jener Kunst, zu gefallen, nicht auf. Ein kleiner An=
strich von weiblicher Sanftmuth, die aber ja nicht in un=
männliche Schwäche übergehen darf; Gefälligkeiten, die
nicht so groß, nicht so merklich seyn dürfen, daß sie Aufse=
hen erregen, oder größere Gegenforderung veranlassen, aber
auch nicht so heimlich, daß sie übersehen würden; kleine,
aber feine Aufmerksamkeiten, wofür sich kaum danken läßt,
die also kein Recht geben, ganz anspruchslos zu seyn schei=
nen, und doch verstanden, doch angerechnet werden; eine

Art von Augensprache, die sehr von Liebäugeln unterschie-
ben, nur von zarten, empfindungsvollen Herzen aufgefaßt
wird, ohne in Worte übersetzt werden zu dürfen; das Verbergen gewisser geheimen Gefühle; ein freier, treuherziger
Umgang, der nie in dreiste, gemeine Vertraulichkeit ausarten darf; zuweilen sanfte Schwermuth, die nicht Langeweile
macht; ein gewisser romanhafter Schwung, der weder in's
Süßliche noch Abenteuerliche fällt; Bescheidenheit, ohne
Schüchternheit; Unerschrockenheit, Muth und Lebhaftigkeit,
ohne stürmisches Wesen; körperliche Gewandtheit, Geschickt-
heit, Behendigkeit, angenehme Talente; — ich denke, das
ist es ungefähr, was den Weibern an uns gefallen könnte.

4.

Das Gefühl der Schutzbedürftigkeit und die Ueberzeugung, daß der Mann ein Wesen seyn müsse, das fähig sey,
diesen Schutz zu verleihen, ist von der Natur auch denen
Frauen eingepflanzt, die Stärke und Entschlossenheit genug
haben, sich selbst zu schützen. Daher fühlen auch weichge-
schaffene Damen eine Art von Widerwillen gegen schwäch-
liche, gebrechliche Männer. Sie können gegen Leidende herz-
liches Mitleiden empfinden, zum Beispiel gegen Verwundete,
Kranke und dergleichen; aber eigentliche, bleibende Gebrech-
lichkeiten, die den freien Gebrauch der Kräfte hemmen, werden die Zuneigung, selbst des sittsamsten Weibes, von Dir
abwendig machen.

5.

Man hat oft den Damen vorgeworfen, daß sie sich vorzüglich für ausschweifende Männer interessiren. Wenn das wahr ist, so kann ich doch nichts durchaus Anstößiges darin finden. Sind sie, bei dem Bewußtseyn eigener Schwäche, duldsamer als wir, so macht das ihrem Herzen Ehre, allein wir Männer tadeln auch oft nur aus Neid solche glückliche Verbrecher von unserm Geschlechte; finden hingegen, wenn wir die Lovelace und Carl Moor nur auf dem Papiere oder auf der Schaubühne sehen, heimliches Wohlgefallen an ihnen. Der Grund von dem Allen liegt wohl in einem dunkeln Gefühle, welches uns sagt, daß zu Verirrungen von der Art eine gewisse Kraft des Gemüths, eine lebendige Thätigkeit und eine Empfänglichkeit des Gefühls gehöre, die immer Interesse erweckt. Uebrigens will man bemerkt haben, daß die mehrsten Frauenzimmer nur vorzüglich duldsam gegen hübsche Männer und gegen garstige Weiber seyen.

6.

Noch muß ich erinnern, daß die Frauenzimmer an den Männern Reinlichkeit und eine wohlgewählte, doch nicht phantastische Kleidung lieben, und daß sie leicht mit einem Blicke kleine Fehler und Nachlässigkeiten im Anzuge bemerken.

7.

Huldige nicht mehrern Frauenzimmern zu gleicher Zeit, an demselben Orte, auf einerlei Weise, wenn es Dir darum zu thun ist, Zuneigung oder Vorzug von einer Einzelnen zu erlangen! Sie verzeihen uns kleine Untreuen, ja, man kann dadurch bei ihnen zuweilen sogar gewinnen; aber in dem Augenblicke, da man ihnen etwas von Empfindungen vorschwatzt, muß man fühlen, was man sagt, und es nur für sie fühlen. Sobald sie merken, daß Du Dein zärtliches Gewäsche einer Jeden auskramst, ist Alles vorbei. Sie mögen, was sie uns sind, gern ungetheilt, allein und ausschließend bleiben.

8.

Zwei Frauenzimmer, die Forderungen und Ansprüche von einerlei Art machen, sey es nun von Seiten der Schönheit, Gelehrsamkeit oder sonst, stimmen in einer Gesellschaft nicht gut zusammen. Doch werden sie zuweilen mit einander fertig; kommt aber die Dritte hinzu, dann hat der böse Feind sein Spiel.

Hüte Dich daher auch, in Gegenwart einer Dame, die Ansprüche von irgend einer Art macht, eine andere, wegen gleicher Eigenschaften, zu sehr zu loben, besonders eine Nebenbuhlerin mit denselben Ansprüchen! Es pflegt allen Menschen, die ein Gefühl von eigenem Werthe, und Begierde zu glänzen haben, eigen zu seyn, daß sie gern aus=

schließlich bewundert werden mögen, es sey nun wegen Schönheit, wegen Geschmack, wegen Pracht, wegen Talente, wegen Gelehrsamkeit, oder weswegen es auch sey. Sprich daher auch nicht von Aehnlichkeiten, die Du findest, zwischen der Frau, mit welcher Du redest und ihren Kindern, oder irgend einer andern Person! Frauenzimmer haben zuweilen sonderbare Grillen; man weiß nicht immer, wie sie, nach ihrer Vorstellung, aussehen, oder gern aussehen möchten. Die Eine affektirt Simplicität, Unschuld, Naivität; die Andere macht Anspruch auf hohe Grazie, Adel und Würde im Gang und Geberde. Die Eine sähe es gern, wenn man sagte: ihr Gesicht verrathe viel Sanftmuth; eine Andere möchte männlich, klug, entschlossen, geistvoll, erhaben aussehen. Die möchte mit ihren Blicken zu Boden stürzen können, Jene mit ihren Augen alle Herzen wie Butter schmelzen. Die Eine will ein gesundes und frisches, die Andere ein kränkliches, leidendes Ansehen haben. — Das sind nun kleine unschädliche Schwachheiten, nach denen man sich wohl richten kann oder vielmehr muß, wenn man mit Damen umgehen will.

9.

Die meisten Frauenzimmer wollen ohne Unterlaß angenehm unterhalten seyn. Der angenehme Gesellschafter ist ihnen oft mehr werth, als der würdige, verdienstvolle Mann, von dessen Lippen Weisheit strömt, wenn er redet; der aber lieber schweigen, als leere Worte sprechen mag. Allein kein Gegenstand scheint ihnen unterhaltender, als ihr eigenes Lob, wenn es ihnen nicht gar zu stark in's Gesicht gesagt wird; — doch auch damit nehmen es Manche so genau nicht. Man

erhebe immer einmal die Schönheit einer alten Matrone.
Man sehe immer einmal die Mutter für die Tochter im
Hause an! — Sie werden uns darum die Augen nicht aus=
kratzen. Ueberhaupt aber ist es mit dem Alter der Frauen=
zimmer ein kitzlicher Punkt. Man thut am besten, diese
Saite gar nicht zu berühren. Wenn man übrigens die
Kunst versteht, ihnen Gelegenheit zu geben, zu glänzen, so
bedarf man weiter keiner Unterhaltung, und man wird ih=
nen gewiß nicht unangenehm seyn. Ist das nicht bei allen
Menschen mehr oder weniger der Fall? Gewiß! doch bei
Weibern öfter, weil man wohl ohne Sünde ein wenig mehr
Eitelkeit auf Rechnung ihres Geschlechts schreiben, als dem
unsrigen Schuld geben darf.

10.

Auch die edelsten Weiber haben mehr abwechselnde Lau=
nen, sind weniger gleich gestimmt zu allen Zeiten, als wir
Männer. Reizbarere Nerven, die leichter zu allerlei Ge=
müthsbewegungen in Schwingung zu bringen sind, und ein
schwächerer Körperbau, der manchen unbehaglichen Gefühlen
ausgesetzt ist, die wir gar nicht kennen, sind Schuld daran.
Wundert Euch daher nicht, meine Freunde! wenn Ihr nicht
jeden Tag denselben Grad von Theilnehmung und Liebe in
den Augen derjenigen Damen zu finden glaubet, an deren
Zuneigung Euch gelegen ist! Ertraget diese vorübergehen=
den Launen, aber hütet Euch in solchen Augenblicken der
Verstimmung, Euch aufzubringen, oder zur Unzeit mit Witz
oder Trost angezogen zu kommen; sondern überlegt wohl,
was sie in jeder Gemüthslage etwa gern hören möchten,

und wartet ruhig den Augenblick ab, wo sie selbst den Werth Eurer Nachsicht und Schonung fühlen, und ihr Unrecht gut machen!

11.

Die Frauenzimmer finden ein gewisses Vergnügen an kleinen Neckereien; mögen selbst denen Personen, die ihnen am theuersten sind, zuweilen unruhige Augenblicke machen. Auch hierin liegt der Grund in ihren Launen, und nicht in Bösartigkeit des Gemüths. Wenn man sich dabei vernünftig, duldsam, nicht stürmisch beträgt, noch durch eigne Schuld den kleinen Zwist nicht zu einem wirklichen, förmlichen Bruche heranwachsen läßt: so löschen sie in einer andern Stunde die Beleidigungen, die sie uns zugefügt haben, durch verdoppelte Gefälligkeit aus, und man erlangt dabei oft ein Recht mehr auf ihre Zuneigung.

12.

In solchen und allen übrigen kleinen Kämpfen und Streitigkeiten mit Frauenzimmern muß man ihnen den Triumph des Augenblicks lassen, nie aber sie merklich beschämen, denn das ist etwas, das ihre Eitelkeit selten verzeiht.

13.

Daß die Rache eines unedlen Weibes fürchterlich, grausam, dauernd und nicht leicht zu versöhnen sey, ist oft ge=

sagt, und in der That, man sollte es kaum glauben, welche Mittel solche Furien ausfindig zu machen wissen, einen ehrlichen Mann, von dem sie sich beleidigt glauben, zu martern, zu verfolgen; wie unauslöschlich ihr Haß ist; zu welchen niedrigen Mitteln sie ihre Zuflucht nehmen. Der Verfasser hat leider selbst eine Erfahrung von der Art gemacht. Ein einziger unbesonnener Schritt in seiner frühen Jugend reizte die Rache eines Weibes, das sich durch ihn gekränkt fühlte, so sehr, daß er nachher überall, wo er Schutz und Glück suchte, Widerstand und fast unübersteigliches Hinderniß fand; daß heimliche, durch allerlei Mittel gewonnene Verleumder mit bösen Gerüchten vor ihm hergingen, um jeden Schritt zu hindern, jeden unschuldigen Plan zu vereiteln, den er zu seinem Fortkommen und zum Wohle seiner Familie anlegte. Ihm half nicht das vorsichtigste, untadelhafteste Betragen, nicht die öffentliche Erklärung, wie sehr er sein Unrecht erkenne; die rachgierige Frau hörte nicht auf, ihn zu verfolgen, bis er endlich freiwillig Allem entsagte, wozu man die Hülfe Anderer braucht, und sich auf eine häusliche Existenz einschränkte, die sie ihm nicht rauben konnte. — Und das that eine Frau, in deren Macht es stand, viele Menschen glücklich zu machen, und die von der Natur mit seltenen Vorzügen des Körpers und des Geistes ausgerüstet war!

Es scheint übrigens in der Natur zu liegen, daß Schwächere immer grausamer in der Rache sind, als Stärkere; vielleicht, weil das Gefühl dieser Schwäche die Empfindung des erlittenen Drucks verstärkt, und lüsterner nach der Gelegenheit macht, auch einmal Kraft zu zeigen.

14.

Es leben unter uns Männern Bösewichter, denen Tugend, Redlichkeit und die Ruhe ihrer Nebenmenschen so wenig heilig sind, daß sie unschuldige, unerfahrene Mädchen, wenn nicht durch schlaue Künste wirklich zum Laster verführen, doch mit falschen Erwartungen oder gar mit Versprechungen einer künftigen Eheverbindung täuschen, sich dadurch für den Augenblick eine angenehme Existenz verschaffen; die armen Getäuschten aber, die indeß ihretwegen jede Gelegenheit zu anderweitiger Versorgung unbenutzt ließen, unedel verlassen, um neue vortheilhaftere Verbindungen zu schließen. Die Schändlichkeit eines solchen Verfahrens wird ein Jeder wohl einsehen, der noch einen Funken von Gefühl für Ehre in seinem Busen trägt, und wem ein solches Gefühl fremd ist, für den schreibe ich nicht. Es gibt aber ein anderes, den Folgen nach nicht weniger schädliches, obgleich in Betracht der Absicht nicht so strafbares Betragen der Männer gegen gefühlvolle Frauenzimmer, worüber ich einige Worte zur Warnung sagen muß. Es glauben nämlich Manche unter uns, es könne gar kein Interesse in den Umgang mit jungen Mädchen kommen, wenn man ihnen nicht Süßigkeiten sage, ihnen schmeichele, oder eine Art von Wärme und Herzens = Andringlichkeit aus Worten und Geberden hervorleuchten lasse. Aber ein solches Betragen ist wahre Versündigung, denn es nährt nicht nur den ohnehin schon so großen Hang des Geschlechts zur Eitelkeit, sondern, da eben diese Eitelkeit und die Ueberzeugung von der Macht ihrer Reize gern jedes Honigwort für Sprache innerer Empfindung hält, so setzen die guten Mädchen, deren Leicht=

gläubigkeit kein edler Mann benutzen sollte, sich gleich in den Kopf, es sey ernstlich auf eine Heirath abgesehen. Der Stutzer merkt das nicht, oder wenn er es merkt, so ist er zu leichtsinnig, den Folgen nachzudenken; er verläßt sich darauf, daß er nie bestimmt etwas von Heiraths-Anträgen hat fallen lassen, und wenn er nun früh oder spät aufhört, einer solchen Schönen zu huldigen, so spricht er sich los von aller Schuld, und doch ist das Mädchen eben so unglücklich, als wenn er sie absichtlich betrogen hätte. Sie welkt dahin, die arme Verlassene, wenn bittere Täuschung einer lange genährten Hoffnung an ihrem Herzen nagt, indeß der süße Herr sorglos bei Andern herumschwärmt, und das Unglück nicht einmal ahnet, das er angerichtet hat.

Eine nicht minder gewöhnliche Art, junge Mädchen zu Grunde zu richten, ist, wenn man entweder durch leichtfertige Reden und luxuriösen Witz ihre Neugier und ihre Sinnlichkeit reizt, oder durch Erweckung romanhafter Begriffe ihre Phantasie erhitzt, ihre Aufmerksamkeit von solchen Gegenständen, womit sie, ihrem Berufe gemäß, sich beschäftigen sollten, ableitet, in ihnen den Sinn für einfaches häusliches Leben ertödtet, oder ein junges Landmädchen durch reizende Darstellung der Stadt-Freuden mit ihrer Lage unzufrieden macht. O habe doch Mitleiden, leichtsinniger Jüngling! mit diesen Armen, und nimm ihnen nicht unbarmherzig, was unersetzlich ist, die Zufriedenheit mit dem, was ihre Lage ihnen darbietet. Erkenne doch, wie unedel es ist, Schwachheit zu benutzen, um seiner Eitelkeit eine Nahrung zu bereiten, und wie edel dagegen, ein unbefangenes und argloses Herz mit Achtung und Schonung zu behandeln.

15.

Ich muß gestehen, daß mich immer eine Art von Fieber-
frost befällt, wenn man mich in Gesellschaft einer Dame ge-
genüber oder an die Seite setzt, die große Ansprüche auf
Schöngeisterei, oder gar auf Gelehrsamkeit macht. Wenn
die Frauenzimmer doch nur überlegen wollten, wie viel mehr
Interesse diejenigen unter ihnen erwecken, die sich einfach an
die Bestimmung der Natur halten, und sich unter dem Haufen ihrer Mitschwestern durch treue Erfüllung ihres Berufs
auszeichnen! Was hilft es ihnen, mit Männern in Fächern
wetteifern zu wollen, denen sie nicht gewachsen sind, wozu
ihnen mehrentheils die ersten Grundbegriffe fehlen, welche
den Knaben schon von Kindheit an eingeprägt werden. Es
gibt Damen, die neben allen häuslichen und geselligen Tugenden, neben der edelsten Einfalt des Charakters und neben
der Anmuth weiblicher Schönheit, durch tiefe Kenntnisse,
seltene Talente, feine Cultur, philosophischen Scharfsinn in
ihren Urtheilen und Bestimmtheit im Ausdrucke, Gelehrte
vom Handwerk beschämen. Allein wie geringe ist gottlob
die Anzahl solcher Frauen! Und ist es nicht Pflicht, die eingebildeten weiblichen Genies abzuschrecken, auf Kosten ihrer
eigenen und der Männer Glückseligkeit, nach einer Höhe zu
streben, die so Wenige erreichen?

———

Ueber den Umgang unter Freunden.

1.

Da bei dem Betragen gegen unsere Freunde Alles auf die Wahl derselben ankommt, so muß ich zuerst einige Bemerkungen über diesen Gegenstand vorausschicken. Keine freundschaftliche Verbindung pflegt dauerhafter zu seyn, als die, welche in der frühen Jugend geschlossen wird. Man ist da noch weniger mißtrauisch, weniger schwierig in Kleinigkeiten; das Herz ist offener, geneigter, sich mitzutheilen, sich anzuschließen; die Charaktere fügen sich leichter zusammen; man gibt von allen Seiten nach, und setzt sich in gleiche Stimmung; man macht gemeinschaftliche Erfahrungen, hat gemeinschaftliche Freuden und Genüsse, gibt sich mit unbeschränktem Vertrauen hin, und wird späterhin durch die süße Erneuerung der Jugendzeit immer wieder zu einander hingezogen. Dazu kommen dann Gewohnheit und Bedürfniß: wird Einer aus dem vertrauten Kreise durch den Tod hinweggerissen, so kettet das die übrigbleibenden Gefährten desto fester an einander. — Ganz anders ist die Ge=

müthsstimmung in spätern Jahren. Von Menschen und Schicksalen vielfältig getäuscht, werden wir verschlossener; trauen nicht so leicht; das Herz steht unter der Vormundschaft der Vernunft, die genauer abwägt und sich selbst Rath zu schaffen sucht, bevor sie sich Andern anvertrauet. Man fordert mehr, ist schwieriger in der Wahl, nicht mehr so lüstern nach neuen Bekanntschaften, wird nicht so lebhaft betroffen von glänzenden Außenseiten; man hat ächtere Begriffe von sittlicher Vollkommenheit, von dauerhaften Bündnissen, von den Bedingungen einer gänzlichen Hingebung; der Charakter ist fester; die Grundsätze sind geläutert und befestigt, die Ansicht des Lebens ist eine höhere geworden. Darum wird es schwerer, eine dauerhafte Harmonie zu Stande zu bringen; und endlich sind wir in so manche Verbindungen verflochten, daß wir kaum Muße, und wenigstens selten Drang haben, neue zu schließen. Darum sollten Jugendfreunde nicht vernachlässigt, und Jugendfreundschaften immer wieder erneuert und belebt werden; es geht Unersetzliches verloren, wenn man einen Jugendfreund verliert; sein Umgang ist die Würze des Lebens.

2.

Es ist ein ziemlich allgemein angenommener Grundsatz, daß zu vollkommener Freundschaft Gleichheit des Standes und der Jahre erfordert werde. „Die Liebe," sagt man, „sey blind; sie fessele, durch unerklärbaren Instinkt, Herzen an einander, die dem kalten Beobachter gar nicht für einander geschaffen zu seyn schienen; und da sie durch Gefühle, nicht durch Vernunft geleitet werde, so fielen bei ihr alle Rück=

sichten des Abstandes, den äußere Umstände erzeugen, weg. Die Freundschaft hingegen beruhe auf Harmonie in Grund= sätzen und Neigungen; nun aber habe jedes Alter, so wie jeder Stand, seine ihm eigne Stimmung, nach der Verschie= denheit der Erziehung und Erfahrungen, und deßfalls finde unter Personen von ungleichen Jahren und ungleichen bür= gerlichen Verhältnissen keine so vollkommene Harmonie Statt, wie zur Knüpfung des Freundschafts=Bandes erfordert werde."

Diese Bemerkungen enthalten viel Wahres, doch habe ich schon zärtliche und dauerhafte Freundschaften unter Leu= ten wahrgenommen, die, weder dem Alter, noch dem Stande nach, sich ähnlich waren, und wenn man sich an dasjenige erinnert, was ich im Vorhergehenden gesagt habe, so wird man dies leicht erklären können. Es gibt junge Greise und alte Jünglinge. Feine Erziehung, Mäßigkeit in Wünschen, Freiheit in der Denkungsart und Unabhängigkeit der Lage erheben den Bettler zu einem Manne von hohem Stande, so wie verachtungswürdige Sitten, unedle Begierden und niedrige Gesinnungen selbst einen Fürsten zu dem Pöbel herabwürdigen können. Das ist aber zuverlässig gewiß, daß zu einer dauerhaften innigen Freundschaft Gleichheit in Grundsätzen und Empfindungen erfordert wird, und daß eine zu große Verschiedenheit in Fähigkeiten und Kenntnissen der Freundschaft nachtheilig ist. Darf denn in dieser Verbin= dung gerade das fehlen, was sie zur Quelle des edelsten Le= bensgenusses und der reinsten Glückseligkeit macht? die Mit= theilung der Gefühle, die sanfte, durch Theilnahme versüßte Warnung und Zurechtweisung? Und kann ich den mit Zu= stimmung meines Herzens meinen Freund nennen, dem meine Empfindungen völlig fremd sind, der kalt und gleichgültig bleibt, wo meine Seele ganz Gefühl und Empfindung ist? Es gibt Menschen von erhabenen und edlen Eigenschaften des Geistes, die man nur bewundern darf, an welche man immer hinaufschauen muß, und diese Menschen verehrt man, — aber — man liebt sie nicht, oder man verzweifelt wenigstens daran, von ihnen wieder geliebt zu werden. In der Freundschaft müssen beide Theile gleichviel geben und empfangen können. Jedes zu große Uebergewicht von einer Seite, Alles, was die Gleichheit aufhebt, stört zugleich die Freundschaft.

3.

Warum haben sehr vornehme und sehr reiche Leute so wenig wahren Sinn für Freundschaft? Sie fühlen nicht dies edelste Seelen-Bedürfniß, weil ihre ganze Erziehung und Lebensweise die theilnehmenden Gefühle ertödtet und sie zu Sklaven der Selbstsucht macht. Ihre Leidenschaften zu befriedigen; rauschenden, betäubenden Freuden nachzurennen; immer zu genießen; geschmeichelt, gelobt, geehrt zu werden; darum ist es ihnen Allen mehr oder weniger zu thun. Von Personen ihres Gleichen werden sie durch Eifersucht, Neid und andere Leidenschaften getrennt; die Vornehmern suchen sie nur auf, wenn sie ihrer, zu Begünstigung eigennütziger oder ehrgeiziger Absichten bedürfen, die Geringern und Aermern aber halten sie in einer so großen Entfernung von sich, daß sie von ihnen weder die Wahrheit annehmen, noch den Gedanken ertragen können, sich ihnen gleichzustellen. Auch bei den Besten unter ihnen erwacht früh oder spät die Vorstellung, daß sie von besserm Stoffe seyen, und das erkaltet oder tödtet dann die Freundschaft.

4.

Allein selbst unter denen Menschen, die Dir an Stand, Vermögen, Alter und Fähigkeiten gleich sind, rechne nur auf die dauernde Freundschaft Derer, die nicht von unedlen, heftigen oder thörichten Leidenschaften beherrscht, noch von Launen und Grillen hin= und hergetrieben werden! Wer rastlos rauschenden Freuden und Zerstreuungen sich ergibt; wer wilden Begierden, der Wollust, dem Trunke, oder dem unglückseligen Spiele Alles aufopfern kann; wessen Abgott falsche Ehre, Gold oder sein eigenes Ich ist; wer, wankelmüthig in Grundsätzen und Meinungen, einen Charakter hat, der sich, wie Wachs, von Jedem in jede Form drücken läßt: der mag vielleicht ein guter Gesellschafter, aber nie wird er ein beständiger, treuer Freund seyn. Wo es auf Verleugnung, Aufopferung, auf Beharrlichkeit und Festigkeit ankommt, wird ein solcher Dich im Stiche lassen; Du wirst allein da stehen, und Dich hintergangen glauben, da doch Du allein Dich betrogst, indem Du unvorsichtig wähltest. Ueberhaupt malt unsere Phantasie uns die Menschen, wie wir gern möchten, daß sie aussähen, und wenn wir nun inne werden, daß die wirklichen Menschen unsern phantasirten ganz unähnlich sind, so grollen wir mit dem Leben.

5.

Man pflegt zu sagen: das sicherste Mittel, Freunde zu haben, sey — keiner Freunde zu bedürfen; aber der Gefühlvolle kennt diese falsche Selbstständigkeit nicht, er be=

darf der Freunde, und schämt sich dieses Bedürfnisses nicht. — Und sollte es denn wirklich so schwer seyn, in dieser Welt treue Freunde zu finden? Ich meine, nicht halb so schwer, als man gewöhnlich glaubt. Unsere empfindelnden jungen Herren machen sich nur zu überspannte Begriffe von der Freundschaft. Freilich, wenn wir gänzliche Hingebung, unbedingte Aufopferung, Verleugnung alles eignen Interesses, in kritischen Augenblicken blinde Ergreifung unserer Partei gegen eine bessere Ueberzeugung, sogar Bewunderung unserer Fehler, Billigung unserer Thorheiten, Mitwirkung bei unsern leidenschaftlichen Verirrungen, mit einem Worte: wenn wir mehr von unsern Freunden fordern, als Billigkeit und Gerechtigkeit von Menschen verlangen darf, die Fleisch und Bein sind, und freien Willen haben, so werden wir nicht leicht unter tausend Wesen eins finden, das sich so gänzlich in unsere Arme würfe. Suchen wir aber verständige Menschen, deren Hauptgrundsätze und Gefühle mit den unserigen übereinstimmen, kleine unmerkliche Verschiedenheiten abgerechnet; Menschen, die Freude finden an dem, was uns erfreut; die uns lieben, ohne von uns bezaubert, das Gute in uns schätzen, ohne blind gegen unsere Schwächen zu seyn, die uns im Unglück nicht verlassen; uns in guten und redlichen Bestrebungen treu und standhaft beistehen, uns mit ungeheuchelter und herzlicher Theilnahme trösten, aufrichten, tragen helfen, für uns Alles aufopfern, was man ohne Verletzung seiner Ehre und der Gerechtigkeit gegen sich selbst und die Seinigen aufopfern darf, uns die Wahrheit nicht verhehlen, und mit Liebe aufmerksam auf unsere Mängel machen; suchen wir ernstlich Solche, so finden wir sie gewiß. — Viele? Nein! Vielleicht nur Einen, und das ist genug!

6.

Hast Du nun einen solchen treuen Freund gefunden, so bewahre ihn auch! Halte ihn in Ehren, auch dann, wenn das Glück Dich plötzlich über ihn erhebt, auch da, wo Dein Freund nicht glänzt, wo Deine Verbindung mit ihm durch die öffentliche Stimme nicht gerechtfertigt zu werden scheint! Schäme Dich nie Deines ärmern, weniger hochgeschätzten Freundes; beneide nicht den Dir vorgezogenen Freund! Hange fest an ihm, ohne ihm lästig zu werden! Fordere nicht mehr von ihm, als Du selbst leisten würdest; ja fordere nicht einmal so viel, wenn Dein Freund nicht in allen Stük= ken mit Dir einerlei Temperament, einerlei Fähigkeiten, ei= nerlei Grad von Gefühl hat! Ergreife warm und eifrig die Partei Deines Freundes, aber nicht auf Kosten der Gerech= tigkeit und Redlichkeit! Du sollst nicht seinetwegen blind gegen die Tugenden Anderer seyn, noch, wenn Du die Macht in Händen hast, eines würdigen, geschickten Mannes Glück zu bauen, diesen dem weniger fähigen Freunde nachsetzen. Du sollst nicht seine Uebereilungen vertheidigen, seine Lei= denschaften parteiisch als Tugenden erheben, in kleinen Zwi= stigkeiten mit Andern, wenn er Unrecht hat, geflissentlich die Partei des Beleidigers verstärken; nicht Dich mit in sein Verderben stürzen, wenn ihm dadurch nicht geholfen wird, oder vielleicht gar durch unkluge Vertheidigung seine Feinde mehr erbittern, und Dir und den Deinigen den Untergang bereiten. Aber retten sollst Du seinen Ruf, wenn er un= schuldig verleumdet wird, auch dann, wenn Jedermann ihn verläßt und verkennt, sobald Du hoffen darfst, daß dies ihm irgend Vortheil bringen kann. Oeffentlich ehren sollst Du

den Edeln, und Dich nie Deiner Verbindung mit ihm schä=
men, wenn Schicksale oder böse Menschen ihn unverdient zu
Boden gedrückt haben. Nicht mitlächeln sollst Du, wenn
lose Buben hinter seinem Rücken her ihn höhnen. Mit
Vorsicht und Klugheit sollst Du ihm Nachricht geben von
den Gefahren, die ihm und seiner bürgerlichen Ehre drohen;
aber nur, in so fern dies dazu dienen kann, dem Uebel aus=
zuweichen, oder Unvorsichtigkeiten wieder gut zu machen, nicht
aber, wenn er dadurch bloß beunruhigt und aufgeregt wird.

7.

Freunde, die uns in der Noth nicht verlassen, sind äu=
ßerst selten. — Sey Du Einer dieser seltenen Freunde!
Hilf, rette, wenn Du es vermagst; opfere Dich auf — nur
vergiß nicht, was Klugheit und Gerechtigkeit gegen Dich und
Andere von Dir fordern! Aber tobe nicht, klage nicht, wenn
Andere nicht ein Gleiches für Dich thun! Nicht immer
herrscht böser Wille bei ihnen. Schwache und durch Leiden=
schaft beherrschte Menschen sind unsichere Freunde; doch wie
Wenige gibt es, die ganz fest und unerschütterlich in ihrem
Charakter, ganz frei von kleinen Leidenschaften und Neben=
absichten sind, die nicht bei ihrer Anhänglichkeit an Dich von
klugen Rücksichten auf Deinen Ruf, Deine Verhältnisse be=
stimmt werden, oder wenigstens nicht gern Schande von der
Welt wegen ihrer Zuneigung zu Dir auf sich laden wollen;
wie Wenige, die nicht, wo es auf Verleugnung ankommt,
den Schwächern gegen den Mächtigern aufopfern! Wenn
diese nun, sobald ein Ungewitter sich über Deinem Haupte
zusammenzieht, einen kleinen Schritt zurücktreten, oder we=

nigstens ihre Liebe und Verehrung in eine Art von Protection und Rathgebersrolle verwandeln — nun, so sey billig! Schiebe die Schuld auf das ängstliche Temperament, auf ihre Abhängigkeit von äußern Umständen, auf die Nothwendigkeit, heut zu Tage durch Gunst sein Glück zu machen, um in schweren Zeiten fortzukommen! Wie wenig Menschen würden übrig bleiben, mit denen Du Hand in Hand auf dieser Erde durch Glück und Unglück wandeln könntest, wenn Du es so genau nehmen, oder so große Forderungen an Deine Freunde machen wolltest! Zuweilen tritt auch der Fall ein, daß wirklich unsere Freunde sich selbst die Rechtfertigung schuldig sind, öffentlich zu zeigen, daß sie nicht in unsere Thorheiten verwickelt waren. Oft werden sie durch unsere selbst verschuldete widrige Lage zur freimüthigen und nachdrücklichen Rüge unserer Thorheiten gestimmt, und leisten uns nun einen bessern Freundschaftsdienst als damals, da sie ihren Tadel aus weichlicher Furcht oder feigherziger Besorgniß zurückhielten, um uns nicht wehe zu thun, und wahrlich, ein redlicher Freund thut uns oft gerade dann wohl, wenn er sich entschließt, uns wehe zu thun. Ich habe in einigen blendenden Situationen meines Lebens einen Haufen von Leuten sich mir aufdringen sehen, die mir ohne Unterlaß Weihrauch streuten, jeden meiner witzigen Einfälle mit lauter Bewunderung auffingen, schmeichelhafte Verse auf mich machten, meine Worte als Orakelsprüche ausschrieen, und meinen Ruf im Posaunenton erhoben. Ich kannte das Menschengeschlecht genug, um das nicht Alles für baare Münze anzunehmen, vielmehr überzeugt zu seyn, daß sie mich vernachläßigen, wohl gar auf mich herabsehen würden, wenn ich einst in eine weniger glückliche Lage kommen sollte, und sie meiner nicht mehr bedürften. Ich irrte nicht, aber deßwegen waren Diese doch nicht insgesammt Schurken und

Heuchler. Viele von ihnen, es ist wahr, lernte ich als solche
kennen; sie erlaubten sich der ärgsten Niederträchtigkeiten gegen mich; es befremdete mich nicht; ich verachtete sie; aber
Manche waren vorher nur von dem Strome mit fortgerissen
worden. Die Stimme meiner Feinde erweckte sie nun; sie
stutzten, betrachteten mich mit forschendem Auge und sahen
meine Fehler, sie hielten mir diese Fehler durch Worte oder
einige Kälte in ihrem Betragen, vielleicht ein wenig zu un-
sanft, vor, gaben mir dadurch Gelegenheit, selbst aufmerksam
auf dieselben zu werden, an mir zu arbeiten; und wahrlich,
diese sind mir nützlichere, ächtere Freunde gewesen, als manche Andere, die mich in meiner Eitelkeit und Selbstgenüg-
samkeit zu bestärken suchten.

8.

Kein Grundsatz scheint mir so unvereinbar mit edelmü-
thigen Gesinnungen, und eines gefühlvollen Herzens so unwürdig, als der: „daß es ein Trost sey, Unglücksgefährten
zu haben." Ist es nicht genug, selbst leiden, und dabei überzeugt seyn zu müssen, daß in der Welt noch viele, eben so
gute Menschen nicht weniger Elend zu tragen haben? Sollen wir noch die Summe dieser Unglücklichen muthwilligerweise dadurch vermehren, daß wir Andere zwingen, auch unsere Last mitzutragen, die dadurch um nichts leichter wird?
Denn man sage doch nicht, daß es Erleichterung sey, sich von
seinem Schmerze zu unterhalten! Nur für altersschwache
Weiber, nicht aber für einen verständigen Mann kann Geschwätzigkeit von der Art Wohlthat werden. Im Umgange
mit Freunden sollte ein zartes, wohlwollendes Gefühl uns

abhalten, den treuen Freund durch Mittheilung unsers
Schmerzes zu beunruhigen und zu betrüben. Zwar können
Fälle eintreten, in welchen die Bedürfnisse des gepreßten
Herzens, sich mitzutheilen, zu groß, oder die liebreichen Auf=
forderungen des Freundes, der den Kummer auf unserer
Stirne liest, zu dringend werden, wo länger zu schweigen
Folter für uns, oder Beleidigung für den Vertrauten wer=
den würde, und wo nur sein Rath oder sein Beistand retten
kann. In allen übrigen Fällen lasset uns der Ruhe unsers
Freundes, wie unserer eignen, schonen!

9.

Klagt Dir ein bewährter Freund seine Noth, seine
Schmerzen, wie könntest Du ihn ohne innige Theilnahme
anhören! Oder wie dürftest Du seinen Klagen moralische
Gemeinsprüche entgegensetzen, ihm wehe thun durch Vor=
würfe über sein Betragen, durch die Bemerkung, daß er seine
Noth hätte verhüten können! Nein, bist Du ein treuer, ge=
fühlvoller Freund, so wirst Du Alles aufbieten, Deinem
Freunde Linderung oder Beistand zu gewähren. Aber ver=
zärtle ihn nicht an Leib und Seele durch weibische Klagen!
Erwecke vielmehr seinen männlichen Muth, daß er sich über
die nichtigen Leiden dieser Welt erhebe! Schmeichle ihm
nicht mit falschen Hoffnungen, mit Erwartungen eines blin=
den Ungefährs; sondern hilf ihm Wege einschlagen, die eines
Mannes würdig sind, und zum Zweck führen.

10.

Man sieht zuweilen Menschen eben so eifersüchtig in der Freundschaft, wie in der Liebe. Das zeugt mehr von einer selbstsüchtigen, als von einer zärtlichen Gemüthsart. Freuen soll es Dich, wenn auch andere Menschen den Werth dessen zu schätzen wissen, der Dir theuer ist; freuen soll es Dich, wenn Dein Liebling noch außer Dir gute Seelen findet, denen er sich mittheilen, in deren Gemeinschaft er sich glücklich fühlen, und die Freuden der Theilnahme genießen kann. Er wird darum nicht blind gegen Deine Vorzüge, nicht undankbar gegen Dich werden; würdest Du denn dadurch mehr Werth in seinen Augen bekommen, daß Du ihn von liebenswürdigen Menschen zu entfernen, oder ihn gegen sie einzunehmen suchtest, nur um ihn für Dich allein zu behalten?

11.

Alles, was Deinem Freunde angehört, sein Vermögen, sein bürgerliches Glück, seine Gesundheit, sein Ruf, die Ehre seines Weibes, die Unschuld und Bildung seiner Kinder — das Alles sey Dir heilig, sey ein Gegenstand Deiner Sorgfalt, Deiner Theilnahme und Deiner Schonung! Auch Deine heftigste Leidenschaft, Deine unmäßigste Begierde müsse diese Unverletzlichkeit ehren!

12.

Gaben, Anlagen und die Art, seine Empfindungen an den Tag zu legen, sind bei den Menschen verschieden. Nicht immer ist Derjenige der Gefühlvollste, welcher am geläufigsten von innern Regungen und Empfindungen schwatzt; nicht immer Derjenige der treueste und beharrlichste Freund, der mit dem heftigsten Feuer uns an seine Brust drückt, der mit der größten Hitze hinter unserm Rücken sich unserer annimmt. Alles Ueberspannte taugt nicht, dauert nicht. Ruhige, stille Hochachtung ist mehr werth, als Anbetung, Verehrung und Entzückung. Man verlange daher nicht von Jedem denselben Grad von äußern Freundschafts=Bezeigungen, sondern beurtheile seine Freunde nach der fortgesetzten, immer gleichen Zuneigung und treuen Ergebenheit, welche sie uns in der That ohne Uebertreibung und ohne Schmeichelei beweisen! Leider aber ordnet unsere Eitelkeit mehrentheils den Werth der Menschen nach dem Grade der Huldigung, welche sie uns leisten, und die mehrsten Leute suchen solche Freunde um sich her zu versammeln, an deren Seite sie in doppelt vortheilhaftem Lichte erscheinen, und deren Worte Orakelsprüche sind.

13.

Werde nicht ängstlich um Freunde! Mache nicht Jagd auf jeden ausgezeichneten Menschen, und lege es nicht geflissentlich darauf an, daß er Dir besonders zugethan werden soll! Jede Art von Andringlichkeit, wäre sie auch noch

so gut gemeint, pflegt Verdacht oder Geringschätzung zu erwecken, und wer in der Stille auf dem Pfade fortwandelt,
den Redlichkeit und Klugheit bezeichnen, und dabei ein wohlwollendes, zur Mittheilung gestimmtes Herz in seinem Busen trägt, der bleibt nicht unbemerkt, nicht unaufgesucht; er
findet, ohne sich anzudrängen, ein Paar Edle, die ihm die
Hand zum brüderlichen Bunde reichen.

14.

Es gibt aber Menschen, die gar keinen vertrauten
Freund, sondern nur Bekannte haben; entweder, weil ihnen
der Sinn für dies Seelen-Bedürfniß fehlt, oder weil sie
keinem lebendigen Wesen trauen, oder weil ihre Gemüthsart
kalt, unverträglich, verschlossen, eitel oder zänkisch ist. Andere sind aller Welt Freunde; sie werfen ihr Herz Jedermann vor die Füße, und deswegen bückt sich Keiner, greift
Niemand darnach, es aufzunehmen. Es ist eine Ehre und
ein Glück, zu keiner von diesen beiden Menschenklassen zu
gehören.

15.

Auch unter den vertrautesten Freunden können Irrungen
entstehen, Mißverständnisse eintreten. Wenn man darüber
Zeit verstreichen läßt, oder zugibt, daß sich dienstfertige Leute
hineinmischen, so erwächst daraus nicht selten eine dauerhafte
Feindschaft, die um so heftiger wird, je zärtlicher, je vertrauter die Verbindung war, und je ärger man sich also hinter-

gangen glaubt. Es ist wahrlich ein trauriger Anblick, auf diese Weise zuweilen die edelsten Seelen gegen einander empört zu sehen. Dringend rathe ich daher, bei dem ersten Schatten von Unzufriedenheit über das Betragen des Freundes, nicht zu säumen, ohne Zuthun eines Dritten, auf Erläuterung zu dringen. Da pflegt Alles sehr bald verglichen zu werden; vorausgesetzt, daß kein böser Wille obwaltet, wie man es bei gutgesinnten, wohlwollenden Freunden voraussetzen muß.

16.

Wie aber, wenn uns Freunde täuschen, wenn wir nach einiger Zeit wahrnehmen, daß unser gutes Herz uns irre geleitet, uns an Menschen gekettet hat, die unserer nicht werth sind? — Meine Leser! ich kann es nicht oft genug wiederholen, daß wir mehrentheils selbst daran Schuld sind, wenn wir bei näherem Umgange die Menschen anders finden, als wir sie uns anfangs gedacht haben. Parteiische Gefühle, Sympathie, Aehnlichkeit des Geschmacks, der Neigung; feine Schmeichelei; Seelendrang, in Augenblicken, wo Jeder uns ein Wohlthäter scheint, der nur einige Theilnahme an unserem Schicksale zeigt — diese und andere dergleichen Eindrücke bestechen uns gar zu leicht, und bereiten uns bittere Täuschungen. Wir denken uns Menschen als engelreine und erhabene Seelen, die nichts weiter, als eine gewisse natürliche Gutmüthigkeit und Offenheit haben, und sind nachher, wenn wir ihre Schwächen entdecken, viel unduldsamer gegen diese unsere Lieblinge, als gegen fremde Leute, weil es unserem Stolz wehe thut, daß wir so falsch gesehen hatten,

oder so kurzsichtig waren. Darum spannet doch Eure Erwar=
tung, Eure Meinung von Euren Freunden nicht zu hoch,
so wird Euch ein menschlicher Fehltritt, den sie in Augen=
blicken der Versuchung begehen, nicht befremden, nicht ärgern!
Habet Nachsicht! Ihr bedürft deren vielleicht selbst bei an=
dern Gelegenheiten. Richtet nicht, damit auch Ihr nicht ge=
richtet werdet! — Und was für Recht hast Du denn auch
über die Moralität Deines Freundes? Was ist er Dir an=
ders schuldig, als Treue, Liebe und Dienstfertigkeit? Wer
hat Dich zum Sittenrichter über ihn bestellt? — Suche einen
ganz vollkommenen Mann auf dieser Erde! — Du kannst
hundert Jahre alt werden und wirst ihn nicht finden.

17.

Wenn denn nun aber wirklich unser Freund sich so sehr
moralisch verschlimmert, oder wenn unser leichtgläubiges
Herz sich in einem solchen Grade in seinem Zutrauen zu
ihm betrogen sieht, daß er unsere Vertraulichkeit gemiß=
braucht, uns mit Undank belohnt hätte — nun! so hört er
auf, unser Freund zu seyn; ich meine aber, er behält doch
nicht mehr und nicht weniger Recht auf unsere Duldung,
als jeder andere und fremde Mensch. Ich halte es für eine
falsche Zärtelei, an welcher mehrentheils die Eitelkeit, un=
trüglich seyn zu wollen, ihren Theil hat, wenn man glaubt,
man müsse nun von einem solchen Verräther immer mit großer
Schonung reden, weil er einst unser Freund gewesen. Das
Einzige, was uns bewegen kann, seiner zu schonen, ist der
Gedanke: daß überhaupt das menschliche Herz ein schwaches
Ding ist, und daß man leicht zu weit in seinem Widerwil=

len geht, wenn eine Art von Rache sich in unser Urtheil mischt. Von der andern Seite aber macht der Umstand, daß der Mann uns betrogen hat, sein Verbrechen auch nicht um ein Haar breit größer, berechtigt uns nicht, ärger gegen ihn zu Felde zu ziehen, als gegen jeden andern Schelm, der andere Menschen und überhaupt die Tugend betrügt.

Ueber den Umgang mit Personen aus verschiedenen Ständen.

Der Umgang mit den Großen und Vornehmen der Erde.

I.

Man würde ungerecht handeln, wenn man behaupten wollte, daß alle Fürsten, alle sehr vornehme und alle sehr reiche Leute die Fehler mit einander gemein hätten, durch welche viele von ihnen ungesellig, kalt und unfähig zur wahren Freundschaft und zum Umgange werden. Allein man versündigt sich wahrlich nicht, wenn man urtheilt, daß dies bei den mehrsten von ihnen der Fall sey. Sie werden in der Erziehung verwahrlost, von Jugend auf durch Schmeichelei verderbt, durch Andere und sich selbst verzärtelt. Da ihre Lage sie über Mangel und Bedürfniß mancher Art hin=

aussetzt, da sie selten in Verlegenheit oder Noth gerathen, so lernen sie nicht einsehen, wie nöthig ein Mensch dem andern und wie schwer es ist, das Ungemach des Lebens allein zu tragen, — wie wohlthätig, theilnehmende, mitleidende Seelen zu finden, und wie wichtig, Andere, und selbst Dienende mit Schonung und Wohlwollen zu behandeln, um ihrer Theilnahme im Unglücke gewiß zu seyn, und in dieser Theilnahme Erleichterung und Trost zu finden. Sie lernen sich selbst nicht kennen, weil man sie, aus Furcht oder Hoffnung, die widrigen Eindrücke, welche ihre sittlichen Gebrechen machen, nicht empfinden läßt. Sie sehen sich als Wesen besserer Art an, von der Natur begünstigt, zu herrschen und zu regieren; die niedern Klassen hingegen bestimmt, ihrem Egoismus, ihrer Eitelkeit zu huldigen, ihre Launen zu ertragen und ihren Neigungen zu schmeicheln. Auf die Voraussetzung, daß die meisten Großen diesem Bilde gleichen, muß man sein Betragen im Umgange mit ihnen gründen. Desto wohlthätiger ist zwar die Empfindung, wenn man unter ihnen Einen antrifft, der mit einem gewissen edeln Stolze, mit mehr Feinheit, Großmuth und besserer Ausbildung alle Privat=Tugenden verbindet. Und, es gibt deren selbst unter Fürsten; aber sie sind Seltenheiten, und nicht immer macht der allgemeine Ruf sie uns bekannt. Auf diesen und auf die Posaunen der Zeitungsschreiber und Journalisten darf man kein Urtheil gründen. Ich habe oft mit inniger Betrübniß gesehen, wie der allgemein bewunderte, als Wohlthäter des Menschengeschlechts und Beförderer alles Edeln, Großen und Schönen gepriesene Erdengott und Liebling des Volks in der Nähe so klein, so erbärmlich war. Die be=sten Fürsten sind nicht selten die, von welchen am wenigsten geredet wird, sowohl im Guten, als im Bösen.

2.

Der Umgang mit Großen und Reichen leidet aber sehr verschiedene Modificationen, je nachdem man ihrer bedarf oder nicht, von ihnen abhängig oder frei ist. Im ersten Falle verbietet die Klugheit, sich freimüthig gegen sie zu äußern; man darf in ihrer Nähe nicht seinem Herzen folgen, muß zu Manchem schweigen, sich Manches gefallen lassen, darf nicht die Wahrheit ganz unumwunden sagen, obgleich ein redlicher Mann die Geschmeidigkeit nie bis zu niedriger Schmeichelei treiben wird. Indessen verändern kleine Umstände, sowie die feinen Unterschiede der Charaktere, das Verhältniß, daher ich alle Regeln für den Umgang mit den Großen zusammenfasse, und dem eigenen Urtheil der Leser überlassen werde, zu ordnen und auszuwählen, was in jeder Lage anwendbar ist.

3.

Eine allgemeine Regel für alle Fälle ist die: Dringe Dich den Vornehmen und Reichen nicht auf, ja tritt ihnen nicht einmal mit Artigkeit und Ergebenheit entgegen, wenn Du nicht von ihnen verachtet oder wenigstens mit einer gewissen vornehmen Geringschätzung behandelt werden willst. Ueberlaufe sie nicht mit Bitten für Dich und Andere, wenn sie Deiner nicht überdrüssig werden, wenn sie Dich nicht fliehen sollen. Laß Dich vielmehr von ihnen aufsuchen. Sey vielmehr zurückhaltend gegen sie, sey kalt und abgemessen; doch dies Alles, ohne daß Deine Absicht merklich werde, ohne daß Dein Betragen gezwungen scheine!

4.

Suche nicht Dir das Ansehen zu geben, als gehörtest Du zu der Klasse der Vornehmern, oder lebtest wenigstens mit ihnen in engster Vertraulichkeit. Rühme Dich nicht ihrer Freundschaft, ihres Briefwechsels, ihres Zutrauens, noch Deines Uebergewichts über sie. Wenn eine solche Verbindung Dir ein Glück zu seyn scheint, so freue Dich in der Stille dieses unsichern, zweideutigen und in der Regel sehr beschwerlichen und unbequemen Glücks. Es gibt Menschen, die durchaus dafür angesehen seyn wollen, eine größere Figur in der Welt zu spielen, und in höherm Ansehen zu stehen, als ihnen wirklich zu Theil geworden ist. Sie führen den Luxus der Vornehmen und Reichen in ihre Häuser, oder drängen sich in deren Zirkel ein, wo sie eine elende Figur spielen, nur hinterher laufen müssen, und keinen frohen Genuß haben, indeß sie lehrreichern und genußvolleren Umgang gänzlich vernachläſſigen, und treue Freunde und weise Menschen von sich entfernen. Die geizigsten Leute sparen zuweilen keine Kosten, wenn sie Gelegenheit finden können, Zutritt in großen Häusern zu erlangen, und hungern gern Monate hindurch, um einmal einen Großen bei sich zu bewirthen, der dieses Opfer gar nicht gewahr wird, oder es doch nicht zu schätzen weiß, vielleicht Langeweile bei ihnen hat, Alles sehr bürgerlich findet, und nach vierzehn Tagen wohl gar den Namen seines thörichten Wirthes vergessen hat. Andere lassen es sich wenigstens angelegen seyn, die thörichten und verderblichen Sitten der Großen sklavisch nachzuahmen, ihre hochmüthige Herablassung, ihren geschäftigen Müßiggang, ihre Zerstreuung, ihr Wichtigthun, ihre lee=

ren Vertröstungen, ihre seelenlosen Gespräche, ihre Zwei=
züngigkeit, ihren Leichtsinn und ihre Gefühllosigkeit, die Ver=
achtung der Muttersprache, ihre fehlerhafte Schreibart, ja
sogar ihre lächerlichen Geberden, Gewohnheiten und Gebre=
chen, ihr Stammeln, Lispeln, Achselzucken, ihre Grobheit ge=
gen Niedere, ihre affektirte Kränklichkeit, ihr Podagra, ihre
schlechte Hauswirthschaft, ihre kindischen Launen und mehr
dergleichen herrliche Vorzüge treulich anzunehmen und sich einzu=
verleiben. Ihnen ist der beste Beweis für die Güte einer
Sache der, daß doch jeder Mann von Stande so und nicht
anders handle und urtheile, — als ob das in der That eine
Narrheit heiligen könnte! — Handle selbstständig! Ver=
leugne nicht Deine Grundsätze, Deinen Stand, Deine Ge=
burt, Deine Erziehung, und werde nicht der Menschen Knecht,
so werden Hohe und Niedere Dir ihre Achtung nicht versa=
gen können.

5.

Es gibt keine unglückseligere Leichtgläubigkeit, als wenn
man dem freundlichen Gesicht eines Großen oder eines Welt=
manns traut, und darauf Hoffnungen gründet, auf dem
Gipfel der Glückseligkeit ist, wenn der gnädige Herr uns an=
lächelt, die Hand schüttelt, oder uns umarmt. Vielleicht be=
darf er unserer in diesem Augenblicke, und behandelt uns
mit Verachtung, wenigstens mit Kälte, sobald dieser Augen=
blick vorüber ist. Vielleicht fühlt er gar nichts bei seiner
Freundlichkeit; wechselt Mienen, wie Andere Kleider wech=
seln; ist gerade in der Verdauungsstunde zu unterthänigem
Wohlwollen gestimmt, oder will einen andern seiner Skla=

ven dadurch demüthigen. Die Klugheit und die Bescheiden=
heit fordern, daß man mit dieser Gattung Menschen immer
in seinen Schranken bleibe, sich nie mit ihnen in irgend eine
Vertraulichkeit einlasse, nie die äußere unterscheidende Höf=
lichkeit und Ehrerbietung vernachlässige. Früh oder spät fällt
es ihnen doch ein, ihr Haupt wieder empor zu heben, oder
sie verabsäumen uns, wenn ein anderer Schmeichler sie an
sich zieht; und wer möchte sich solchen bittern Demüthigun=
gen aussetzen, die durch weise Vorsicht vermieden werden
können.

6.

Ueberschreite nicht bei Deiner Gefälligkeit gegen die
Großen der Erde, in deren Händen Dein bürgerliches Glück
ist, die Grenzen der wahren Ehre! Es ist eine große Ver=
suchung für einen armen oder ehrbegierigen Menschen, der
in dem Dienste eines schwachen Fürsten sich emporschwingen
will, dem ränkevollen Minister, dem regierenden Kammer=
diener, oder einer tyrannischen Buhlerin zu huldigen; aber
selten, selten nimmt das ein gutes Ende. Solche Lieblinge
stürzen sich früh oder spät selbst, und reißen dann ihre Krea=
turen mit in ihr Verderben; und wäre auch dies nicht, so
werden doch die größten Vortheile, die man dadurch erlangen
könnte, zu theuer erkauft, wenn man dafür die Achtung wei=
ser und rechtschaffener Männer aufopfern muß; und das ist
gewiß immer der Fall. Der gerade Weg hingegen führt
unfehlbar, wo nicht zu einem glänzenden, doch zu einem
dauerhaften Glücke.

7.

Weit entfernt, sich von den Erden = Göttern zu einem unedeln Geschäfte mißbrauchen zu lassen, sey man vielmehr vorsichtig bei allen Diensten, welche man ihnen erweiset. Sie machen leicht aus jeder Gefälligkeit eine Pflicht, und halten es nachher für eine Verabsäumung unserer Schuldigkeit, wenn wir zu einer andern Zeit uns nicht gerade aufgelegt zeigen, uns eben so, wie sonst, preiszugeben. Wenigstens vergessen sie leicht, was man für sie gethan hat. Ein Großer, der sonst in der That viele gute Eigenschaften hatte, bat mich einst, ihm ein Paar Aufsätze in französischer und deutscher Sprache zu verfassen, die er bei einer gewissen Gelegenheit öffentlich vorlesen wollte, um die Gemüther zu lenken. „Es fehlt mir an Zeit, mein Lieber!" sagte er, sonst würde ich Sie nicht bemühen; doch, Sie sind auch in dergleichen Arbeiten geübter, als ich." Ich wendete einige Stunden Fleiß und Anstrengung daran, und als ich ihm das Ganze brachte, drückte er mich an seine Brust, dankte mir unter vier Augen in den zärtlichsten, herablassendsten Ausdrücken dafür, und schwur übertrieben: meine Arbeit sey ein Meisterstück von Beredsamkeit. Kurz, er geberdete sich, als wenn ich ihm den wichtigsten Dienst geleistet hätte; bat mich aber, die Sache zu verschweigen, welches ich auch that. Nach ein Paar Jahren kam ich des Morgens in *** zu ihm. Er erzählte mir allerlei zu seinem eigenen Lobe. — Ich hörte demüthig zu. — „Und das Alles," fuhr er fort, „habe ich durch ein Paar Memoires bewirkt, die mir, ohne mich zu rühmen, nicht übel gerathen sind. Sie sollen sie selbst lesen. Nehmen Sie sie mit sich nach Hause!" Er über=

reichte mir darauf meine eigene Geistes=Waare, nur von seiner Hand geschrieben; ich steckte sie ein, legte aber zu Hause meine Concepte dazu, und schickte ihm dann die Papiere zurück. Er wurde ein wenig beschämt, und wir scherzten nachher darüber; — allein so sind auch die Besten unter ihnen!

Vor allen Dingen hüte man sich, von Vornehmen und Mächtigen in gefährliche Händel gezogen zu werden! Sehr gern pflegen sie das zu thun, und schieben dann entweder die Schuld auf den, der sich zu ihrem Werkzeuge gebrauchen ließ, wenn die Unternehmung nicht gelingt, oder lassen ihn gar darin stecken, und alles Ungemach allein erdulden, wenn die Sache schief geht. Es ist höchst bedenklich, sich in ihre Geheimnisse einweihen zu lassen! Sie schonen des Mannes, der um ihre Heimlichkeiten weiß, nur so lange, als sie seiner unumgänglich bedürfen; aber sie fürchten ihn, und suchen sich von ihm loszumachen, sobald sie können, möchte man ihnen auch noch so deutlich zeigen, daß man unfähig ist, sein Uebergewicht und ihr Zutrauen zu mißbrauchen!

8.

Ueberhaupt darf man auf die Dankbarkeit der meisten Vornehmen und Reichen, so wie auf ihre Versprechungen nicht bauen. Opfere ihnen also nichts auf! Sie fühlen den Werth davon nicht, glauben, alle andere Menschen seyen ihnen einen solchen Tribut schuldig für den Schutz, für die gnädigen Blicke, ja sogar für eine ungestörte Existenz; oder man wolle dadurch kleine Vortheile erringen. Schenke ihnen

also auch nichts! Das hieße einen Tropfen köstlichen Bal=
sams in einen Eimer trüben Wassers fallen lassen. Ich be=
saß ein altes, kostbares Gemälde; ein geschickter Maler
schätzte den Werth desselben auf hundert Pistolen. Die Hälfte
dieser Summe, die ich leicht dafür bekommen haben würde,
wäre bei meinen damaligen häuslichen Umständen mir äußerst
nützlich gewesen; meine Gutmüthigkeit aber, oder vielmehr
meine Thorheit, verleitete mich, das Gemälde einem Durch=
lauchtigsten zu schenken, welcher es auch gnädig aufnahm.
Ich dachte dadurch nichts zu erschleichen; aber theils wollte
ich diesem Fürsten hiermit meine Zuneigung bezeigen, theils
hoffte ich, da ich im Begriffe stand, ihn an ein gegebenes
Wort zu erinnern, er werde nun um so bereitwilliger sein
Versprechen erfüllen; allein ich betrog mich. Er umarmte
mich, als ich zu ihm kam, und zeigte mir den Ehrenplatz,
welchen er meinem Geschenke angewiesen; doch sein Verspre=
chen erfüllte er nicht; und als ich mich nach Jahresfrist eines
Abends zugleich mit einem Gesandten, dem er meine Kunst=
schätze zeigte, in seinem Kabinette befand, sagte er diesem
Fremden in meiner Gegenwart, indem er von meinem theuern
Gemälde redete: „Es ist wahrlich ein schönes Stück, und
ich bin ziemlich wohlfeil dazu gekommen.“ — Er hatte
also vergessen, oder wollte es nicht gestehen, daß ich es war,
der ihm diesen sehr wohlfeilen Preis gemacht hatte; — und
ich beseufzte die verschwundene Hoffnung und die verlorne
Summe, von der ich mit den Meinigen eine Zeit lang hätte
leben können.

9.

Man hüte sich, mit ihnen von Plänen und Entwürfen
zu reden, von deren Ausführbarkeit man überzeugt ist, die

aber mit Schonung und Vorsicht ausgeführt seyn wollen, damit sie nicht auf den Einfall kommen, bloß durch ihre Macht etwas erreichen zu wollen, was nur durch Einsicht und Behutsamkeit erreicht werden kann; denn sie wissen immer die Schuld von sich auf Andere zu wälzen, wenn der Erfolg nicht der Erwartung entspricht. Ein gewisser Prinz redete einst mit mir von einem platten Dache, das er auf sein Gartenhaus hatte legen, aber wieder abnehmen lassen, weil es zu schwer befunden ward. Mir fiel gerade ein, daß ich von einem französischen Ingenieur=Offizier gehört hatte: man könne ein wohlfeiles, leichtes und dauerhaftes, plattes italienisches Dach aus einer Menge Lagen von blauem Zuckerpapier, zwischendurch und obenauf mit Schifftheer beschmiert und mit Kies bestreut, verfertigen. Dies erzählte ich dem Prinzen beiläufig, ohne jedoch für die Güte der Sache einzustehen. Lange nachher erfuhr ich, daß er den Versuch, — wer weiß wie? — gemacht hätte, daß dieser mißlungen wäre, und daß er nicht undeutlich zu verstehen gegeben hätte, ich sey ein Mann, auf dessen Angaben man sich nicht einlassen dürfe.

Ueberhaupt kann man kaum vorsichtig genug in seinen Reden mit den Großen der Erde seyn. Man enthalte sich daher in ihrer Gegenwart aller nachtheiligen Urtheile über andere Leute, aller Ausstellungen! Sie pflegen dergleichen zwar gern zu hören; aber die Folgen sind oft sehr unglücklich. Zuerst setzt man dadurch sich und Andere in ihren Augen herab; denn sie lachen zwar mit, hassen aber doch den Lästerer und Ausspäher fremder Fehler, bei dem heimlichen Bewußtseyn ihrer eigenen vielfachen Gebrechen; und da sie ohnehin Geringere verachten, so wächst diese Verachtung durch Aufdeckung fremder Schwachheiten. Sodann mißbrauchen sie

wohl gelegentlich unfern Namen, verdächtigen uns, indem sie
unfern Einfall nacherzählen, und hetzen uns mit Andern zu=
sammen. Auch kann man ja nicht immer wissen, ob nicht
das zeitliche Glück solcher Menschen, von welchen man nach=
theilig urtheilt, in ihren Händen ist; und hinterher erschrickt
man, wenn man erfährt, wie oft ein einziges, in keiner bö=
sen Absicht hingeworfenes Wort feste Wurzel faßt, und nach
langer Zeit noch die schädlichsten, unglücklichsten Folgen ha=
ben kann. Das Gute gleitet an ihren kalten, selbstsüchtigen
und untheilnehmenden Herzen ab; das Böse hingegen setzt sich
fest, und wird so leicht nicht ausgelöscht. Am allervorsich=
tigsten aber soll man in seinen Gesprächen mit Vornehmen
über andere Personen von höherem Stande seyn. Obgleich
die Erdengötter sich unter einander selten lieben, sondern
mehrentheils durch allerlei Leidenschaften getrennt sind, so
hören sie doch nicht gern, daß man die privilegirten Lieblinge
des Himmels in ihrer Gegenwart ohne Ehrerbietung nennt.

10.

    In den Herzen der mehrsten Großen wohnt Mißtrauen.
Es herrscht bei ihnen der Gedanke: alle übrigen Menschen
hätten einen Bund gegen sie gemacht. Deswegen sehen sie
es ungern, wenn unter denen, welche ihnen unterworfen sind,
enge Freundschaften entstehen. Wer sich um Fürstengunst
und große Verbindungen nicht zu bewerben braucht, der kann
sich hierüber gänzlich hinwegsetzen, kann Verbindungen nach
seinem Herzen schließen; und überhaupt wird kein redlicher
Mann aus niedriger Gefälligkeit gegen irgend einen Be=
schützer und Gönner einen wahren Freund vernachlässigen,

noch einen würdigen Mann, der ihm die Hand reicht, von
sich stoßen. Wer aber an Höfen sein Glück machen will,
der thut sehr wohl, wenn er vorsichtig in der Wahl seines
Umgangs, seiner Vertrauten und der Gesellschaft ist, welche
er am häufigsten besucht. Es herrschen da immer Parteien
und Kabalen, in welche ein wohlwollendes, argloses Herz
gar zu leicht hineingezogen wird. Und wenn nun eine dieser
Parteien über die andere siegt, so muß oft der Unschuldigste
büßen, in so fern er nur irgend Mitwisser ist.

11.

Rede nie mit den Großen der Erde ohne Noth von
Deinen häuslichen Umständen, von Dingen, die nur persön=
lich Dich und Deine Familie angehen. Klage ihnen nicht
Dein Ungemach. Vertraue ihnen nicht den Kummer Deines
Herzens. Sie fühlen ja doch kein warmes Interesse dabei,
haben keinen Sinn für freundschaftliche Theilnahme; es
macht ihnen Langeweile; Deine Geheimnisse sind ihnen nicht
wichtig genug, um sie treu zu bewahren. Immer meinen sie,
man wolle bei ihnen betteln, — und sie verachten den Mann,
der nicht glücklich, nicht frei ist. Von Jugend auf glauben
sie, Jedermann mache Pläne auf ihren Geldbeutel, auf ihre
Wohlthaten. Ueberhaupt sehen uns die Großen von dem
Augenblicke, da wir etwas zu suchen, Anderer zu bedürfen
scheinen, mit ganz andern Augen an, als vorher. Man läßt
uns Gerechtigkeit widerfahren, ja, man zeigt sich bezaubert
von unsern angenehmen Talenten, von unsern Kenntnissen,
von unserer Herzensgüte, von den glänzenden Vorzügen un=
seres Geistes, so lange wir mit allen diesen schönen Eigen=

Knigge.   15

schaften nichts als höfliche Behandlung und Gefälligkeit ver=
dienen wollen, so lange wir als Fremde, als unabhängige
Menschen Niemand im Wege stehen, Niemand verdunkeln;
aber viel genauer, strenger und schonungsloser fängt man an,
uns zu richten, wenn wir unsere Vorzüge im Staate geltend
machen und die erlaubten Vortheile dadurch erringen wollen,
worin sich so gern die vornehmen Dummköpfe und deren
Kreaturen theilen. Am besten wird man von den Vorneh=
men und Reichen behandelt, wenn sie erkennen, daß man
ihrer gar nicht bedarf, und wenn man ihnen dies zeigt, ohne
sich dessen laut zu rühmen; wenn ihnen im Gegentheil un=
sere Hülfe, unsere Einsicht unentbehrlich ist: doch vorausge=
setzt, daß wir dabei nie die Bescheidenheit und äußere Hul=
digung aus den Augen setzen. Wenn unser Scharfsinn, un=
sere größere Weisheit, unsere Festigkeit und Geradheit ihnen
Ehrerbietung einflößen, ohne daß sie uns eigentlich fürchten
dürften, wenn wir uns bitten, uns aufsuchen lassen, nicht
aber unsern Beistand aufdringen, so haben wir sie gewon=
nen und dürfen darauf rechnen, daß sie uns mit Aufmerk=
samkeit und Schonung behandeln.

12.

Hüte Dich aber, einen Großen, der Ansprüche auf Ver=
stand, Witz, hohe Tugenden, Gelehrsamkeit oder Kunstgefühl
macht, deutlich, oder gar in Gegenwart Anderer merken zu
lassen, daß Du Dir bewußt bist, ihn zu übertreffen oder zu
übersehen. In der Stille darf er das wohl fühlen, aber er
muß es nur allein zu fühlen glauben. Vor allen Dingen
ist diese Vorsicht nöthig gegen Vorgesetzte, die ungeschickter

in ihrem Fache sind, als Du, der Du ihr Untergebener bist. Gern mögen sie Dir Deine besseren Einsichten, gleichsam als prüften sie Dich, abfragen, sie sich zu eigen machen, Dir nach Gelegenheit Deine eigene Waare wieder verkaufen; doch wehe Dir, wenn Du das rügst, wenn Du nur einmal thust, als merktest Du es; oder, wenn Du gar den Ton der Belehrung gegen sie annimmst! — Wie werden sie ihm das Leben sauer machen! Wie viel werden sie von Dir fordern, das sie selbst nie zu leisten im Stande seyn würden, damit sie Gelegenheit haben, Dich eines Fehlers zu überführen und zu demüthigen.

13.

Fürsten, Vornehme und Reiche pflegen zuweilen sich so weit zu Leuten von geringerem Stande herabzulassen, daß sie dieselben um Rath fragen, oder sie um Beurtheilung ihrer Spielwerke, ihrer Schriften, Anlagen, Pläne, Meinungen und dergleichen bitten. Hier ist die größte Behutsamkeit zu empfehlen, und daß man sich erinnere, wie übel das Rathgeben und Warnen dem armen Gil Blas von Santillana in dem Hause des Cardinals bekam, obgleich dieser ihn so dringend aufgefordert hatte, ihm zu erzählen, was die Leute von seinen Predigten redeten. So wie fast alle übrigen Menschen, so legen besonders die Großen der Erde uns mehrentheils nur darum solche Dinge zur Beurtheilung vor, damit wir sie loben sollen, und fragen nicht eher um Rath, als wenn sie schon beschlossen haben, was sie thun wollen.

14.

Wenn die Befolgung dieser Klugheits= und Vorsichts=
regeln schon wichtig ist im Umgange mit solchen Personen,
die zwar nicht frei von den Fehlern einer vornehmen Er=
ziehung, aber doch gut geartet, wohlwollend und verständig
sind, so ist sie doppelt wichtig, wenn man es mit vornehmen
Pinseln, mit Menschen zu thun hat, die zugleich hochmüthig,
unwissend, dumm, ohne Grundsätze und Gefühl, kalt und
rachsüchtig sind, — und ich bedaure jede Christenseele, die
von dergleichen kleinen und großen Tyrannen abhängen muß.

15.

Wenn Du das glänzende Unglück hast, der Liebling ei=
nes schwachen Erdengötzen zu seyn, so bereite Dich nicht nur
selber dazu vor, daß diese Freude nicht lange dauern, daß
ein Schmeichler Dich aus Deinem Posten verdrängen wird,
sondern zeige auch sowohl Deinem Sultan, daß Du nicht
gänzlich von seinen Blicken lebst, als auch dem Volke, wie
wenig Du Dir auf diesen nichtigen Vorzug zugute thust;
wie unwesentlich zu Deiner Glückseligkeit ein solcher unbe=
deutender, zufälliger Glanz ist! Wenn Du dann in Ungnade
fällst, so fliehen doch wenigstens die Besseren nicht vor Dir,
wie vor einem vernichteten, verweseten Menschen: und der
undankbare Despot fühlt, daß es noch Leute gibt, die seiner
entbehren können. Baue überhaupt nicht auf die Freund=
schaft, Festigkeit und Anhänglichkeit der Großen! Sie ach=
ten Dich, so lange sie Deiner bedürfen; sie sind wankelmü=
thig, und mehr geneigt, das Böse, als das Gute zu glauben,
und der Letzte hat bei ihnen immer Recht.

Nütze aber die Zeit ihrer Gunst, um sie zur Gerechtig=
keit, Treue, Wahrheit und Menschenliebe zu ermuntern!
Stimme ihnen bei, wenn sie je vergessen wollen, „daß sie, was
sie sind, und was sie haben, nur durch Uebereinkunft und

Zustimmung des Volks sind und haben; daß man ihnen diese
Vorrechte wieder nehmen könne, wenn sie Mißbrauch davon
machen; daß unsere Güter und Existenz nicht ihr Eigenthum,
sondern daß Alles, was sie besitzen, unser Eigenthum ist,
weil wir dafür alle ihre und der Ihrigen Bedürfnisse befrie=
digen, und ihnen noch obenein Rang, Ehre und Sicherheit
geben, und Geiger und Pfeifer bezahlen; endlich, daß in
diesen Zeiten der Aufklärung und richtiger Begriffe von
Menschenrechten und Volksrechten bald kein Mensch mehr
daran glauben wird, daß ein Einziger, vielleicht einer der
Geringsten und Kleinsten an Geist in der ganzen Nation,
ein angeerbtes Recht haben könnte, hunderttausend weiseren
und besseren Menschen Knechtsdienste und Knechtslohn an=
zubieten; daß sie aber ohne Trabanten und Wachen ruhig
schlafen können, wenn das dankbare Volk, dessen treue Die=
ner sie sind, sie liebt, und für das Wohl der Gewaltigen
Segen vom Himmel erfleht.“ — Es versteht sich, daß diese
Wahrheiten einiger Einkleidung bedürfen, wenn sie den ver=
wöhnten Ohren der Großen harmonisch klingen sollen.

Willst Du Dich in Gunst erhalten, so hüte Dich, daß
nie der eitle Große merke, daß Du Dich Deiner Gewalt
über ihn freuest und rühmest, noch daß Du gern Deine Mei=
nung gegen die seinige durchsetzen möchtest. Zeige ihm, daß
wirkliche Achtung und Liebe zu seiner Person, und das Ver=
langen, nützlich zu seyn, Deine Schritte leiten, nicht aber
Eigennutz und kindische Eitelkeit! Aber sey auch nicht so
närrisch, billige Vortheile oder wohlerworbene Belohnungen
Deiner Dienste zurückzuweisen, Dein Vermögen aufzuopfern,
und nachher vielleicht, wenn man Deiner müde ist, Dich mit
einem weißen Stabe fortschicken zu lassen!

Ueber alle Geschäfte, die Dir von Fürsten aufgetragen
werden, führe so genaue, pünktliche Rechnung und Controlle,
daß Du zu jeder Zeit die Rechtmäßigkeit Deiner Schritte
gegen Verleumder und Ankläger beweisen könnest!

Ungebeten übernimm kein Geschäft, das nicht zu Deinem
Amte gehört; man wird es Dir gewiß nicht danken, aber
Dich vielleicht mißbrauchen.

Vermeide es, ihnen durch trockenen, langweiligen Vortrag die täglichen Geschäfte noch unangenehmer zu machen, als sie ihnen schon gewöhnlich sind, und fasse Dich kurz, wenn Du ihnen etwas vorzutragen hast.

Bist Du des Fürsten Günstling, so wird Dir's gewiß nicht an Neidern und Ausspähern fehlen; sey daher dann doppelt vorsichtig in Deinem sittlichen Betragen!

Es gibt immer an Höfen Leute, denen daran gelegen ist, genau zu wissen, wie groß Dein Einfluß auf den Kopf und das Herz des Fürsten ist. Um diese nie in Deine Karte blicken zu lassen, und sie in Ungewißheit zu lassen, von welcher Seite etwa der Herr gegen Dich gewonnen werden könnte, so vermeide alle Gelegenheit, in Anderer Gegenwart mit diesem von Geschäften, oder sonst von Gegenständen, über welche Du mit ihm nicht gleicher Meinung bist, zu reden!

Sey vorsichtig, höchst vorsichtig in bestimmter Anempfehlung Anderer zum Dienste des Fürsten!

Baue nie auf die Anhänglichkeit Deiner sogenannten Kreaturen, das heißt: solcher Menschen, die Dir ihr Glück zu verdanken haben!

Versprich nicht Dein Fürwort, wenn Du des Erfolges nicht gewiß bist!

Begünstige die Gesuche der Kreaturen Deiner präsumtiven Feinde in billigen Dingen!

16.

Wenn Dein Beschützer, wenn ein Großer, dem Du in der Zeit seines Glücks aus Noth, Höflichkeit, Politik oder gutem Willen gehuldigt hast, von seiner Höhe herabstürzt, wenn er Stand, Vermögen, Einfluß oder Glanz verliert, so schlage Dich nicht zu der Partei der Niederträchtigen, die dem Unglücklichen, der ihnen zu nichts mehr helfen kann, den Rücken zukehren! Verdient er Deine Hochachtung, so zeige ihm nun mit doppeltem Eifer, daß Dein Herz nicht

von der Stimme des Pöbels abhängt! Ist er aber Deiner
Zuneigung unwerth, so schone seiner wenigstens darum, weil
er von Jedermann verlassen ist, und also zu Mißhandlungen
schweigen muß! Räche Dich auch eben deswegen nie an dem,
von welchem Du verfolgt, gedrückt worden bist, so lange er
Gewicht hatte! Sammle vielmehr feurige Kohlen auf sein
Haupt, (beschäme ihn durch sanftmüthige, liebreiche Behand=
lung), damit er in sich gehe, und, wo möglich, durch Groß=
muth gebessert werde!

17.

Sammle nicht leicht für Arme bei Vornehmen und an=
dern Leuten von der großen Welt! Sie geben mehrentheils
nur aus Prahlerei und behandeln Dich, als wäre es ein Al=
mosen für Dich. — Ueberhaupt hilf selbst, wo Du kannst!
Gib nicht Assignation auf fremde Hülfe! Tadle aber auch
nicht sogleich den Reichen, wenn er Dir eine Wohlthat für
einen Dürftigen versagt, die ein Aermerer Dir gewährt!
Denke immer, daß seine größeren Bedürfnisse (ob wahrhafte
oder eingebildete, ist gleichviel) und die größern Anforderun=
gen Anderer auf seine Wohlthätigkeit ihn mit dem, der we=
niger hat, in eine Klasse setzen, und daß man, wenn man
gegen Alle freigebig seyn will, gegen Einige nicht wohl=
thätig seyn kann.

18.

Und nun noch einmal! Wenn ich hier sehr viel zum
Nachtheile des Charakters der meisten Großen und Reichen
gesagt habe, so bin ich doch weit entfernt, dies ohne Unter=
schied auf alle Personen der höhern Klassen ausdehnen zu
wollen. Es ist mir äußerst zuwider gewesen, zu sehen, wie
manche unserer armseligen neuern Schriftsteller es sich zum
Geschäft machen, auf die höhern Stände zu schimpfen.
Viele von ihnen sind so wenig mit den erhabenern Menschen=
klassen bekannt, daß es die höchste Ungereimtheit verräth,

wenn sie über Sitten und Denkungsart derselben ein Urtheil wagen. Von ihren Dachstübchen schielen sie neidisch und hämisch nach den Palästen der Glücklichen hinunter. Wenn, bei grober Kost und dem traurigen Wasserkruge, die süßen Düfte aus den Küchen und Kellern Derer, die im Ueberflusse leben, zu ihnen hinaufsteigen, so reizt das ihre Nerven, erregt ihre Galle; es ärgert sie, daß ihre Glücksumstände ihnen nicht, wie jenen, erlauben, ihre Leidenschaften zu befriedigen; sie verwünschen den Mann im reichen Wagen, den sie zu Fuße nicht einholen können, schimpfen auf den hartherzigen Mäcen, der nicht eben so überzeugt scheint von ihren großen Verdiensten, als sie selbst es sind, und fluchen auf das Geschick, welches die Güter der Erde so ungleich ausgetheilt hat. Da müssen es dann die armen Fürsten, Minister, Edelleute und Reichen entgelten, die sie als Tyrannen, Bösewichter, Thoren und hartherzige Unterdrücker alles dessen, was edel und gut ist, abschildern. Ein so fanatischer Eifer kann wohl nie ein gesundes Gehirn ergreifen. Selbst im Ueberflusse und mit großen Erwartungen aufgewachsen, kenne ich recht gut die Vortheile und Nachtheile einer reichen und vornehmen Erziehung. Meine nachherigen Schicksale aber, mein Aufenthalt an Höfen, und der Umgang mit Menschen aller Art, das Alles hat mich gelehrt, wie nöthig es sey, denen, die nicht durch widrige Erfahrungen gründlich ausgebildet werden, und die so selten reine, lautere, unparteiische Wahrheit hören, ohne Leidenschaft zu sagen, was ihnen so nöthig ist, zu hören. Viele von ihnen sind wahrlich herzlich gut; selbst die Schwächern haben oft manche Temperaments-Tugend, deren Wirkungen für die Welt viel wohlthätiger werden können, als die sanften Aufwallungen ärmerer und ohnmächtigerer Sterblichen. Sie haben von ihrer ersten Jugend an alle Muße und Gelegenheit, ihren Geist zu bilden, sich Talente zu erwerben, Welt und Menschen kennen zu lernen, haben Veranlassungen in Menge, Gutes zu thun, und die Freuden der Wohlthätigkeit zu schmecken. Ihr Charakter wird nicht niedergedrückt, auch nicht verschroben durch Unglück und Mangel, oder durch die Nothwendigkeit, sich zu schmiegen und zu beugen. Und wenn von einer Seite Schmeichelei sie leicht verderben kann,

so ist von der andern der Gedanke, daß jede ihrer edlen
Handlungen bemerkt wird, und ihre Verirrungen oft noch
der späten Nachwelt vorerzählt werden, ein Sporn mehr,
groß und vortrefflich zu werden. Auch wirken auf Viele von
ihnen alle diese Triebfedern; und es ist ein Glück, an der
Seite eines Fürsten oder Großen zu leben, und Einfluß auf
ihn zu haben, der die Würde seines Standes kennt, und sich
seines hohen Berufes werth zeigt. Ich kenne deren Einige,
die es auch gewiß nicht übel aufnehmen, wenn man ihnen
die Klippen zeigt, an welchen so Viele von ihnen scheitern.

19.

Zum Schlusse noch ein Paar Worte über den Umgang
der Großen und Reichen unter sich! Sie verderben sich
größtentheils Einer den Andern. Die Kleinern beeifern
sich, es den Größern nach=, ja, es ihnen an Aufwande und
übelverstandener Erhabenheit zuvorzuthun; und so verewigen
sie ihre Thorheiten, welche von noch kleinern Magnaten bis
auf den Geringsten, der nur einen Schuhputzer in seiner
Livree herumlaufen hat, nach möglichsten Kräften nachge=
ahmt werden. Lustige Beispiele dieser Art sieht man an den
kleinen deutschen Höfen: wie sie einander aufpassen, sich
wechselseitig kontrolliren, beneiden, zu übertreffen suchen;
wie, wenn der durchlauchtigste Landesvater in Y** an sei=
nem Geburtstage einen Ball und zugleich eine Illumination
von sieben Pfund Talglichtern gegeben hat; der Fürst von
W*** an seinem Feste ein Feuerwerk von acht Pfunden
Pulver hinzuthut; wie, wenn der Eine sich einen Ober=
Hof=Marschall für dreihundert Gülden Gage und zwölf
Scheffel Hafer hält; der Andere dem Chef seines Hofes noch
obenein ein breites Ordensband über den hungrigen Magen
hängt. Indeß der eine regierende Graf sich eine Meute
Jagdhunde verschreibt, wie sie kein Potentat in Europa hat,
besoldet sein Nachbar eine Meute Hofmusici, die wenigstens
eben so viel Lärm macht. Der Dritte, voll Verzweiflung
darüber, daß er es seinem Nachbar nicht zuvorthun kann,
verzehrt lieber den sauern Erwerb seiner geplünderten Un=

terthanen in Paris, spielt lieber dort eine höchst elende Rolle, als daß er in seiner Residenz den guten, treuen Landesvater vorstellen sollte. Und so geht das weiter hinunter. Man fange nur in Städten an, ein Concert oder dergleichen zu geben, welches abwechselnd von einer geschlossenen Gesellschaft gehalten wird, und womit etwa ein Abendessen verknüpft ist. Der Erste, bei welchem sich die Gesellschaft versammelt, wird ein Paar Flaschen Wein und eine kalte Küche hergeben; der Andere fügt einen Punsch hinzu; und ehe ein Vierteljahr vergeht, ist die Anstalt in eine kostspielige Fresserei ausgeartet. Unter verständigen, vornehmen und reichen Leuten sollte es nicht also seyn. Sie sollten den Niedern Beispiele geben von Ordnung, Einfalt, Hinwegsetzung über steife Etikette, von Mäßigkeit in Speise, Kleidung, Pracht, Bedienung, Hausrath und allen solchen Dingen. Sie sollten das Vorurtheil vernichten, daß die Herzen der Großen keiner wahren und dauerhaften Freundschaften fähig seyen — mit einem Worte: sie sollten nicht vergessen, daß die Augen so Vieler auf sie gerichtet sind.

20.

Spöttle nicht über die Kleinigkeiten im Aufwande an kleinen Höfen! Besser sind immer diese kleinen, mit keinem großen Aufwande verknüpften Lustbarkeiten und Anstalten, als wenn ein Herr über vier Quadrat=Meilen Landes Garden zu Fuß und zu Pferde, Minister, Hof=Cavaliere in Menge hält, und Schulden über Schulden macht! Es ist Alles nur relativ klein, und immer gut, wenn es nur nicht ganz zwecklos und voll abgeschmackter Ansprüche ist. Dreißig Mann, die abwechselnd Ordnung in der Stadt halten, sind mehr werth, als dreißigtausend, die man von nützlicher Arbeit abzieht, um auf Kosten des fleißigen, armen Unterthanen ein glänzendes Kriegsspielwerk mit ihnen zu treiben.

———

Der Umgang mit Hofleuten und ihres Gleichen.

1.

Ich fasse hier die Bemerkungen über den Umgang mit Hofleuten und mit solchen Personen überhaupt, die in der sogenannten großen Welt leben, und den Ton derselben angenommen haben, zusammen. Leider wird dieser Ton, den Fürsten und Vornehme solcher Art, wie ich früher beschrieben habe, angeben und verbreiten, von allen Ständen, die einigen Anspruch auf feine Lebensart machen, nachgeäfft. Entfernung von der Natur; Gleichgültigkeit gegen die ersten und süßesten Bande der Menschheit; Verspottung der Einfalt, Unschuld und Reinigkeit, und der heiligsten Gefühle; Falschheit und Verstellung; Vertilgung und Abschleifung jeder charakteristischen Eigenheit und Originalität, Mangel an gründlichen, wahrhaft nützlichen Kenntnissen; an deren Stelle hingegen Unverschämtheit, Persiflage, Impertinenz, Geschwätzigkeit, Inconsequenz, Nachlallen; Kälte gegen Alles, was gut, edel und groß ist; Ueppigkeit, Unmäßigkeit, Keuschheit, Weichlichkeit, Ziererei, Wankelmuth, Leichtsinn, abgeschmackter Hochmuth; Flitterpracht als Maske der Bettelei; schlechte Hauswirthschaft; Rang- und Titelsucht; Vorurtheile aller Art; Abhängigkeit von den Blicken der Despoten und Mä=

cenaten; sklavisches Kriechen, um etwas zu erringen; Schmei=
chelei gegen den, dessen Hülfe man bedarf, aber Vernachläs=
sigung auch des Würdigsten, der nicht helfen kann; Aufopfe=
rung auch des Heiligsten, um seinen Zweck zu erlangen;
Falschheit, Untreue, Verstellung, Eidbrüchigkeit, Klatscherei,
Kabale; Schadenfreude, Lästerung, Anekboten=Jagd; lächer=
liche Manieren, Gebräuche und Gewohnheiten — das sind
zum Theil die herrlichsten Dinge, welche unsere Männer und
Weiber, unsere Söhne und Töchter von dem liebenswürdigen
Hofgesinde lernen! — das sind die Studien, nach welchen
sich die Leute von feinem Tone bilden! Da, wo dieser Ton
herrscht, wird das wahre Verdienst nicht bloß übersehen, son=
dern so viel möglich mit Füßen getreten, unterdrückt, von
leeren Köpfen zurückgedrängt, verdunkelt, verspottet. Kein
größerer Triumph für einen faden Hofschranzen, als wenn
er den Mann von entschiedenem Werthe, dessen Uebergewicht
er mit Ingrimm fühlt, demüthigen, ihn auf einem Mangel
an conventioneller feiner Lebensart ertappen, und durch die
Art, wie er dies rügt, oder dadurch, daß er ihn in Verle=
genheit zu setzen sucht, ihn verwirrt und ängstigt, ihn sein
Uebergewicht in der Lebensklugheit und Geschmeidigkeit füh=
len läßt. Kein größerer Triumph für die Petite Maitresse,
als wenn sie eine redliche Frau, voll wahrer innerer und
äußerer Vorzüge und Würde, in einer Gesellschaft von Welt=
leuten von einer lächerlichen Seite darstellen kann! Das
Alles hat man zu erwarten, wenn man sich unter Menschen
von dieser Klasse mischt, ohne es zu verstehen, mit ihnen
umzugehen, und ihre Hinterlist abzuwehren. Man muß sich
aber dann darüber nicht beunruhigen, man würde sonst kei=
nen friedlichen Augenblick haben, würde unaufhörlich von
tausend Leidenschaften, besonders von Ehrgeiz und Eitelkeit
in Aufruhr gebracht werden. Es gibt aber drei Mittel, al=
len diesen Drangsalen auszuweichen, indem man sich nämlich
entweder von der großen Welt ganz zurückzieht, oder in derselben
seinen geraden Gang fortgeht, ohne sich alle diese Thorhei=
ten anfechten zu lassen, oder endlich, indem man den Ton
derselben studirt, und so viel es ohne Verleugnung des Cha=
rakters geschehen kann, mit den Wölfen heult.

2.

Wer seiner Lage nach nicht schlechterdings dazu ver=
dammt ist, an Höfen oder sonst in der großen Welt zu le=
ben, der bleibe fern von diesem Schauplatze des glänzenden
Elends; bleibe fern vom Getümmel, das Geist und Herz
betäubt, verstimmt und zu Grunde richtet! In friedlicher,
häuslicher Eingezogenheit, im Umgange mit einigen edeln,
verständigen und muntern Freunden ein Leben führen, das
unserer Bestimmung, unsern Pflichten, den Wissenschaften
und unschuldigen Freuden gewidmet ist, und dann zuweilen
mit Nüchternheit an öffentlichen Vergnügungen, an großen,
gemischten Gesellschaften Theil nehmen, um für die Phanta=
sie, die nicht leer ausgehen soll, neue Bilder zu sammeln
und die kleinen widrigen Gefühle der Einförmigkeit zu ver=
löschen: — das ist ein Leben, das eines weisen Mannes
werth ist! Und in Wahrheit! es steht öfter in unserer
Macht, als man gemeiniglich denkt, sich der großen Welt zu
entziehen. Menschenfurcht, schwache Gefälligkeit gegen un=
bedeutende und unbescheidene, zudringliche Menschen, Eitel=
keit, Schwäche, Nachahmungssucht — das ist es, was so
manchen, sonst nicht unedlen Mann bewegt, seine schönsten
Stunden da zu verschleudern, wo er im Grunde nicht an
seinem Platze ist, wo so oft Ekel und Langeweile ihn an=
wandeln, und allerlei unedle Leidenschaften ihr Spiel mit
ihm treiben. Freilich aber muß man, um sich diesem Elende
zu entziehen, nicht nur, seinen Verhältnissen nach, unabhän=
gig seyn, sondern auch nach festen Grundsätzen zu handeln
und sich über das Geschwätz der Leute hinwegzusetzen den
Muth haben, muß nicht ängstlich fragen: „was sagt man
von mir?"

3.

Wer aber in der großen Welt leben will oder muß, und
doch nicht ganz sicher ist, daß es ihm gelingen werde, den

Ton derselben anzunehmen: der bleibe lieber der Stimmung und Gesinnung treu, die ihm Natur und Erziehung gegeben haben. Nichts kann abgeschmackter seyn, als jene Sitten halb unvollständig kopiren — wenn z. B. der ehrliche Land= mann, der schlichte Bürger, der gerade deutsche Biedermann es versucht, den französischen Petitmaitre, den Hofmann, den Politiker zu spielen, — wenn Leute, die einer ausländischen Sprache nicht mächtig sind, alle Gelegenheit aufsuchen, mit fremden Zungen zu reden, oder, da sie doch in ihrer Jugend an Höfen gelebt haben, nicht merken, daß die galante Spra= che aus Ludewigs des Vierzehnten Zeiten jetzt gar nicht mehr im Umlaufe ist, und eine Stutzer=Garderobe jetzt nur noch auf den komischen Theatern Wirkung thut. Solche Menschen machen sich muthwilligerweise zum Gespötte, da man hinge= gen mit einem ungezwungenen, natürlichen und verständigen Betragen, Anstande und Anzuge, wenn dies Alles auch nicht nach dem feinsten Hoffschnitte ist, sich mitten unter dem leichtfertigen Gesindel Achtung und, wo nicht ein angeneh= mes, doch ein ruhiges, ungekränktes Leben verschaffen kann. Bleibe also der Einfachheit in Deiner Kleidung und in Dei= nen Manieren getreu, ehrlicher Biedermann! Sey ernsthaft, bescheiden, höflich, ruhig, wahrhaftig! Rede nicht zu viel und nie von Dingen, wovon Du nichts weißt, noch in einer Sprache, die Dir nicht geläufig ist, in so fern der, welcher mit Dir spricht, Deine Muttersprache versteht! Betrage Dich mit Würde und Geradheit, ohne grob zu seyn, ohne Unge= schliffenheit, so wird man Dich ungeneckt lassen. Freilich wirst Du bei einem solchen Benehmen nie zu den Begün= stigten gehören, wirst es zuweilen erleben, daß man Dich stehen läßt, und Dich nicht zu bemerken scheint, und das ist allerdings eine peinliche Lage; aber wenn Du sie mit An= stand und Fassung erträgst, und keine Verlegenheit blicken lässest, so wirst Du dabei nur gewinnen, nicht verlieren, weil Du eigentlich im Vortheil bist, so oft Du der Nothwendig= keit entgehst, über nichts Dich unterreden zu müssen, und Deinen eigenen Betrachtungen nachhängen kannst. Auch ist nicht zu besorgen, daß man Dich in dieser Stellung gering= schätzen werde, vielmehr wird man Dich fürchten.

4.

Es gibt auch Moden in der Literatur und Kunst, im Geschmacke, in gewissen Vergnügungen und Schauspielen, und der Beifall, den eine Sängerin, ein Tonkünstler, Schrift= steller, Redner, Maler, Geisterseher oder Schauspieler, oft ganz gegen Verdienst und Würdigkeit, vom vornehmen gro= ßen Haufen einerntet, hat nur in der Mode seinen Grund, d. h. darin, daß Einer dem Andern nachgeschwatzt; und es ist verlorne Mühe, diesem Mode=Geschmacke sich widersetzen zu wollen. Am besten ist es, ruhig abzuwarten, daß eine neue Narrheit die alte verdränge. Es gibt sogar Moden im Gebrauche von Arzeneien, denen sich die Vornehmen un= terwerfen zu müssen glauben, — sey es, daß sie täglich me= diciniren, oder in ein gewisses Bad und in kein anderes reisen, oder sich mit den Pillen oder Pulvern irgend eines Marktschreiers langsam vergiften. Lächle in der Stille dar= über, purgire oder magnetisire Dich unmaßgeblich auch ein wenig, und mache mit, was sich ohne Gefahr und Tollheit mitmachen läßt! Wenigstens mache Dich mit diesen Mode= thorheiten bekannt, um nicht in Deinen Gesprächen dagegen anzustoßen! Du wirst übel anlaufen, wenn Du nach Deiner Empfindung eine Theaternymphe tadelst, deren Zwitschern gerade zu der Zeit in der feinen Welt für Götterstimme gilt, oder wenn Du ein Buch erbärmlich nennst, dessen Verfasser als ein Original=Genie anerkannt wird. Du wirst übel an= laufen, wenn Du eine Dame, die gerade in der Periode ist, in welcher sie nach der Mode freigeisterische Grundsätze ha= ben muß, von religiösen Gegenständen unterhältst. Denn auch das hat seine Gesetze, die von der Mode bestimmt wer= den. Jünglinge fangen schon im fünf und zwanzigsten Jahre an, alt zu werden, nicht mehr zu tanzen, sich den Cirkeln der Greise zuzugesellen, ein feierliches, philosophisches, ein Geschäfts=Gesicht mit in die Gesellschaft zu bringen; kom= men sie aber nahe an die Vierzige, dann werden sie wieder jung, hüpfen herum, spielen um Pfänder mit jungen Mäd= chen: — das Alles muß man beobachten, und seine Maßre= geln darnach nehmen.

5.

Der klügere und edlere Mann — bequemte er sich auch noch so pünktlich nach den Sitten der feinen Societät — wird dennoch dem Neide, der Verleumbung und den unaufhörlichen Neckereien und Klatschereien, welche hier herrschen, nicht ausweichen; denn um schaalen Köpfen zu gefallen, muß man selbst ein schaaler Kopf seyn. Wer hierüber bekümmert seyn, Unruhe äußern, wohl gar klagen könnte, den möchte man eben so sehr bedauern, als tadeln, denn es wäre ein Zeichen großer Weichlichkeit der Gesinnung und kleinmüthiger Zaghaftigkeit. Hier möchte man an den Ausspruch eines christlichen Weisen erinnern: „Es ist ein köstliches Ding, daß das Herz fest werde." Zu dieser köstlichen Festigkeit gehört vor Allem der Gleichmuth und das Gleichgewicht einer Seele, welche Grundsätze hat. Man gehe also seinen Gang fort, folge seinem Grundsatze und lasse die Thoren schwatzen, bis sie müde werden! Hier sind auch alle Erläuterungen, alle Entschuldigungen übel angebracht, denn wenn Du mit Widerlegung ei n er Verleumdung fertig bist, so hat man schon eine andere in Bereitschaft.

6.

In der großen Welt ist der oben entwickelte Grundsatz vorzüglich nicht aus den Augen zu lassen, nämlich, daß Jedermann nur so viel gilt, als sein eigenes Bewußtseyn nach dem Urtheile seines Gewissens ihn gelten läßt, und wer dies Urtheil für sich hat, der wird sich frei, zuversichtlich und edelstolz zeigen, und sein Publikum nöthigen, ihm Achtung und Vertrauen zu beweisen, wird selbst Denjenigen, die ihre Aufmerksamkeit nach dem Range oder Vermögen eines Menschen abzumessen gewohnt sind, eine gewisse Scheu einflößen, so daß sie es nicht wagen, ihn darum geringschätzig zu behandeln, weil er weder zu den hohen Standespersonen, noch zu den Reichen gehört.

7.

Jeder durch Bildung oder Verdienste ausgezeichnete Mann messe sein Betragen gegen Weltleute pünktlich nach dem ihrigen gegen ihn ab, und gehe ihnen keinen Schritt entgegen! Diese Menschengattung nimmt eine Hand breit, wo man ihnen Finger breit einräumt. Erwiedere Stolz mit Stolz, Kälte mit Kälte, Freundlichkeit mit Freundlichkeit, gib aber nicht mehr und nicht weniger, als Du empfängst. Die Befolgung dieser Vorsicht hat mannichfaltigen Nutzen. Die feinen Weltleute sind wie ein Rohr, das vom Winde bewegt wird. Da sie selbst so wenig Bewußtseyn innerer Würde haben, so beruht ihre ganze Existenz auf ihrem äußern Rufe. Sie werden sich Dir anschließen, sobald sie sehen, daß Du im guten Lichte erscheinst. Aber wenn Du Dich nicht entschließen kannst, durch Herabstimmung und Schmeichelei die alten Weiber beiderlei Geschlechts auf Deine Seite zu ziehen, so wird sehr bald eine geübte Lästerzunge über Dich herfallen, etwas Dir Nachtheiliges oder eine lächerliche Anekdote von Dir unter die Leute bringen. Kaum wird ein solches Gerücht herumlaufen, so werden jene Sklaven lauern, welche Wirkung dies auf das Publikum macht; und faßt es Wurzel, so werden sie den Kopf um ein Paar Zoll höher gegen Dich tragen. Macht Dich das unruhig, ängstlich, — behandelst Du sie nach Deinem Herzen als Leute, deren Freundschaft Du Dir gern erhalten möchtest, so werden sie immer unverschämter, und helfen eifrigst die elende Klatscherei verbreiten, woraus Dir dann, so gering auch die Sache scheinen mag, mancherlei großer Verdruß erwachsen kann. Wirf aber auf den Ersten, der Dich hämisch von der Seite ansieht, einen verächtlichen Blick, so wird er stutzig werden, für seinen eigenen Ruf fürchten, kein nachtheiliges Wort von Dir über seine Zunge kommen lassen, und sich vor dem Manne beugen, von dem er glaubt, er müsse geheimen Schutz haben, weil er so fest steht, so gleichgültig gegen die allein seligmachende Stimme des vornehmen Pöbels ist. Ja, gib ihm doppelt wieder, was er wagt, Dir zu bieten! Laß Dich

Knigge.   16

durch kein freundliches Wörtchen wieder heranlocken, bis er
gänzlich zu Kreuze kriecht! Am besten ist es gewiß, über
dergleichen und über Klatschereien aller Art wenigstens nicht
die geringste Unruhe zu zeigen, mit Niemand weiter darüber zu reden, und sich auf keine Erläuterung einzulassen.
Dann ist in acht Tagen das Mährchen vergessen, da auf
jede andere Art die Sache ärger gemacht wird.

8.

Sey höflich und geschliffen im Aeußern! Man muß in
der großen Welt und in großen Städten des Anstandes und
der Sitte wegen manchen Menschen sehen, ertragen und
freundlich behandeln, den man nicht schätzt; auch sucht man
ja in diesem gesellschaftlichen Verkehr keine Freunde, sondern nur Gesellschafter. Allein, wo es Nutzen stiften, oder
wenigstens Dein Ansehen befestigen, wo Du bewirken kannst,
daß der Dich fürchte, der nicht anders als durch Furcht im
Zaume zu halten ist, da laß ihn Dein Ansehen fühlen!
Nimm gegen den Hofschranzen die Würde eines gebildeten
und festen Charakters an, zeige ihm edlen Stolz und männliche Festigkeit, damit nie der Gedanke in ihm aufkeimen
könne, Dich zu foppen oder zu mißbrauchen! Diese Skla-
venseelen zittern vor dem Uebergewicht des verständigen,
consequenten Mannes; allein dies feste Auftreten darf weder in Aufgeblasenheit, noch in Bauernstolz und ungesittete
Derbheit ausarten. Sage diesen Leuten zuweilen einmal
ohne Hitze und Grobheit die Wahrheit. Schlage ihre flachen,
schiefen Urtheile kaltblütig mit Gründen nieder, wo es nach
den Umständen die Klugheit erlaubt. Bringe sie durch kalt-
blütigen Widerspruch zum Schweigen, wenn sie den Redlichen lästern. Setze ihren Kriegslisten Muth, Besonnenheit
und wahre Kraft entgegen. Scherze nicht vertraulich mit
ihnen. Aber hüte Dich, ächter Laune den Lauf zu lassen
und witzig zu werden, damit Dir nicht ein Wort entschlüpfe,
das man mißbrauchen oder verdrehen könnte.

9.

Ueberhaupt rede in der großen Welt nie eine warme Herzenssprache, denn sie ist dort eine fremde, unverständliche Mundart. Rede nicht von den reinen, süßen, einfachen, häuslichen Freuden! Das sind Mysterien für solche Profane. Habe Dein Gesicht in Deiner Gewalt, daß man nichts darauf geschrieben finde, weder Verwunderung, noch Freude, noch Widerwillen, noch Verdruß! Die Hofleute lesen besser Mienen, als Buchstaben: das ist fast ihr einziges Studium. Vertraue Deine Angelegenheit Niemand! Sey vorsichtig, nicht nur im Reden, sondern sogar im Hören; sonst wird Dein guter Name leicht gefährdet.

10.

Hier sey noch einmal bemerkt, daß das Betragen in der großen Welt nach eines Jeden besonderer Lage sich richten müsse, und daß das, was dem Einen darin zu beobachten wichtig und nöthig ist, für den Andern vielleicht von gar keinem Belange seyn könne. Wer nicht bloß in derselben leben und geachtet werden, sondern auch wirken, sich empor arbeiten, regieren will, der muß die Art, wie man sich in ihr bewegen soll, weil es die Convenienz fordert, noch viel feiner studiren. Da kann es äußerst wichtig werden, entweder zu der herrschenden Partei, oder (wobei man größtentheils am sichersten geht, wenn man sonst kein ganz Unwichtiger ist) zu gar keiner zu gehören, um von Allen aufgesucht zu werden, und nach Gelegenheit unmerklich Anführer einer eigenen zu werden. Da muß oft die Politik uns lehren, wo wir des sichern Vortheils nicht gewiß sind, — wo nicht zu helfen, vielleicht die Hülfe sogar nachtheilig ist und Uebel ärger macht, unsere verfolgten Freunde allein kämpfen zu lassen und uns ihrer nicht öffentlich anzunehmen. Da kann es nöthig seyn, anfangs ganz unscheinbar dazustehen, um nicht beobachtet, in seinen Plänen nicht gestört, vielmehr als ein unbedeutender

Mensch (weil ein solcher immer mehr Stimmen auf seiner Seite hat, als der von besserer Art) befördert zu werden. Zu allen Geschäften aber, die man in der großen Welt führen muß, ist nichts so dringend anzuempfehlen, als — Kaltblütigkeit, das heißt: sich nie zu vergessen; nie sich zu übereilen; den Verstand nie dem Herzen, dem Temperamente, der Phantasie Preis zu geben; Vorsicht, Verschlossenheit, Wachsamkeit, Gegenwart des Geistes, Unterdrückung willkürlicher Aufwallungen, und Gewalt über Regungen des Gefühls und der Laune. Mit Kaltblütigkeit und den dahin gehörigen Eigenschaften ausgestattet, sieht man Personen von den mittelmäßigsten, natürlichen Gaben über den lebhaftesten, feinsten Feuerkopf herrschen. Aber diese schwere Kunst — wenn sie sich je erlernen läßt, wenn sie nicht ausschließlich ein Geschenk der Natur ist — erlangt man nur nach vieljähriger Arbeit an sich selbst und vielseitiger Erfahrung.

11.

Und nun zum Schlusse dieses Kapitels auch etwas über den Vortheil, den uns der Umgang mit Menschen in der großen Welt gewährt! Er ist wahrlich nicht unbeträchtlich, aber er muß auch oft theuer genug erkauft werden. Vorschriften, welche uns auf die herrschenden Sitten der feineren Gesellschaft verweisen, sind freilich keine Grundsätze der Moral, sondern nur der Uebereinkunft; allein diese Uebereinkunft beruht doch auf einer Nothwendigkeit, welcher Niemand ganz zu entgehen vermag, nämlich auf der, zuweilen in den Verkehr der großen Welt eintreten, und sich ihm für einige Zeit hingeben zu müssen, und in diesem Verkehr allen Anstoß zu vermeiden, alle Verlegenheit zu entfernen, ohne doch seinen Charakter und seine Grundsätze ganz zu verleugnen und seinen sittlichen Werth einzubüßen. Dieser Werth aber, der, wie ein Schatz unter der Erde, immer, auch verborgen, Gold bleibt, kann doch Wittwen und Waisen nähren, und Monarchen und Reiche zum Wohl der Welt in

Wirksamkeit setzen, wenn er hervorgeholt und durch den Stempel der Convention in Umlauf gebracht, wenn er allgemein anerkannt wird, eben so anerkannt von Denen, die sich auf reines Gold verstehen, als von Denen, die nur auf das Gepräge achten. — Darum sollte man nicht so unbedingt und so heftig gegen den wahren, feinen Weltton eifern, ihn nicht ganz verdammen. Er lehrt uns, die kleinen Gefälligkeiten nicht außer Acht zu lassen, die das Leben süß und leicht machen. Er erweckt in uns Aufmerksamkeit auf den Gang des menschlichen Herzens, schärft unsern Beobachtungsgeist, gewöhnt uns, ohne zu kränken und ohne gekränkt zu werden, mit Menschen aller Art leben zu können. Der ächte und zugleich redliche, alte Hofmann verdient wahrlich Verehrung; und man braucht nicht in die Wüsten zu fliehen, noch sich in Studirzimmern zu vergraben, um auf den Titel eines Philosophen Anspruch machen zu dürfen. Ja, ohne einige Kenntniß der großen Welt hilft uns alle Stubengelehrsamkeit, alle Menschenkunde aus Büchern sehr wenig. Darum ist einem jeden jungen Manne, der edeln Ehrgeiz, Durst nach Welt = und Menschenkenntniß, und Lust hat, nützlich und thätig zu seyn, gar sehr zu rathen, daß er, wenigstens auf einige Zeit, den größern Schauplatz der Welt betrete, wäre es auch nur, um zu Beobachtungen Stoff zu sammeln, die einst im Alter seinen Geist beschäftigen, und ihn in den Stand setzen, seinen Kindern und Enkeln, die vielleicht bestimmt sind, an Höfen und in großen Städten ihr Glück zu suchen, weise Lehren zu geben.

Der Umgang mit Menschen von allerlei Lebensart und Gewerbe.

1.

Zuerst von den sogenannten Abenteurern und Pflastertretern. Ich rede hier nicht von den eigentlichen Betrügern und Gaunern — von diesen soll gleich nachher gehandelt werden! — sondern von der unschädlichen Art der Abenteurer, die, wenn sie sich mit der Glücksgöttin gar zu oft überworfen haben, zuletzt an ihre kleinen Neckereien so gewöhnt sind, daß sie immer auf's Neue blindlings in den Glückstopf hineingreifen, und es wagen, entweder auf die Finger geklopft zu werden, oder einmal einen fetten Brocken zu erhaschen. Sie leben, ohne festen Plan für den folgenden Tag, auf gute Hoffnung los, und unternehmen sorglos und leichtsinnig Alles, was ihnen für den Augenblick eine Aussicht zu einigem Unterhalte zu eröffnen scheint. Wo eine reiche Wittwe zu heirathen, eine Pension, eine Bedienung an irgend einem Hofe oder dergleichen zu erschleichen ist, da sind sie nicht saumselig. Sie verändern den Namen, adeln sich, schaffen sich um, so oft es ihnen beliebt und es ihr Bestreben begünstigen und erleichtern kann. Was sich als Edelmann nicht durchsetzen läßt, das versuchen sie als Marquis, als Abbé, als Offizier. Zwischen Himmel und Erde ist kein Fach, kein Departement, in welchem sie nicht bereit wären, sich an die Spitze der Geschäfte stellen zu lassen, keine Wissenschaft, über welche sie nicht mit einer Zuversicht schwatzten, die sogar den Gelehrten stutzen macht. Mit einer bewundernswürdigen Gewandtheit, mit einem savoir faire, das selbst der bessere Mann zum Theil von ihnen lernen sollte, gelangen sie zu Dingen, die der Rechtschaffenste und Verständigste nicht einmal zu wünschen den Muth hat. Ohne tiefe Menschenkenntniß haben sie gerade das, womit man in dieser Welt über wahre Weisheit den Meister spielt — esprit de conduite. Gelingt das nicht, was sie unternehmen, so werden sie doch dadurch nicht in ihrem guten Humor gestört; die ganze Welt ist ihr Vaterland, und als blinde Passagiers sind sie auf dem Postwagen eben so zu Hause, wie in einer prächtigen Karosse. — Ein gutmüthiges Völkchen, durch das Nomaden=Leben gewöhnt, Freuden und Leiden geduldig zu ertragen und zu theilen! Haben sie irgendwo ihre Rolle ausgespielt, so schnüren sie ihr Bündelchen, und gehen aus ihren Palästen so leichtfüßig davon, wie ein flüchtiger Morgentraum.

Als Gesellschafter mag man diese Leute nicht verachten! Sie haben so Manches gesehen und erfahren, daß dem Menschenkenner ihr Umgang nicht ganz uninteressant seyn kann. Ja, wenn sie sonst nicht bösartig sind, so findet man bei ihnen Theilnehmung, Dienstfertigkeit und Gefälligkeit in hohem Grade. Dagegen ist zu einer genauen freundschaftlichen Verbindung mit ihnen gar nicht zu rathen. Man sey nicht zu vertraulich gegen sie, und bediene sich nicht ihrer Hülfe in wichtigen Geschäften! Theils leidet dadurch unser eigener Ruf; theils kann man sich von ihrem Leichtsinne und ihrer Charakterlosigkeit wenig wahre Hülfe versprechen; auch pflegen sie nicht eben sehr ekel in der Wahl der Mittel zu seyn, welche sie anwenden, um zu einem Zwecke zu gelangen.

2.

Beschäme nicht leicht den Abenteurer, auch den von schlechter Art nicht, wenn Du ihn irgendwo in einer erborgten Gestalt, unter falschem Namen, oder mit selbst

geschaffenen Titeln und Ehrenzeichen geschmückt antriffst, in
so fern nicht wichtige Gründe eintreten, oder Du besondern
Beruf dazu hast! Auch würde Dir das nicht immer gelin=
gen; denn seine Unverschämtheit möchte vielleicht Wege fin=
den, das Unangenehme einer solchen Scene auf Dich selbst
fallen zu machen. Doch kann es zuweilen nützlich seyn, so
einem Herrn unter vier Augen merken zu lassen, daß man
ihn kenne, und daß es in unserer Macht stehen würde, ihn
zu entlarven, daß man aber seiner schonen wolle. Dann
wird ihn vielleicht die Furcht vor der Entdeckung zurück=
halten, böse Streiche zu spielen. Es gibt aber unter diesen
Landläufern äußerst gefährliche Menschen, Ausspäher, Ver=
führer, Verleumder, Diebe und Schelme aller Art. Nicht
nur sollte diesen die Thüre jedes ehrlichen Mannes sorgfäl=
tig verschlossen werden, sondern die kleinern deutschen Für=
sten würden wohlthun, wenn sie sich weniger mit solchem
Gesindel einließen, welches gewöhnlich mit einer Tasche voll
Pläne und Entwürfe zum Besten des Landes, zur Beförde=
rung des Handels, zum Flor und zur Verschönerung der Re=
sidenzen angezogen kommt, redliche Diener aus ihren Aem=
tern verdrängt und verdächtig macht, seinen Beutel zum
Ruin des Landes spickt, freilich seine Rolle nicht lange spielt,
aber wenn es auch, mit Schimpf und Schande beladen, da=
von gehen muß, mehrentheils viel gestiftetes Unglück zurück=
läßt, was es nie wieder gut machen kann, und irgend einen
andern schwachen Herrn findet, mit dem es seine Operatio=
nen auf's Neue versucht. In diesen Fällen ist es Pflicht,
dem Bösewichte öffentlich die Larve abzuziehen; doch thue
man das nicht eher, als bis man die deutlichsten Beweise
gegen ihn in Händen hat! denn dergleichen Menschen haben
die Gabe, ihre Sache von solchen Seiten vorzustellen, daß
man sehr viel wagt, wenn man sie mit unsichern Waffen
angreift.

3.

    Unter allen Abenteurern sind, nach meiner Empfindung,
die Spieler vom Handwerk die verächtlichsten. Indem ich

nun von ihnen rede, werde ich auch Gelegenheit nehmen, über das Spiel im Allgemeinen und über das Betragen bei demselben etwas zu sagen.

Keine Leidenschaft kann so weit führen, keine kann den Jüngling, den Mann und ganze Familien in ein grenzenloseres Elend stürzen, keine den Menschen in eine solche Kettenreihe von Verbrechen und Lastern verwickeln, als die unglückselige Spielsucht. Sie erzeugt und nährt alle nur ersinnlichen unedeln Empfindungen: Habsucht, Neid, Haß, Zorn, Schadenfreude, Verstellung, Falschheit und Vertrauen auf blindes Glück; sie kann zu Betrug, Zank, Mord, Niederträchtigkeit und Verzweiflung führen und tödtet auf die schändlichste Weise die goldene Zeit. Wer reich ist, begeht eine unverzeihliche Thorheit, wenn er sein Geld auf so ungewisse Speculation anlegt; und wer nicht viel zu wagen hat, muß furchtsam spielen, kann die Launen des Glücks nicht abwarten, sondern muß bei dem ersten widrigen Schlage das Feld räumen, oder er wagt es darauf, aus einem Dürftigen ein Bettler zu werden. Doch ist die Thorheit der Erstern noch weit größer, als die der Letztern. Selten stirbt der Spieler als ein reicher Mann; wer daher auf diesem elenden Wege Vermögen erworben hat, und dann nicht aufhört zu spielen, den möchte man einen Wahnsinnigen nennen.

Die, welche Tage und Nächte dem Spiel opfern, bedenken gewiß nicht, daß, wenn sie täglich spielen, sie sich eine jährliche gewisse Ausgabe von wenigstens sechzig Thalern aufladen, die sie von dem möglichen ungewissen Gewinne abrechnen müssen; nämlich das Kartengeld. Sie bedenken noch weniger, daß sie die unwürdigsten Zeitverschwender, und allen Guten und Edlen verächtlich, daß sie früher oder später der Verzweiflung Preis gegeben sind.

Hüte Dich, mit Leuten vom Handwerke Dich auf ein Spiel einzulassen, wenn Dir Dein Geld und Deine Ehre lieb ist!

Traue Keinem von ihnen! in keiner Sache! Die wenigen Ausnahmen, wo diese Regel einem ehrlichen Spieler von Profession unrecht thun könnte, verdienen nicht in Anschlag gebracht zu werden; und wer sich dieser verächtlichen Lebensart widmet, mag es nicht übel nehmen, daß man ihm

den Geist der bösen Zunft zutraut, zu welcher er sich be=
kennt.

Laß Dich auf keine bloße Hazardspiele ein! Um gerin=
gen Preis gespielt sind sie äußerst langweilig, und hohes
Geld dem Ungefähr Preis geben, ist Narrheit. Ein verstän=
diger Mann verachtet ohnehin jede Beschäftigung, bei wel=
cher Kopf und Herz schlummern müssen, und man darf nur
ein mittelmäßiger Rechner seyn, um sich zu überzeugen, daß
bei solchen Glücksspielen die Wahrscheinlichkeit immer gegen
uns ist. Wollen wir aber gar keine Wahrscheinlichkeit an=
nehmen, so bleibt der Erfolg ein Werk des Zufalls: — und
wer wird denn vom Zufalle abhängen wollen?

Auf die sogenannten Commerz=Spiele thue gänzlich
Verzicht, oder lerne sie vorher recht, und spiele mit gleicher
Aufmerksamkeit, es mag um hohen Preis, oder um eine
Kleinigkeit gelten! Lerne Dich aber auch im Spiele beherr=
schen, und wage nicht mit Unverstand! Mache nicht durch
gehäufte Fehler der Aufmerksamkeit und Kunst Dich selbst
arm, und Deinen Mitspielern Ungeduld und Langeweile!

Zeige keine böse Laune, wenn Du schlechte Karten be=
kommst, und wenn Du verlierst! Wer nie Geld im Spiele
verlieren will, der muß sich auf die Blindekuh einschränken.

Manche Leute geben immer vor, gewonnen zu haben;
andere klagen stets über Verlust. Die Erstern belügen nur
ihren eigenen Geldbeutel; die andern aber sprechen sich selbst
ein böses Urtheil. Denn wer ohne Unterlaß verliert, ist ein
Narr, wenn er nicht endlich das Spielen aufgibt.

Spiele nicht so unerträglich langsam und bedächtig, daß
Deinen Gesellschaftern alle Geduld vergehen muß. Zanke
nicht, wenn Deine Mitspieler Fehler machen!

Zeige keine laute Freude, wenn Du gewinnst! das pflegt
Dem, welcher verloren hat, empfindlicher zu seyn, als der
Verlust selbst.

Nöthige Niemand zum Spiele, wenn Du weißt, daß er
ungern oder unglücklich spielt! Dies geschieht vielfältig von
Leuten, denen es eine wichtige Angelegenheit ist, ihre Par=
tien vollzählig zu haben.

Doch diese Materie ist wohl kaum der so langen Ab=
handlung werth. Wenden wir uns zu andern Gegenständen!

4.

Unter den Abenteurern unserer Zeit spielen die Gei=
sterseher, Goldmacher und andere mystische Betrü=
ger keine unbeträchtliche Rolle. Diese Art von Schwärme=
rei, nämlich der Glaube an übernatürliche Wirkungen und
Erscheinungen, ist sehr ansteckend. Bei dem Gefühl, wie
manche Lücke in unsern philosophischen Systemen und Theo=
rien übrig bleibt, so lange unser Geist in den Grenzen irdi=
scher Ausdehnung eingeschränkt ist, und bei der Begierde
dennoch über die Schranken hinaus Blicke zu thun, scheint
es dem Menschen ganz natürlich, die unerklärbaren Sachen
a posteriori zu erläutern, wenn es mit den Beweisen a priori
nicht recht gehen will; das heißt: aus den gesammelten That=
sachen Resultate zu ziehen, die ihm angenehm und günstig
sind; Resultate, die theoretisch durch Schlüsse nicht vollstän=
dig herauskommen. Da geschieht es dann, daß, um eine
Menge solcher Thatsachen zu gewinnen, man geneigt ist, je=
des Mährchen für wahr, jede Täuschung für Realität zu
halten, damit man seinem Glauben Gewicht gebe. Je auf=
geklärter aber die Zeiten werden, je emsiger man sich bestrebt,
der Wahrheit auf den Grund zu kommen, desto sichtbarer
wird es uns, daß wir auf Erden diesen Grund nicht finden;
um desto leichter also gerathen wir auf jenen Weg, den wir
vorher verachtet haben, so lange noch auf dem hellen Wege
der Theorie neue Entdeckungen zu machen waren. Ich
glaube, daß dies eine ungezwungene Erklärung des Phäno=
mens ist, das so Manchem höchst wunderbar scheint, — des
Phänomens, das in den Zeiten der größten Aufklärung ein
blinder Glaube an Ammen=Mährchen gerade am stärksten
einreißt.

Diese Stimmung des Publikums nun machen sich eine
Menge Betrüger zu Nutze, die theils planmäßig verbunden,
uns zu unterjochen, theils einzeln, auch Zeit und Gelegen=

heit darauf auszugehen, die Augen der Schwachen zu
blenden.

Sey es dabei nun auf unsere Geldbeutel, oder auf Ty=
rannei über unsern Willen, oder auf irgend einen andern
moralischen, intellectuellen oder politischen Mißbrauch abge=
sehen, so ist es immer sehr wichtig, dagegen auf seiner Hut
zu seyn.

Obgleich ich mich nicht fest überzeugen kann, daß alle
Abenteurer solcher Art, daß die Cagliostro's, Saint Ger=
mains, Schröpfer und Consorten sämmtlich von einer einzi=
gen Triebfeder regiert werden, und daß jeder solcher Wun=
dermann seine Unternehmungen auf denselben Zweck zu lei=
ten die Absicht haben sollte, so sind wir doch allen Denen
Dank schuldig, die uns vor solchen Abenteurern warnen, und
uns wenigstens zeigen, wohin das führen könnte. Um
aber nicht zu wiederholen, was so vielfältig ist gesagt wor=
den, und noch immer gesagt wird, will ich hier, für das Be=
tragen gegen Leute von dieser Art, nur folgende Vorsichts=
Regeln vorschlagen.

Laß es an seinen Ort gestellt seyn, ob man Geister se=
hen und Gold machen könne oder nicht! Leugne nicht das,
wovon Du nicht das Gegentheil so klar beweisen kannst, daß
es nicht möglich ist, dagegen etwas einzuwenden; denn Be=
weise, die auf Vordersätzen beruhen, welche nur willkürlich
angenommen sind, können nur Den überzeugen, der Lust hat,
davon überzeugt zu werden, — aber baue nicht bei der
Möglichkeit einer Sache den Schluß auf ihre Wirklichkeit,
noch auf metaphysische Grillen moralische Handlungen!
Sollte auch Jemand durch Schlüsse überführt werden kön=
nen, daß wohl sehr wahrscheinlich jedes sichtbare Wesen von
einer Menge unsichtbarer umgeben ist, so bleibt es doch im=
mer thöricht gehandelt, wenn dies sichtbare Wesen seine sicht=
baren Handlungen mehr nach der vermuthlichen unsichtbaren
Gesellschaft, die ihn umgibt, einrichtet, als nach den Sit=
ten der wackern, wirklichen Personen, unter denen es um=
herwandelt.

Man zeige also in Worten und Handlungen mehr
Wärme für thätige, nützliche Wirksamkeit, als für Spekula=

tion; so werden sich die Herren Mystiker nicht zu uns ge=
sellen.

Geräthst Du aber an einen solchen Wundermann, und
ist Dir daran gelegen, ihn und sein System genauer kennen
zu lernen, so hüte Dich, vorher Unglauben und Vorwitz zu
offenbaren! Er wird sonst bald merken, daß mit Dir, als
einem Ungläubigen, nicht viel anzufangen ist; er wird Dich
nicht einweihen in seine Geheimnisse, nicht zulassen zu seinem
esoterischen Unterrichte, und Du wirst den Vortheil entbeh=
ren, Dich und Deine Freunde von dem wahren Zusammen=
hange zu unterrichten, — ungerechnet, daß es sich wirklich
für einen vernünftigen Mann nicht schickt, sich früher für
oder gegen eine Sache einnehmen zu lassen, bevor er dieselbe
kaltblütig untersucht hat, wäre auch aller Anschein dagegen;
besonders wenn es Dinge betrifft, in welchen selbst der Wei=
seste lebenslang im Finstern tappt.

Glaubt man zuversichtlich, einen Betrug entdeckt zu ha=
ben, so ist Spott, so ist Hohnlächeln nicht das Mittel,
Schwärmer zu bekehren. Man gehe also Schritt vor Schritt,
und, da die Sinne leichter getäuscht werden können, als die
Vernunft, so fordere man, bevor man sich auf Erscheinun=
gen, Proben und Prozesse einläßt, daß vor allen Dingen
zuerst die Theorie, auf welcher das Alles beruht, recht deut=
lich erklärt werde; und hier lasse man sich nicht auf eine
bildliche Sprache ein, sondern dringe auf bestimmte, ver=
ständliche deutsche Worte und auf den Ideen=Gang und
Sprach=Gebrauch, der einmal unter Gelehrten üblich ist.
Es mag vielleicht sehr viel Weisheit in dem Dunkel der
Mystiker stecken; aber für Verständige kann nur das Werth
haben, was sich verstehen und begreifen läßt. Man gönne ei=
nem Jeden die Freude, einen schmutzigen Kiesel für einen
Diamanten zu halten; aber wenn man kein eben so großer
Kenner von Edelsteinen ist, so sage man gutmüthig, ohne
Scheu, frei heraus: „daß man diesen Stein für nichts an=
ders, als für einen schmutzigen Kiesel halten könne!“ Es ist
keine Schande, etwas nicht einzusehen, aber es ist mehr als
Schande, es ist Betrug, das Ansehen haben zu wollen, als
verstände man, was man nicht versteht.

Hat Dich indessen ein Landstreicher, ein Goldmacher oder Geisterseher bei Deiner schwachen Seite gefaßt, eine Zeit lang sein Spielwerk mit Dir getrieben — o wer ist mehr in dieser Leute Händen gewesen, als ich! — und Du entlarvst endlich den Schurken: dann scheue Dich nicht, nein, denke, daß es Pflicht ist, zur Warnung anderer ehrlicher, leichtgläubiger Leute, öffentlich den Betrug bekannt zu machen, möchtest Du auch dabei in keinem sehr vortheilhaften Lichte erscheinen.